UM PIANO NAS BARRICADAS
por uma história da Autonomia, Itália 1970

MARCELLO TARÌ
prefácio à edição brasileira

A GLAC edições compreende que alguns dos textos-livros publicados por ela devem servir ao uso livre. Portanto, que se reproduza e copie este com ou sem autorização, apenas citando a fonte.

© GLAC edições, dezembro de 2019
Rua Conselheiro Ramalho, 945, 1º andar, sala 4, 01325-001, Bela Vista, São Paulo – SP | glacedicoes@gmail.com

---

Embora adote a maioria dos usos editoriais do âmbito brasileiro, a n-1 edições não segue necessariamente as convenções das instituições normativas, pois considera a edição um trabalho de criação que deve interagir com a pluralidade de linguagens e a especificidade de cada obra publicada.

COORDENAÇÃO EDITORIAL Peter Pál Pelbart e Ricardo Muniz Fernandes
DIREÇÃO DE ARTE Ricardo Muniz Fernandes
ASSISTENTE EDITORIAL Inês Mendonça

A reprodução parcial sem fins lucrativos deste livro, para uso privado ou coletivo, está autorizada, desde que citada a fonte. Se for necessária a reprodução na íntegra, solicita-se entrar em contato com os editores.

UM PIANO NAS BARRICADAS
Por uma história da Autonomia, Itália 1970
Marcello Tarì

TRADUÇÃO Edições Antipáticas (Lisboa, Portugal)
PROJETO GRÁFICO GLAC edições
COLABORAÇÃO GRÁFICA Érico Peretta
REVISÃO DE TRADUÇÃO Andrea Piazzaroli
PREPARAÇÃO Gustavo Motta
REVISÃO Lia Urbini

ISBN 1ª EDIÇÃO 978-65-80421-04-6

© La Fabrique, França, Outubro de 2011
Título original: Autonomie! Italie, les années 1970

prefácio à edição brasileira 7

CORTE:
O Partido Mirafiori, o declínio dos grupos, as jornadas de Abril (1973-1975)

19   crise!
29   estranhamento operário
45   descontinuidade e recomposição
90   ao ataque: as jornadas de Abril

SEPAR/AÇÃO, DESSUBJETIVIZAÇÃO E A "DITADURA DOS DESEJOS":
o operário social, o feminismo, a homossexualidade, o proletariado juvenil e outras transversalidades (1975-1976)

119   estado de emergência
124   a tática da separação
131   linha de conduta: quebrar a unidade da classe operária, construir a máquina de guerra
167   fogo no Quartel-General
199   o proletariado jovem contra a metrópole
245   autonomia e delírio do sujeito: mil grupos em multiplic/ações

UM PIANO NAS BARRICADAS:
o Movimento, a insurreição, os grupos, a dispersão (1977)

261   destruir o tempo dos patrões
277   "uma barbárie inteligente"
298   "finalmente o céu caiu sobre a terra"
328   a pradaria em chamas
360   o Congresso de Bolonha, a desagregação, o sequestro de Moro, a repressão, o "desaparecimento"

**prefácio
à edição brasileira**

MARCELLO TARÌ

Nos dias em que começo a escrever estas linhas, morreu Nanni Balestrini, o grande aedo da Autonomia italiana. Na *bildung*[1] de muitos da minha geração, seu romance *Gli Invisibili* [Os Invisíveis, 1987] foi, provavelmente, mais importante que todos os ensaios políticos juntos. É uma velha verdade que a transmissão da experiência revolucionária só pode ser feita de dois modos: por meio de uma prática de luta e por meio de uma forma de comunicação poética, ou seja, com meios que permitam a interrupção do cotidiano e a descontinuidade na língua, ou ainda, parafraseando Walter Benjamin, por meio de uma arte de sabotar a existência social real. Sem esquecer o fato crucial de que a poesia é prenúncio e, portanto, além de restituir um passado redimido, está sempre além do presente: a poesia diz o que está por vir. Balestrini foi, ao mesmo tempo, um poeta e um militante, um escritor refinado e um incansável organizador cultural do movimento das autonomias, mostrando-nos, mais de uma vez, o absurdo de uma política separada da vida e de uma militância separada da poesia. Nesse sentido, a *nossa* Autonomia é filha mais de um comunismo pensado e realizado por um Dionys Mascolo do que de qualquer ideólogo supermarxista: "a palavra 'comunismo' pertence

---

1 N. da T.: *Bildung*, substantivo arcaico alemão utilizado para se referir à "formação" de um sujeito ou sociedade. Trata-se da "formação" ("bild" refere-se a "forma" ou "imagem" e "-ung" um sufixo de substantivação) em sentido amplo, indicando também a educação que se adquire por meio de livros, mas sobretudo por meio da experiência coletiva.

tanto a Hölderlin quanto a Marx".[2] Uma força e um entusiasmo que são, sempre e ao mesmo tempo, singulares e coletivos, o que implica um comunismo do pensamento e uma rude prática do conflito, a doçura do abandono e a dureza da guerra civil: *a revolução e o êxtase*. Narrar e, portanto, transmitir a experiência revolucionária é uma questão de sensibilidade e não de habilidade política, por isso é uma empreitada tão difícil e rara.

Em todo caso, como já nos mostraram Rimbaud, Maiakovski, Breton e [Isidore] Isou, sabemos bem que, sem uma poética própria, a revolução é simplesmente impensável.

*

Em 1977, para contar aos franceses alguma coisa sobre o movimento autonomista italiano, Félix Guattari partiu de uma consideração genealógica:

"É preciso partir historicamente da crise da extrema-esquerda italiana depois de 1972, em particular, de um dos grupos mais vivazes na teoria e na prática: o *Potere Operaio* [Poder Operário]. Toda uma tendência da extrema-esquerda foi dispersa nessa crise, todavia, animando movimentos de revolta nas várias *autonomias* [...]".[3]

2 Dionys MASCOLO, *Autour d'une effort de mémoire: sur une lettre de Robert Antelme* (Paris, Maurice Nadeau, 1987). Ed. em espanhol: *En torno a un esfuerzo de memoria*, trad. Isidro Herrera (Madrid, Arena Libros, 2005).

3 Félix GUATTARI, "Milioni e milioni di Alice in potenza",

O nascimento das autonomias, portanto, foi um contraefeito da fragmentação que atingiu as estruturas organizadas, os assim chamados *"partitini"* [partidinhos], que constituíram o tênue legado político-organizativo do 68 italiano. Todavia, a crise das estruturas, das organizações e dos coletivos é uma constante na história dos movimentos revolucionários – certamente não uma exceção. A excepcionalidade dos anos setenta na Itália consiste no fato de que, em invés de ter reagido como comumente ocorre, ou seja, abandonando o terreno político ou fechando-se em outras estruturas presumidamente mais resistentes, ou ainda, retornando à "esquerda" como um filho pródigo, a decisão *estratégica* de uma boa parte do movimento foi não só assumir como um fato a desagregação em curso, mas de fazer dela uma arma, de dar à fragmentação um uso ofensivo. De fato, isso correspondia a uma análise das transformações do capitalismo, que entrava, naqueles anos, em um estado molecular, assinalando assim a consequente desagregação do movimento operário: à fragmentação da indústria e do trabalho em geral sucede aquela da própria subjetividade de classe. Mario Tronti, levando ao extremo este raciocínio, chegou a dizer que a derrota daquela subjetividade pôs fim à história do "sujeito moderno" *tout court* [sem mais], um

em *Rivoluzione Molecolare – La nuova lotta di classe*, trad. B. Bellotto et al. (Turim, Einaudi, 1978). Em português: "Milhões e milhões de Alices no ar", em Eduardo MEDITSCH (org.), *Teorias do Rádio – textos e contextos*, vol. 1 (Florianópolis, Insular, 2005), p. 199-207.

evento cujo luto ainda não foi completamente elaborado. E, de fato, ainda há quem continue, como um Diógenes enlouquecido, buscando o "sujeito revolucionário" com a ajuda da lanterna da ideologia,[4] a qual cada vez mais se parece com aquelas que decoram os túmulos dos velhos cemitérios – "que os mortos enterrem os mortos" é, entretanto, a máxima bíblica preferida do próprio Marx.

Se a esquerda, tanto a parlamentar quanto a não-parlamentar, e até mesmo a armada, procurou desesperadamente não ver aquela transformação histórica, continuando *como se* fosse ainda possível falar de Classe, Estado e Revolução como princípios hegemônicos e unificantes – uma ilusão que ainda hoje continua a existir –, a processualidade que se denominou *autonomia* na Itália, ao contrário, procurou acelerar aquela desintegração, fora ou até dentro da mesma subjetividade. Não é por acaso que, naqueles anos, a autonomia feminista tenha sido o elemento ético mais forte de uma insurreição, por sua vez, molecular. O feminismo autonomista atacou não somente a sociedade dominante e o conservadorismo do "novo", mas também tudo o que restava de esquerda na militância dos "grupelhos" e na própria vida cotidiana. Pode-se dizer até que o seu gesto de "separ/ação", em conjunto com aquele operário e jovem,

---

4 N. da E.: Referência a Diógenes (c. 412-323 a.C.), filósofo grego nascido em Sinope e morto em Corinto, filiado à escola *cínica* – fundada por Antístenes (445-365 a.C.), que, por sua vez, havia sido discípulo de Sócrates (469-399 a.C.).

provocou um cisma de enormes proporções que levou à ruína o sistema de autorrepresentação da esquerda, fazendo emergir um estranho arquipélago de mundos habitados pelas famosas "milhões e milhões de Alices em potência" das quais falava Guattari. Assim é que, na Itália, criou-se o contexto no qual potentes experiências subversivas encontraram a força e a linguagem que, por alguns anos, interromperam violentamente a lúgubre linearidade do desenvolvimento capitalista.

Pessoalmente, não creio mais na lenda autoconsolatória, muito viva nos movimentos italianos, que pretende que 68 tenha durado dez anos na Itália; um *evento*, tal como é verdadeiramente, não prevê nenhuma continuidade. As autonomias, como sempre acontece com as catástrofes revolucionárias, foram na verdade um tipo de mutação antropológica e, entre o que havia antes e o que vem depois, não há nenhuma necessidade historicista. Parece-me, porém, que a onda de 68 despedaçou a temporalidade única do progresso, permitindo com isso a emersão de outras *histórias*. A verdadeira e única descontinuidade subversiva que corre veloz até o fim dos anos setenta foi a descoberta subterrânea de que o marxismo era insuficiente não só para imaginar uma revolução, mas especialmente para fazê-la. Mas, na Itália, eram já conscientes disso, desde o final dos anos 40, personagens como Elio Vittorini, Carlo Levi, Franco Fortini e também Pier Paolo Pasolini, e, na França, Dionys Mascolo, Maurice Blanchot, Marguerite Duras e Robert Antelme. Sem eles, vindos ainda antes do operaísmo, é impossível compreender o que estava em jogo no 68 europeu e o que, mais tarde, significará realmente *autonomia*.

Por causa de tudo isso, será sempre necessário falar de autonomias no plural. De fato, um dos erros fatais cometidos no final dos anos setenta pelas facções autônomas encantadas por um certo leninismo foi pensar que, diante da contraofensiva do Estado e do capitalismo, seria necessário reportar as formas de vida em secessão a uma nova unidade de classe operária – composta talvez de "operários sociais" – e, portanto, constituir de fora destes um Todo, uma totalidade antagonista destinada a se confrontar com a totalidade do domínio para apropriar-se do poder, em suma, restabelecer aquela dialética constitutiva que parecia ter sido abandonada nos anos precedentes, justamente por causa da explosão das autonomias. E quando se relê, hoje, alguns dos documentos da época, com seus pomposos apelos à constituição do Partido da Autonomia – em que se entendia o partido num sentido bastante tradicional –, é difícil não pensar que aqueles apelos tenham sido somente o sintoma de uma derrota já ocorrida. E alguns adeptos, ainda hoje, no fundo insistem em construir políticas sobre aquele sintoma. Basta ler qualquer um dos textos escritos por Antonio Negri nos últimos anos.

Nas últimas frases de seu texto, ao contrário, Guattari tratava de um aspecto que podemos chamar de ética destituinte da autonomia:

"Em tudo isso não há nada de construtivo! [...] o movimento que conseguir destruir a gigantesca máquina capitalista-burocrática será ainda mais capaz de construir um outro mundo, desde que a competência coletiva na questão se constitua em movimento, sem que, na fase presente, seja necessário elaborar 'projetos de sociedade' substituintes".

Ora, essa "negatividade positiva" – a recusa em fazer programas para o futuro, em ser construtivo ou em constituir-se como bons "operários", portanto, a renúncia a qualquer otimismo progressista – parece-me, ainda hoje, um aspecto ético-político muito importante de ser compreendido. Até porque, evidentemente, isso permaneceu por muito tempo como o aspecto mais impensado de toda aquela experiência – e o mais ocultado também –, e talvez exatamente por isso o mais importante para nós. Há coisas demais a serem destruídas, combatidas, amadas, vividas agora para perder o próprio tempo com a engenharia do futuro, a qual não consegue nunca esconder totalmente a sua pobre ilusão reformista.

*

O que fazer, hoje, deste fragmento de tempo-experiência chamado Autonomia? Além de ridículo, seria estúpido crer – como é bastante comum, infelizmente – que seja possível simplesmente retomar tudo do momento em que foi interrompido, com as mesmas palavras, o mesmo horizonte estratégico, as mesmas táticas e, até mesmo, imaginando que se lida com os mesmos sujeitos. Em vez disso, para salvar um fragmento do passado, como nos ensinou Walter Benjamin, é necessário tomar o seu *gesto*: somente a citação do gesto ajudaria a formar uma nova constelação revolucionária. E ainda, somente tomar o gesto *agora* permite o livre uso de uma tradição historicamente exaurida. No uso da citação está contido, de fato, o potencial incompleto de cada evento.

Sobretudo, tomar da esquerda o gesto de separação, o que significa também daquilo que resta da esquerda em nós; por exemplo, um certo progressismo, uma certa confiança na virtude liberadora das tecnologias, um certo senso de superioridade moral imotivada e que, em toda parte, expôs a esquerda ao ódio universal daquele mesmo povo que deveria ser o seu ponto de referência.

Ademais, a tomada da coragem que implica o gesto revolucionário. Não há nenhuma possibilidade revolucionária sem o risco de perder tudo. O segredo não oculto está no fato de que a coragem é uma questão coletiva e nunca somente individual; é por isso que continuamos a dar importância a certas formas de rito coletivo, especialmente, à disposição ao *encontro*. Contra Carl Schmitt e com Vittorini, Mascolo e Blanchot, é necessário afirmar que é a amizade que vem primeiro para constituir o campo político comunista, e não a presença do inimigo, o qual, ao contrário, é só uma inevitável consequência. É a amizade que cria o espaço da organização revolucionária e é ainda a amizade que permite correr alegremente aquele risco de destruição que é congênito a qualquer empresa revolucionária. E com a amizade vem o justo sentimento do jogo, da festa, do amor e também da violência, ou seja, da própria vida. Consequentemente, pensar a guerra civil como um jogo lancinante entre as formas de vida, e não como aniquilamento do outro, parece-me ser uma das coisas mais necessárias para conquistar o nosso campo.

Enfim, tomar o gesto de destituição que o próprio Walter Benjamin indicou como supremo gesto revolucionário no seu célebre ensaio "Para a crítica da violência".[5] A destituição é essencialmente a destituição dos fundamentos, da hegemonia e da unidade metafísica, o que permite a revelação das possibilidades do presente e, portanto, além de todas as coisas que aqui poderiam ser ditas acerca da potência da destituição, talvez haja uma que é a mais importante: é que a destituição indica a possibilidade e, assim, a realidade do evento de uma nova cosmologia revolucionária. Então, para nós, não se trata mais de uma política baseada em uma antropologia, seja esta positiva ou negativa; o Homem e o humanismo são o que

---

5 Walter BENJAMIN, "Para a crítica da violência" [1921], in *Escritos sobre Mito e Linguagem*, org. Jeanne Marie Gagnebin, trad. Susana K. Lages e Ernani Chaves (São Paulo, Ed. 34, 2011).

a revolução deve destituir para que esteja à altura, ou à profundidade, de sua época. Na forma de vida em que existem não só humanos, mas todos os seres viventes e também as coisas, estarão os nossos companheiros. Como novos irmãos e irmãs de espírito livre, revelaremos, assim, que a natureza paradisíaca do nosso ser aqui e agora sobre a terra é aquilo que o poder, todos os poderes, sempre quiseram esconder através das instituições, das infraestruturas, das religiões e das ideologias. Não seria inútil lembrar aqui uma certa antropologia do Brasil – penso especialmente em Viveiros de Castro – que foi crucial para começar a pensar uma nova cosmologia revolucionária.

Não há outra revolução, senão essa redenção da natureza e da espécie. E se, etimologicamente, autonomia significa dar-se a própria regra, o próprio ritmo musical e a própria casa, agora já sabemos qual é a incompletude que nos resta viver.

O comunismo, como o mundo, está sempre em via de se fazer.

Marcello Tarì
Roma, 30 de junho de 2019

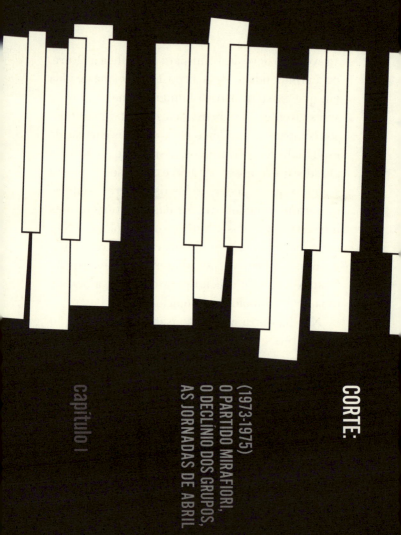

CORTE:

(1973-1975)
O PARTIDO MIRAFIORI,
O DECLÍNIO DOS GRUPOS,
AS JORNADAS DE ABRIL.

capítulo I

Crise!

> *O que há a perder quando não existe amanhã?*
> "'Chaos' und 'Vernunft'", em *Radikal:*
> *Zeitung für eine schöne Bescherung*, n. 5
> (Berlim, dezembro de 1980)

Em 1973, o banqueiro David Rockefeller fundou em Nova Iorque a Comissão Trilateral, um centro de estudos que tinha por ambição liderar as políticas globais e do qual participavam industriais, financeiros, políticos, jornalistas e professores do Ocidente capitalista. O seu primeiro relatório intitula-se *The Crisis of Democracy: Report on the Governability of Democracies* [A Crise da Democracia: Relatório sobre a Governabilidade das Democracias] e é assinado, entre outros, por Samuel Huntington, mais conhecido pelo seu mais recente *best-seller* mundial, no qual teoriza sobre um inevitável choque de civilizações.

A preocupação dos testas-de-ferro do capitalismo estadunidense havia sido suscitada pela crescente ingovernabilidade das sociedades ocidentais, então assediadas não apenas pela fisiológica conflitualidade operária, mas também por uma multidão de negros, mulheres, estudantes, loucos, minorias sexuais e de todos os outros tipos; a conclusão lógica do relatório não poderia senão sublinhar a urgência de pôr fim a uma desordem provocada, segundo eles, por um *excesso* de democracia. Crise da democracia queria dizer, naturalmente, crise de poder e crise do lucro.

A década de setenta havia perturbado, por todo lado, as linhas de produção e reprodução da sociedade capitalista. No Ocidente, a utopia social-democrata de um capitalismo triunfante, capaz de usar a regulação dos conflitos sociais imposta do alto para relançar o desenvolvimento e o consumo, tinha se revelado um bumerangue. Em vez de cooperar e de se integrar de modo dócil ao governo infinito do mundo, esses operários e jovens revelavam-se hostis, improdutivos e com uma louca propensão para o confronto direto contra as instituições. Para a Comissão Trilateral, uma coisa era certa: o principal inimigo já não era externo, de trás da cortina de ferro no Leste socialista, mas sim *interno*. O diretor da Comissão Trilateral, Zbigniew Brzezinski, tornaria-se conselheiro de segurança dos EUA no governo de Jimmy Carter (1977-1981). O prefácio da edição italiana do relatório sobre a "crise da democracia" seria assinado, muito significativamente, pelo dono da Fiat, Gianni Agnelli.

A direção capitalista mundial movia-se entre a incipiente derrota no Vietnã, as insurgências metropolitanas, a guerra no Oriente Médio, a conflitualidade operária, a destruição da família tradicional e o desafeto das massas em relação a qualquer ordenamento institucional "democrático". A assim chamada crise da democracia não era mais do que a emergência selvagem daquilo que Nicola Massima De Feo – um dos teóricos italianos da Autonomia, tão original quanto desconhecido – chamou de "autonomia do negativo", a que "faz explodir as potencialidades subversivas dos comportamentos individuais e sociais" contra a identidade de crise e o desenvolvimento constantemente perseguido pelo capital.[1]

A "crise" é um dispositivo epistemológico imediatamente operativo utilizado pela direção capitalista nos momentos de forte tensão social para produzir as condições de sua reprodução, e do qual jornalistas e intelectuais se servem de bom grado para evitar nomear uma *outra* coisa: é portanto necessário reaprender a ler entre as linhas de toda a balbúrdia midiática que toma forma sob esta palavra guarda-chuva. Uma vez pronunciada, a palavra "crise" entra em toda parte, servindo de justificação preliminar e solene a toda e qualquer odiosa medida econômica e política que esmague a vida das pessoas. A toda a "crise" *deverá* seguir-se uma "recuperação", a qual servirá, por sua vez, para preparar a próxima crise: a continuidade do domínio capitalista é garantida pela gestão da descontinuidade representada pela "crise" da relação social sobre a qual ela é implantada. Não por acaso, falava-se em Estado-crise, na Itália dos anos setenta, como paradigma de poder que sucede o Estado-plano.

Dizia Michel Foucault – entrevistado precisamente a propósito da crise petrolífera de meados dos anos setenta – que a utilização da palavra *crise*, que nos martela repetidamente a cada reviravolta

---

1 Nicola Massimo De Feo, *L'Autonomia del Negativo tra Rivoluzione Politica e Rivoluzione Sociale* (Manduria/Bari/Roma, Lacaita, 1992).

capitalista, sinaliza, mais do que qualquer outra coisa, a incapacidade dos intelectuais em compreender o presente e, ademais, se a sua força jornalística é inquestionável, a sua nulidade do ponto de vista teórico e estratégico também é uma certeza. Em contrapartida, seria fácil até demais demonstrar como o capitalismo está *permanentemente* em estado de "crise", e todavia, é a partir de um mecanismo linguístico-performático – que trabalha sobre o inconsciente coletivo e sobre a sua base material – que o capital leva periodicamente a cabo a sua restruturação, a qual, antes de ser algo relacionado a qualquer diabrura tecnológica, consiste na redefinição de uma correlação de forças que se joga diretamente nos corpos singulares e na totalidade da população, trabalhando o imaginário, codificando a linguagem e os comportamentos individuais. O problema não é a crise econômica ou moral, mas sim a guerra – afirma, em essência, Foucault. Assim, é necessário entender "crise" como a relação dinâmica entre forças antagonistas, a possibilidade de destituir uma relação ou mesmo de destruí-la: "a política é a continuação da guerra por outros meios", concluía Foucault invertendo o famoso axioma de Clausewitz. Frequentemente, o nome "crise" dissimula uma densa rede de confrontos, guerrilhas, sabotagens, existências incompatíveis que formam um exército invisível que corrói a dominação. Mas "crise" é também o nome que a dominação dá à reação organizada, ou seja, à guerra contra as formas de vida em dissensão com o capital. Essa ambiguidade só pode ser rompida mediante a abertura de um conflito profundo e radical em torno do "político" (ou, se assim se preferir, do "poder"), como aconteceu nos anos setenta, particularmente na Itália. Ou talvez baste pensar no que está acontecendo nestes últimos três anos [de 2009 à 2011] de "crise" global na Europa, partindo da Grécia e terminando na França e na Espanha, mas também no que *não* acontece nos outros países europeus.

De fato, a única via que a direção capitalista poderia ter percorrido, num panorama como o do início dos anos setenta, era a de uma guerra global de contrainsurreição: fazer com que os operários pagassem a crise econômica, derrotar a guerrilha rastejante, repelir as minorias, destruir fisicamente os militantes revolucionários, confinar os negros e os pobres em guetos, descarregar todo o peso do desenvolvimento nos países do Terceiro Mundo, aniquilar os desejos de revolução onde quer que estes se apresentassem. Este é um dado histórico que importa ter em mente: *a Autonomia italiana é um movimento revolucionário nascido no contexto de um ataque capitalista, dentro de um processo de contrainsurreição mundial, e ter conseguido inverter este dado por alguns anos, num dos países mais industrializados do mundo, constitui tanto um dos motivos da sua atualidade quanto o fascínio que continua a exercer sobre as novas gerações.*

Com efeito, em fevereiro de 1973, os Estados Unidos procederam a uma nova e drástica desvalorização do dólar, depois do abandono do padrão-ouro, determinado por Nixon em 1971. Era um autêntico ato de guerra e o início de uma nova era do capitalismo na qual, sob diversos aspectos, ainda vivemos: a especulação financeira nos mercados mundiais, a acumulação de matérias-primas, a fragmentação do trabalho e o domínio da (e por meio da) comunicação são alavancas através das quais os senhores do mundo dividiram a acumulação de lucros e de poder, não sem reinventar uma nova forma de individualismo e de "produção e cuidado de si" que criará aquilo a que Agamben chamou a "pequena-burguesia planetária". Desde então, as "crises" e as "recuperações" se sucedem em ritmo constante, até chegar aos dias de hoje, quando a crise já não prevê qualquer recuperação verdadeira, mas apenas o seu aprofundamento niilista.

O contra-ataque capitalista tinha então começado e ainda não terminou:

> "entrávamos numa era de sobredeterminação – física e selvagem –, um *break-down* do desenvolvimento que deslocalizava qualquer horizonte. *Civil Warre*, para o dizer como o velho Hobbes [...]. A crítica da economia política não podia senão tornar-se uma crítica do poder".[2]

Mas qualquer relação de poder, escreve ainda Foucault, é uma "ação sobre uma ação". Quando os países produtores de petróleo aderentes à Opep tomam, no mesmo ano, a decisão *política* – enquanto ato de guerra contra as potências que tinham

---

2 Antonio NEGRI, *Pipe-Line – Lettere da Rebibbia* (Turim, Einaudi, 1983; 2ª ed.: Roma, DeriveApprodi, 2009).

apoiado Israel na guerra de Yom Kippur – de diminuir sensivelmente a extração e exportação de petróleo bruto, o preço quintuplica, o custo da gasolina dispara em flecha e a "crise" aprofunda-se. É também o momento em que a resistência palestina está na ofensiva até mesmo nas capitais europeias e o lenço *keffiyeh* se torna um elemento característico do vestuário de todos os jovens revolucionários do mundo. Choque do petróleo significaria para o modelo de desenvolvimento ocidental – baseado no crescimento infinito, na produção infinita e no consumo infinito – que começava, então, um declínio sem limites. A guerra civil mundial tomava contornos tão claros quanto inéditos. Muitos economistas, em contrapartida, assinalam fatalmente o ano de 1973 como o início da assim chamada globalização neoliberal, com todos os seus corolários de guerra, economia verde e perseguição de todas as formas de vida revolucionárias ou simplesmente *outras*. O estado de exceção permanente em que vivemos dava então os seus primeiros passos marciais.

Na Itália de 1973, a desvalorização da moeda, a lira, prosseguia desenfreada, as importações de bens de consumo eram bloqueadas, os preços das mercadorias subiam vertiginosamente. Nos anos anteriores, de lutas operárias e sociais, enquanto a produtividade caía de maneira evidente, os níveis salariais não pararam de crescer, a um ritmo até duas vezes superior à média europeia – índice da força política acumulada pela classe operária italiana – mas, por causa das medidas econômicas aplicadas pelo governo, os salários reais tornaram-se, de um dia para o outro, insignificantes. Além disso, com a "recessão", seguiram-se as demissões em massa em todas as grandes fábricas e um futuro feito de nada para as novas gerações. É evidente que a desvalorização da lira e a política econômica realizadas pelo Estado tinham como objetivo permitir a retomada dos lucros do capital mas, para alcançar essa meta, os proprietários tinham que organizar primeiro uma restauração do poder, reavendo o jogo de forças a seu favor, depois das grandes lutas dos anos sessenta. Uma regra da contrainsurreição defende que sem uma preliminar "conquista dos espíritos" da população é impossível vencer o inimigo que se "esconde" no seu interior. Na Itália, perante um proletariado no mínimo recalcitrante, decidiu-se conquistar os espíritos com a ajuda de um terrorismo político-estatal, o qual não hesitou em levar a cabo massacres indiscriminados através das bombas dos seus sequazes fascistas: chamaram-na "estratégia de tensão". Naquele momento, o inimigo interno parecia ser o conjunto da população, a qual, impulsionada pela revolta proletária, punha duramente à prova a governabilidade do país. Terror e compromisso social constituíram a fórmula italiana para a restauração do poder do capital.

Os jornais começavam a pregar aquilo que viria a ser denominado *austeridade*, a política dos "sacrifícios", uma espécie de "decrescimento" do Estado, para me valer de termos mais atuais – medidas econômicas e políticas que o governo e os sindicatos formalizaram em 1976, com a decisiva colaboração do Partido Comunista –, procurando fazer crer que a "crise" seria superada com a boa vontade dos cidadãos, porventura tomando uma ducha em vez de usar de banheira, acendendo menos luzes em casa e utilizando a bicicleta em vez do carro aos domingos. Mais trabalho e menos salário, mais exploração e menos consumo, fim às greves e ordem nas escolas, eis a substância bruta da operação. Lembro-me ainda daquela falsa alegria dominical por não poderem circular os carros, a não ser os da polícia. Significava, para as famílias que tinham apenas aquele dia livre do trabalho, permanecer o tempo inteiro em frente à televisão ou andar a pé num bairro deserto, onde uma bicicleta passava correndo de vez em quando. Também por isso, a hipócrita retórica pequeno-burguesa sobre a necessidade de diminuir o consumo, de voltar à vida simples dos anos cinquenta, do "menos é mais", nunca tenha criado raízes entre os proletários, os quais sempre responderam a qualquer estupidez "anti-consumista" com um sonoro "foda-se!".

Adriano Celentano, famoso cantor pop, cantava (mentindo sem pudor): "quem não trabalha não faz amor", modernizando o velho lema reacionário "quem não trabalha não come". Os sacrifícios mais duros eram obviamente exigidos aos operários – para não falar das mulheres e dos jovens – e, portanto, o papel pacificador dos partidos de esquerda e dos sindicatos era essencial à sua obtenção. Tais partidos e sindicatos fariam de tudo para concluir rapidamente o desafio, mas, infelizmente para eles, encontraram pela frente o mais forte movimento revolucionário europeu do pós-guerra e, dentro deste, os subversivos mais arrogantes, violentos e inteligentes que jamais se tinha visto nas ruas: os autônomos.

Entretanto, em Nápoles e em grande parte do Sul da Itália, assomava uma fantasmagórica epidemia de cólera, que criou um estado de quarentena militarizada imposto a territórios inteiros. Os fornos de pão de Nápoles eram tomados de assalto por centenas de proletários, os processos de luta nas fábricas italianas davam um salto e a insubordinação se fazia sentir até no setor de serviços. Nas escolas e nas universidades passava-se da luta contra o autoritarismo àquilo que os recém--criados coletivos estudantis autônomos definiam como um *estranhamento* em relação à instituição. O confronto anuncia-se total: mas se o desejo capitalista de poder é total, o de liberação avança de modo diferente, por separação e proliferação. A recusa do trabalho, o estranhamento hostil em relação à instituição, a violência difusa e a ingovernabilidade dos serviços públicos tornam-se, então, a linha de conduta das massas, contra a qual iriam colidir patrões e Estado.

Frente ao pedido de sacrifícios em nome do "interesse geral", pregado pelo governo e pela esquerda institucional para remediar a "crise", Autonomia significará, naquele momento feroz, interesse de uma parte, "egoísmo proletário" – e que todo o resto afunde.

É no meio de tudo isso que nasce o que será chamado "o Partido de Mirafiori".

Estranhamento operário

> "Para lutar contra o capital, a classe operária deve lutar contra si própria enquanto capital."
> Mario Tronti, *Operai e capitale* (Turim, Einaudi, 1966)

Desde o fim dos anos sessenta que a situação entre trabalhadores e patrões era bastante tensa, nas fábricas italianas em geral e na Fiat de Turim em particular, até precipitar, em 1973, num ponto de ruptura irreversível. A indústria automobilística procurava incansavelmente realizar a sua parte da política contrainsurrecional: transferência generalizada de operários, robotização progressiva, demissões em massa, descentralização da produção, colaboração com os sindicatos para controlar e conter a insubordinação operária.

O objetivo explícito da direção patronal era destruir a organização *política* do operário igualitário – inventada pelo operário-massa da década precedente –, aniquilar a sua força acumulada e romper o "controle operário" sobre a organização do trabalho, o qual tinha sido imposto nas fábricas através da luta; entretanto, diante da impossibilidade de obter esse resultado no curto prazo, os estrategistas do capital decidiram ignorar o obstáculo, atacando a "composição técnica" da classe, procedendo a um gradual esvaziamento das funções da grande fábrica e sua disseminação no conjunto do território. Pretendia-se assim atingir um nível integral de exploração e de controle, quer fragmentando a produção numa miríade de pequenas empresas, quer tornando o próprio território diretamente produtivo, mediante uma penetração violenta e veloz da lógica de valorização capitalista da própria vida, em todos os setores da sociedade; um modelo produtivo que foi levado a cabo nos anos oitenta, precisamente após a derrota dos movimentos autônomos. O papel dos sindicatos foi o de esvaziar a autonomia dos operários através de uma utilização burocrática dos conselhos de fábrica e de todas as estruturas subordinadas ao controle *dos* operários, um refrear da sua força por meio do qual procuraram mediar e desviar as poderosas pressões insurrecionais provenientes das fábricas. Obviamente, o papel do Estado em toda essa sublevação teria de ser, e foi de fato, central. Isso produziu uma aceleração no aprofundamento das temáticas mais diretamente "políticas" do Movimento, coisa que, em termos concretos, significou nada menos do que um confronto frontal com os aparatos de governo em todos os níveis e por todos os meios.

É necessário destacar que a Fiat de Turim, a maior fábrica europeia à época, com cerca de 150 mil trabalhadores, representava o prisma através do qual se modelavam todas as outras formas de produção e de luta que aconteciam no país. A vitória ou derrota na Fiat adquiriam, assim, um significado estratégico. Mas, naquele momento, para quem lutava dentro e fora da fábrica, não era o "contrato nacional" o que estava verdadeiramente em jogo e, não obstante as declarações, também não se tratava de aumentos salariais iguais para todos – o que tinha sido a palavra de ordem do "Outono quente de 1969"[3] – nem, tampouco, a conquista de melhores condições de trabalho, mas sim a possibilidade de manter aberta e alargar, cada vez mais, a porta semiaberta para afirmar uma revolução contra o trabalho, a qual se revelava cada vez

3 N. da E.: *Autunno caldo*, no original, referente à enorme mobilização operária que se sucedeu, entre setembro e dezembro de 1969, à escalada de mobilização política, majoritariamente estudantil, iniciada em 1966 e que culminou no Maio de 68 italiano. Neste caso, em que a estação do ano refere-se a um evento político-social reconhecível, optou-se por grafá-la com a inicial em letra maiúscula. Nos demais casos, em que a estação do ano é referida pelo autor apenas como um modo alternativo de periodizar a narrativa, grafou-se a inicial em minúscula, seguindo a edição original italiana. Cabe notar ainda que devido à variação geográfica, a utilização das estações do ano (como modo de localizar cronologicamente os eventos narrados, no espaço de um ano) carrega consigo o óbvio inconveniente de não constituir uma referência imediatamente reconhecível para todos os leitores, especificamente, neste caso, os do hemisfério sul. Ao mesmo tempo, em vista da dimensão poética e sensível ligada a esse uso das estações do ano (e as distintas sensações corporais a elas atribuídas no imaginário geral, muitas vezes por pura convenção), optou-se aqui por manter a remissão original às estações, sem buscar adaptá-las para coincidir diretamente com os meses do ano em que os eventos narrados tiveram lugar. Nesse sentido, exige-se do leitor brasileiro o exercício de traduzir mentalmente, a cada ocorrência, a correspondência entre os meses do ano e as respectivas estações do ano no hemisfério norte. Assim, aproximadamente: primavera = 20 de março a 21 de junho / verão = 21 de junho a 23 de setembro / outono = 23 de setembro a 22 de dezembro / inverno = 22 de dezembro a 20 de março.

mais como uma revolução contra o Estado. Muitos operários revolucionários pensaram que lutar naquele momento significaria resistir, isto é, não permitir ao patrão a reestruturação da produção e manter intactos os seus níveis de poder no interior da fábrica, assim, lançando-se a uma luta defensiva, talvez até armada, que os confirmasse na sua rígida identidade operária. Todavia, as lutas que estavam nascendo na Itália apontavam, ao contrário, quer para a negação operária de sua reprodução como força de trabalho disponível – ou seja, enquanto capital – quer para a difusão do conflito fora dos estabelecimentos industriais. Ademais, a descoberta sempre renovada era a de que o Estado não era uma figura neutra, "acima das partes", mas sim um ator fundamental do desenvolvimento capitalista. Portanto, a luta de fábrica nos anos setenta já não se configurava exclusivamente como luta econômica mas, finalmente, projetava-se como luta social e política: luta contra a produção e o poder da empresa, no sentido de negar-se como classe operária e lançar-se ao ataque contra o poder estatal.

Era o poente da fábrica e a aurora da metrópole difusa na Itália; o que absolutamente não queria dizer o fim do conflito operário, mas sim que este estava se expandindo velozmente por toda a sociedade, impregnando todas as lutas específicas com a sua sábia mistura de auto-organização, imaginação e força. Todas as posições, institucionais e/ou armadas, que insistiram, ao contrário, na manutenção dos níveis de poder operário no interior da fábrica foram derrotadas no médio prazo.

Além disso, cada uma das formas de organização desenvolvidas no Movimento Operário acabou por incorporar-se ao paradigma da governabilidade.

A Autonomia operária organizada permanecerá durante algum tempo suspensa nesta bifurcação, talvez começando tarde demais, sob a égide do ano de 1977 e impulsionada pelo Movimento, tentando desenvolver mais inteiramente a opção pela luta metropolitana já desdobrada e imaginando outras soluções para o conflito operário, enquanto a generosidade militante da resistência operária não conseguirá salvar nem a classe nem a fábrica. De qualquer modo, a rigidez operária, misturada aos comportamentos autônomos, produzirá a invenção de toda uma série de técnicas de luta, de sabotagem, de antiprodução e de guerrilha interna que farão decretar uma situação inédita de ingovernabilidade nas fábricas.[4] Não será por acaso, então, que a derrota do "longo maio italiano"[5] será selada exatamente nos anos oitenta, quando a Fiat, depois de expulsar os militantes mais combativos graças à rendição incondicional

4 N. da E.: Ver a monografia de Emilio MENTASTI, *La "Guardia Rossa" Racconta – Storia del Comitato Operaio della Magneti Marelli – Milano, 1975-1978* (Milão, Colibri, 2006).

5 N. da E.: Referência aos eventos de Maio de 1968, tendo em vista o caso francês, considerado paradigmático no senso comum. O adjetivo "longo", aqui, refere-se tanto à duração quanto à radicalidade dos movimentos de revolta ocorridos na Itália em 1968, em comparação aos movimentos a eles correlacionados na França e em outros países da Europa.

dos sindicatos e do Partido Comunista Italiano (PCI), conseguirá demitir milhares de pessoas, ou seja, toda a geração que tinha realizado as lutas dos anos precedentes, contrapondo-lhes simbolicamente o bloqueio da pequena-burguesia na famosa marcha dos 40 mil quadros de gerência em Turim.[6] A derrota da classe operária, assim, foi consumada com a sua destruição política e mesmo humana. A partir de então, teve início uma nova época, a que Paolo Virno, militante da Autonomia que se tornou um dos mais brilhantes teóricos do chamado "pós-operaísmo", definirá como a "do oportunismo, do cinismo, do medo". O céu de chumbo dos anos oitenta substituiu o fogo vermelho dos anos setenta e a porta semiaberta pareceu fechar-se para sempre. Mas voltemos a 1973.

No outono daquele ano, a Fiat recorreu à *Cassa Integrazione* [Fundo de Integração],[7] procurando expulsar da fábrica os operários mais engajados no conflito, mas as lutas contratuais começaram a serpentear preguiçosamente nos escritórios e se tornaram cada vez mais ofensivas, até a explosão de março:

6 N. da E.: Manifestação realizada na Fiat de Turim em 14 de outubro de 1980, por funcionários de médio e alto escalão, contra a greve na fábrica, que então já durava 35 dias.

7 N. da E. portuguesa: Fundo financeiro mantido por contribuições dos próprios trabalhadores e gerido pelo Estado, que fornecia apoio aos trabalhadores demitidos (temporária ou permanentemente) ou que tinham o seu horário reduzido por iniciativa patronal.

"todas as formas de luta são postas em prática: do absenteísmo à sabotagem, da punição dos chefes à perseguição dos fascistas, da paralisação das linhas de montagem às manifestações violentas, do bloqueio aos produtos acabados à greve por tempo indefinido, à ocupação militar da fábrica".[8]

Durante o mês de março, intuindo que a raiva operária estava em crescimento, os sindicatos começaram a convocar greves sincronizadas de poucas horas, as quais não provocavam nenhum dano aos patrões e davam aos operários apenas uma incômoda sensação de frustração. As coisas tinham que mudar, e rapidamente. Na edição de abril de *Rosso* [Vermelho] – na época ainda um "periódico quinzenal do Grupo Gramsci"[9] de Milão – os operários

8 Antonio NEGRI, Apêndice 4 de "Partito Operaio contro il lavoro", na obra coletiva *Crisi e organizzazione operaia* (Milão, Feltrinelli, 1974).

9 N. da E.: A primeira série de *Rosso – quindicinale del Gruppo Gramsci* teve seis números publicados entre março e junho de 1973, pelo referido grupo, considerado um embrião da Autonomia Operária, originado durante a ocupação da Universidade de Milão em 1970 (em contraposição à via institucional e parlamentar do Partido Comunista Italiano). Após a interrupção de alguns meses, a revista foi relançada em dezembro do mesmo ano, com novo subtítulo, *Rosso – giornale dentro il movimento*, por remanescentes do *Gruppo Gramsci* junto à ala ligada a Negri do recém-dissolvido *Potere Operaio*. Ver detalhes adiante neste capítulo, na seção "Ao ataque: As jornadas de Abril". Reproduções de todos os números da publicação estão disponíveis em: <https://www.autistici.org/operaismo/Rosso/Index.htm>.

das oficinas do complexo industrial da Fiat Mirafiori relatam que tudo tinha começado num dia em que fizeram uma assembleia sem os "sacerdotes" do sindicato. Os operários sentaram-se à mesa da cantina e começaram a falar entre si, percebendo que todos concordavam que as formas de luta postas em prática pelos delegados dos conselhos de fábrica eram totalmente insuficientes. Mas descobriram também, graças aos mais jovens entre eles, que havia outras maneiras de estarem unidos: não burocratizadas, mais vivas, mais belas e por meio das quais se tornam mais fortes. Decidem-se mudar de sistema. Como em 1969, começam a ser vistas manifestações no interior das instalações da fábrica, agora lideradas pelos operários mais jovens que, com o rosto coberto com lenços vermelhos, castigam os chefes, os seguranças, os fura-greves e os espiões, destroem máquinas, sabotam os produtos acabados. Vão todos em cortejo à reunião seguinte do conselho de fábrica, onde os delegados sindicais passam realmente a temer ser agredidos: os operários interrompem a reunião e dizem simplesmente "agora chega". Em 23 de março de 1973, durante a enésima greve com manifestação interna, começa a ser preparado o plano de ataque: bloqueio da saída de mercadorias, piquetes nas portas de entrada da fábrica e grupos móveis de operários que controlam os departamentos. No dia 26, começa o primeiro bloqueio de uma hora, mas no dia seguinte a coisa torna-se maior, corre a informação nos departamentos, nos refeitórios, por todo lado. Sequestram as bicicletas dos chefes e dos fura-greves e organizam-se revezamentos entre as diversas portas, sentinelas vermelhas sobem aos muros da fábrica, os telefones dos seguranças da Fiat são capturados e utilizados para trocar informações em tempo real. A organização da luta se transforma, de um fetiche adorado pelos mais variados inventores de "consciências externas" do proletariado, em algo que nasce no momento da ação e *dentro* desta. A ocupação da Fiat Mirafiori não deverá nada a ninguém: nem ao sindicato, nem ao PCI, nem aos grupos extraparlamentares – todos foram pegos de surpresa e obrigados a perguntar a si mesmos como tinha sido possível que uma tal organização da luta, por mais invisível que pudesse ser, não fora nem percebida nem prevista em sua amplitude pelos estrategistas de nenhuma dessas organizações.

Não se tratava de um tipo de espontaneísmo, mas sim da autorreflexão prática e indelegável dos rebeldes, que criava e determinava de modo imanente o próprio poder sobre a fábrica, não para fazê-la funcionar melhor, mas para destruí--la enquanto agregação de exploração e domínio, de fadiga e de malefício. Os delegados do PCI e do sindicato começaram a compreender o que estava acontecendo e procuraram difamar aqueles que promoviam as lutas com as acusações de costume: "aventureiros" e "provocadores". Mas era tarde demais: os funcionários da antirrevolução bem que poderiam ter ido embora jogar baralho na cantina. Se em 28 de março fora proclamada uma greve autônoma de 8 horas, no dia 29 o bloqueio é total: bandeiras vermelhas surgem em todas as portas da fábrica, funcionários e dirigentes são rejeitados nos piquetes e, ademais, os bloqueios começavam a mover-se ameaçadoramente para fora do estabelecimento, ao longo dos cruzamentos, onde os manifestantes pedem aos motoristas um pedágio para financiar a caixa comum. A ocupação da Fiat Mirafiori transborda, a indicação política é clara: sair dos muros da fábrica, apropriar-se do território.

Jovens operários com bandanas vermelhas no rosto vagueiam pelos departamentos gritando sons que ninguém compreende, palavras *aparentemente* sem sentido. Assim é que até a linguagem tradicional das lutas operárias foi sabotada, feita em pedaços e lançada contra o trabalho: eram, sem o saber, os primeiros "*indiani metropolitani*"[10]. Encontra aqui uma das suas datas de nascimento aquilo que será a reflexão e a prática linguística da *Radio Alice*, a famosa rádio bolonhesa do Movimento que tanto impressionou Félix Guattari. Um cartaz foi pendurado fora do portão da fábrica: "Aqui mandamos nós". Seria isso, porventura, o famoso *poder operário*?

O bloqueio total durará "apenas" três dias, mas é uma experiência que assinala uma transformação radical nas práticas e no imaginário revolucionário italiano. Nem mesmo no outono de 1969, quando a fábrica foi atravessada por um movimento de luta duríssimo e vitorioso, chegou-se à ocupação e ao bloqueio total.

10 N. da E.: Para um comentário pormenorizado do uso da denominação *indiani metropolitani* e a possibilidade de tradução apenas aproximativa por "índios metropolitanos", ver capítulo 2, nota 43.

De modo que, na Mirafiori – a maior e tecnologicamente mais avançada fábrica italiana –, uma organização autônoma das lutas havia lançado um ataque gigantesco à produção. Mas não só isso, os próprios conteúdos e formas do conflito também se haviam se transformado. Se, nas ocupações precedentes daquela fábrica – em 1920, durante o famoso Biênio Vermelho, e em 1945, no contexto da resistência antifascista –, os operários tinham demonstrado que eram perfeitamente capazes de fazê-la funcionar melhor do que o patrão, em 1973 ninguém trabalhava, e mais, quem estava na luta achava melhor que se mantivesse fora da fábrica os que queriam trabalhar (só por um dia os piquetes permitiram a entrada dos empregados que cuidavam das folhas de pagamento...). Até os ônibus que traziam os operários do campo à fábrica foram incendiados durante a noite. Os jovens *apaches* turinenses tinham compreendido que, para dar consistência à greve, era necessário intervir de modo destrutivo sobre o conjunto do *fluxo* produtivo, incluindo, portanto, a circulação e a temporalidade capitalista que se estendiam pelas artérias da metrópole. Chegara definitivamente ao fim a época da ética do trabalho, característica do operário profissional: a recusa do trabalho tornava-se, então, um comportamento de massas, não era mais (se é que alguma vez tenha sido) uma abstração teórica, mas sim uma prática subversiva imediatamente perceptível e quantificável. O *estranhamento operário* em relação às máquinas, ao desenvolvimento e ao trabalho passava de força passiva a uma imponente atividade subversiva: *tornava-se autonomia*.

Os jovens operários, migrantes e filhos de migrantes do Sul da Itália, ou piemonteses [do Norte] que haviam vivido os últimos anos de revolta generalizada fora das tradicionais organizações do Movimento Operário, não tinham nenhuma moral produtivista, nenhuma vontade de melhorar aquilo que definiam simplesmente como um "trabalho de merda", nenhuma propensão à hierarquia de fábrica ou de partido: *não queriam mais ser operários.* Queriam viver, queriam satisfazer as suas necessidades, queriam criar novas comunidades. Não se tratava mais de "liberar o trabalho", mas sim de "lutar contra o trabalho". Um conflito que se devia menos à maturação da tradicional "consciência de classe" do que à subtração material posta em prática pelos jovens operários em relação a tudo que consideravam uma negação da sua própria vida: bloquear a produção significava deixar o caminho livre aos fluxos do desejo. Eram pessoas, escreveu Bifo,

> "que só trabalhavam o tempo estritamente indispensável para comprar a passagem da próxima viagem, que vivem em casas coletivas, roubam carne nos supermercados, que já não querem ouvir falar em dedicar a vida inteira a um trabalho extenuante, repetitivo e, ainda por cima, socialmente inútil".[11]

11 Franco "Bifo" BERARDI, *La Nefasta Utopia di Potere Operaio – Lavoro Tecnica Movimento nel laboratorio politico del sessantotto italiano* (Roma, DcriveApprodi, 1998).

O romance de Nanni Balestrini *Queremos tudo*,[12] história da educação sentimental de um jovem operário meridional da Fiat durante as lutas de 1969, é a leitura mais instrutiva, melhor do que dezenas de ensaios sociológicos, para compreender a fisionomia desses jovens operários selvagens.

O absenteísmo começou a alastrar-se, atingindo a casa dos 25%. No período em que começava a prática difusa das autorreduções, nada mais óbvio do que autorreduzir unilateralmente o horário de trabalho. Mas isso ainda não era o suficiente. A conflitualidade era impulsionada para fora dos portões da fábrica, para avançar no território e encontrar-se com aquela que nascia nos bairros, nas escolas, nas ruas de uma metrópole que o proletariado começava a identificar como inimiga direta, um território vasto e segmentado sobre o qual se estendia toda a restruturação capitalista da produção e da vida. O problema daquele momento seria: como lançar um ataque à metrópole? Como criar zonas de ilegalidade de massas no coração do território inimigo? Como bloquear e fazer colapsar este enorme fluxo de mercadorias, de sinais, de poder, que a metrópole do capital faz circular incessantemente e que *traz consigo a morte*? O problema que se colocava aos teóricos autônomos era a busca de uma saída política e organizativa tanto para as lutas operárias como para os conflitos sociais que surgiam na

---

12 Nanni BALESTRINI, *Vogliamo Tutto* (Roma, DeriveApprodi, 1971; 2ª ed.:2004); ed. portuguesa: *Queremos tudo* (Lisboa, Fenda, 1991).

cidade. E, como sempre, a resposta nasce da prática, da proliferação autônoma dos comportamentos subversivos, do espontaneísmo organizado do proletariado em liberação. *A teoria vem sempre depois*, não obstante o que dizem filósofos e policiais.

É dessa fratura que resulta o deslocamento do paradigma das lutas autônomas, que começaria a funcionar como máquina de guerra em multiplicação: da autonomia dos operários à autonomia difusa.

De qualquer forma, em 9 de abril de 1973, os patrões cedem a muitas das exigências e o novo contrato dos trabalhadores metalúrgicos é assinado. O governo se demite e os sindicatos ficam satisfeitos mas, *estranhamente*, os operários continuam a aprofundar a sua ameaçadora separação.

Enquanto isso, a Mirafiori está na mão dos revoltosos. Em muitas fábricas italianas, como em toda parte, uma espécie de contraeconomia começou a acompanhar a contraconduta dos operários. Um autônomo que trabalhava na Alfa Romeo, em Milão, contou-me a história de uma cantina ilegal organizada pelos autônomos dentro da fábrica, a qual mesmo os dirigentes não se recusavam a frequentar regularmente, dada a qualidade da comida, superior à da cantina da empresa, e sem contar o clima de convívio que ali se respirava. Nas cidades, começavam a difundir-se os "mercadinhos vermelhos", onde era possível adquirir bens de consumo a preços muito mais baixos do que na distribuição normal e, pouco depois, os autônomos a eles somaram a prática da expropriação direta das mercadorias. Também foi assim para a ocupação de casas e dos primeiros locais de associação juvenil, quer nas cidades, quer nas pequenas aldeias de província. O estranhamento também era esse tipo de experiência, a organização autônoma da vida a partir dos mais elementares desejos, que afinal não são assim tão elementares: comer, morar, fazer amor, rir, fumar, conversar, ou seja, gozar a vida juntos, *grátis* e de um "modo comunista". A luta pelo poder já não queria dizer, como nos clássicos, uma luta pela conquista da máquina de Estado, mas sim a difusão de zonas liberadas nas quais se poderia criar uma forma de vida comunista: contra o Estado, sem transição socialista, sem delegar a ninguém, sem renunciar a nada no plano da satisfação *comum* dos desejos. Neste sentido, não obstante os esforços notáveis para buscar a sua legitimação por parte de muitos, não havia espaço para o marxismo-leninismo no âmbito da organização das lutas metropolitanas.

A verdadeira crise, a verdadeira catástrofe, é aquele acúmulo de negatividade que se transforma em uma positividade do ataque, aquele estranhamento ativamente reivindicado em relação à produção de mercadorias, aquele tomar de espaços para perturbar os seus tempos e usos, é aquela violenta recusa dos operários em ser força-trabalho, aquela recusa que se expande e se torna uma recusa de massas contra qualquer forma de domínio e de exploração. O que se busca é a crise do comando social e, em contrapartida, a insurgência de uma nova forma de vida.

É um partido bastante estranho, o de Mirafiori, sem secretários, sem funcionários, talvez até sem militantes. O "Partido de Mirafiori" é fazer--se conscientemente parte contra o todo, a dissolução do trabalho assalariado, os gritos de raiva que se transformam em ações de sabotagem, mas, também, a destruição da representação política e o deslocamento da guerra de posições para a guerrilha difusa. Um partido de todos os sem-partido, uma nova forma molecular de amizade política constituída contra o inimigo de sempre, uma organização pela desorganização da sociedade capitalista, uma máquina de guerra contra o Estado. O comunismo agora ou nunca. *Então, Mirafiori estava em toda parte* e os autônomos foram os únicos a compreendê-lo e a extrair suas consequências.

Nesse ínterim, o ano de 1973 vai se consumando com o Chile de Allende afogado no sangue do golpe militar de 11 de Setembro, apoiado pelos EUA de Kissinger, e com o massacre dos estudantes gregos em Atenas. O PCI, aterrorizado pelas imagens do Palacio de La Moneda bombardeado pelos militares, não vê outra possibilidade senão lançar a palavra de ordem do "compromisso histórico" com o partido dos patrões, a *Democrazia Cristiana* [Democracia Cristã]. Uma política que, como sugeriu Lanfranco Caminiti de modo perspicaz, não foi apenas um ato de concessão por causa do medo de um golpe reacionário, mas também uma resposta duríssima a uma parcela da base do partido que, nas palavras do seu secretário-geral, Enrico Berlinguer, talvez fosse atraída demais pelos "aventureiros" e talvez quisesse abandonar "o terreno democrático e unitário para escolher uma outra estratégia feita de neblina".[13] Para quase todos os outros militantes comunistas, ao contrário, os acontecimentos no Chile significariam outra coisa: era preciso começar a pensar no armamento do Movimento.

Ao contrário dos grupos oriundos dos anos sessenta, o internacionalismo, em particular para os autônomos, não poderia querer dizer fazer coletas e comitês de apoio às lutas do Terceiro Mundo, mas sim resistir e insurgir no próprio país, na própria cidade, na própria pessoa. Sem se esquecer de acrescentar que "os vietcongues vencem porque batem com força".

Na escala internacional, o ano se encerra com o ETA, que explode em Madri o carro de Carrero Blanco – almirante e pilar fundamental do regime franquista – fazendo-o voar mais de vinte metros.

Na Itália, ao contrário do que se costuma dizer, as condições estavam maduras para que a Autonomia começasse a tecer a trama das subversões que, no espaço de quatro anos, levará à explosão de uma autêntica insurreição em 1977.

Descontinuidade e recomposição

> "Nunca se soube qual intenção milagrosa, qual afinidade de análise, qual refinada percepção do tipo de organização que poderia nos levar

13 Lanfranco CAMINITI, "'Qui comandiamo noi'. É l'autonomia operaia", suplemento do jornal *Liberazione*, n. 4 (Roma, 2007).

ao comunismo havia feito com que todos, mas todos mesmo, fôssemos geneticamente da Autonomia."
Teresa Zoni Zanetti, *Rosso di Mària – L'educazione sentimentale di una bambina guerrigliera.*

No período que seguiu o biênio 1968-69, assistiu-se na Itália a um florescimento de pequenos partidos e organizações de extrema-esquerda que procuravam recolher e canalizar a energia revolucionária que havia sido expressa nas universidades e nas fábricas. O Partido Comunista, depois de um interesse tático inicial pelo Movimento de 1968, e uma vez tomada a decisão em prol da cogestão do Estado, encerra qualquer possibilidade de relação com os "extremistas" e, ainda que muitos dos seus militantes de base continuassem a ter relações com os grupos e militantes à sua esquerda, a presença do PCI no Movimento será sempre escassa, marginal, até chegar a tornar-se o seu principal inimigo. Alguns setores do sindicato operário procuraram interceptar e governar a subversão na fábrica, mas serão dominados e acabarão por se tornar a arma de delação mais eficaz nas mãos dos patrões.

A experiência dos grupos pós-68 foi efetivamente uma experiência de massas. Muitíssimos jovens viram nos grupos uma possibilidade não tanto de "organizar o amanhã" ou de aprender a "fazer política", mas, sobretudo, de organizar comunidades eletivas, de criar condições para uma

ruptura com a família, com o mundo pequeno-
-burguês constituído pelo maldito encadeamento
casa-igreja-escola-trabalho e, a partir daí, realizar
um percurso revolucionário. Mesmo que muitos
tenham se contentado em tornarem-se pequenos funcionários de pequenos partidos, macaque-
ando todas as piores posturas do socialismo e do
comunismo, era uma parcela muito maior a dos
que procuravam uma maneira de revolucionar a
vida "aqui e agora". Mas os impulsos mais genuí-
nos e os desejos mais verdadeiros foram negados
por toneladas de ideologia, forçados para dentro
de estruturas verticais sem nenhum sentido que
não a repressão de qualquer "desvio" da linha que
supostamente levaria as massas à vitória. Ou, mais
comumente, da linha que os líderes consideravam
mais cômoda a fim de estender os seus egos des-
medidos. Talvez só o 68[14] alemão tenha sido imune
a esse manto neoautoritário de grupo. Poderá
parecer um juízo pouco generoso, mas os grupos,
no pouco tempo que ocuparam a cena política italiana, constituíram efetivamente mais um limite
do que uma possibilidade e sua proposta teórica

14 N. da E.: O uso pelo autor de 68, assim como, logo
a seguir, o de 77, em vez da nomeação completa (1968
e 1977, respectivamente), explica-se por sintetizar, de
modo metonímico, a referência aos eventos políticos de
larga escala ocorridos nesses anos (como é consagrado
na linguagem política pós-68). Assim, esta edição optou
por manter a grafia com dois algarismos nestes casos,
reservando o uso comum, de quatro algarismos, para as
referências menos significativas (ou seja, ligadas à mera
periodização dos eventos).

era, com poucas exceções, francamente insossa. Experimente-se ler hoje os documentos da maior parte das formações de extrema-esquerda daquela época: são pateticamente ilegíveis, falam com um tipo de "língua de madeira".[15] Na realidade, como reconheceram alguns autônomos, os grupos serviram aos mais inteligentes e generosos companheiros e companheiras para aprender alguma técnica de combate, alguns rudimentos de intervenção política e, especialmente, para encontrar aqueles que viriam a ser os seus amigos, os seus companheiros, os seus cúmplices nos anos posteriores. Claro, os grupos continuaram a existir por alguns anos – ainda em pleno 77 sobreviviam à sua morte clínica – mas aquilo que se começava a chamar Movimento era infinitamente maior, mais belo e mais forte do que todos eles juntos.

No início dos anos setenta, em frente aos portões das fábricas e das escolas, estava em curso uma dura disputa pela hegemonia entre os diferentes grupos: os leninistas criptotrotskistas da *Avanguardia Operaia* [Vanguarda Operária], os operaístas-insurrecionalistas do *Potere Operaio* [Poder Operário], os operaístas-espontaneístas da *Lotta*

---

15 N. da T.: Da expressão francesa *langue de bois* que indica uma linguagem autoritária e vaga, quase sempre propagandística, mas que não chega a exprimir um significado preciso e claro, muitas vezes camuflando realidades escusas. Neste sentido de parolagem vazia encontra forma análoga, ainda que apenas parcial, na expressão brasileira "conversa para boi dormir".

Continua [Luta Contínua], os marxistas-leninistas de várias linhas, os stalinistas do *Movimento Studentesco* [Movimento Estudantil], os para-bordiguistas[16] da *Lotta Comunista* [Luta Comunista], os expulsos do PCI do jornal *Il Manifesto* [O Manifesto] e um mar de outras tantas siglas que, sobretudo, cobriam um vazio de subjetividade. Havia também diferenças geracionais entre os membros dos vários grupos. De um lado, estavam os militantes mais velhos, provenientes de experiências políticas menores feitas nos anos sessenta, as quais tinham sido dissolvidas precisamente pelo movimento de 68 e pelo "Outono quente de 69". Entre estes, estavam os que tinham participado na revista *Quaderni Rossi* [Cadernos Vermelhos], depois no jornal de luta *Classe Operaia* [Classe Operária] e, por fim, no *La Classe* [A Classe] e em algumas vanguardas operárias, como a da assembleia autônoma de Porto Marghera; ou seja, esses *operaístas* que – ao contrário de Mario Tronti, que inclusive tinha escrito o livro principal desta corrente, *Operai e Capitale* [Operários e Capital, 1966] – não queriam entrar ou reentrar no PCI. Entre esses, o mais famoso é Antonio Negri, o qual terá um grande papel na definição teórica da prática autônoma. Mas, entre eles, havia também outros, ainda

16 N. da E.: "Para-bordigistas" em referência ao líder comunista italiano Amadeo Bordiga (1889-1970), um dos fundadores do PCI em 1921, expulso em 1930 por sua oposição contundente ao stalinismo. Participou, desde a fundação, do Partito Comunista Internazionalista, de orientação internacionalista e antistalinista.

que bem mais jovens, como Franco Berardi "Bifo", que tinha participado na última das revistas mencionadas e que será umas das inteligências mais relevantes no desenvolvimento do movimento das autonomias, enquanto na *Classe Operaia* foi possível encontrar colaboradores como Riccardo D'Este e Gianfranco Faina, conselheiros anarquizantes com uma certa inclinação neoluddista. Isto para dizer que o próprio operaísmo dos anos sessenta nunca foi um bloco monolítico, ao contrário, as diferenças internas foram muitas e importantes para determinar o seu fim enquanto hipótese organizativa unitária. Do mesmo modo, havia os pequenos grupos trotskistas ligados à Quarta Internacional que tinham uma certa presença na Itália. Existiam também os marxistas-leninistas que olhavam para Oriente e que, já presentes antes de 68, por alguns anos pareceram ter muitos seguidores, em particular a *Unione dei Comunisti – Servire il popolo* [União dos Comunistas – Servir ao Povo], que, apesar do ridículo, tentava trazer à Itália um maoismo da moda, tão folclórico quanto nulo, na teoria e na prática. Havia os anarquistas da FAI (*Federazione Anarchica Italiana* – Federação Anarquista Italiana) e depois, nos anos seguintes, outros como o ORA (*Organizzazione Rivoluzionaria Italiana*, makhnovista – Organização Revolucionária Italiana) e vários outros grupúsculos que, ainda que minoritários, mantiveram sempre uma presença no Movimento. A Federação dos Comunistas Libertários entrou diretamente na estrutura da Autonomia. Por fim, existiam os pequenos grupos do marxismo libertário provenientes do situacionismo e do conselhismo de esquerda, entre os quais tiveram certa importância os *Ludd – Consigli Proletari* [Ludd – Conselho Proletário] (mais tarde o *Comonstismo*) que, em grande medida, dissolveram-se no magma do Movimento e na área da Autonomia, vendo a sua influência reemergir com mais força por volta de 77. Claramente, no início dos anos setenta, estava já ativo dentro e fora das fábricas o pequeno grupo que fundou as *Brigate Rosse* [Brigadas Vermelhas], as quais eram compostas por uma mistura entre ex-militantes do PCI, de algumas formações marxistas-leninistas e de algumas estruturas de base do sindicalismo de esquerda. No início, sucederam várias tentativas de diálogo entre Autonomia e as *Brigate Rosse*, especialmente por meio da revista *Controinformazione*[17], mas logo acabaram em nada.

Existia, portanto, uma "esfera política" nascida das lutas estudantis de 68-69. Os grupos foram, sobretudo, a academia política onde os líderes das assembleias universitárias de 68 e os seus adeptos puderam continuar a exercer um "papel social". Locais onde o narcisismo, a competição, o ideologismo e o machismo não eram "algo a mais", e sim definiam profundamente a sua essência. Contudo, Félix Guattari não teve dificuldade em definir como microfascismo esta energia ruim que

17 N. da E.: Reproduções de alguns números da publicação estão disponíveis em: <https://www.inventati.org/apm/archivio/320/2/con/controinformazione.php>.

circulava nos grupos pós-68. O *Movimento Studentesco* da Universidade Estatal de Milão foi a figura mais emblemática e triste dessa situação na Itália.

Não é por acaso que, hoje, a maior parte daqueles líderes e pequenos chefes ocupam um lugar de destaque na gestão governamental da opinião pública ou em alguma empresa "criativa" do neocapitalismo italiano. Houve, porém, algumas exceções entre os líderes de 68, como Franco Piperno e Oreste Scalzone que, ao contrário e não por acaso, lançaram-se junto a milhares de outros e outras no mar da Autonomia e do Movimento. É necessário dizer, porém, que Piperno e Scalzone não eram simplesmente líderes estudantis: tinham estado entre os jovens e infiéis seguidores de Tronti, os quais tinham animado, junto com o grupo de Negri e logo após 68, o semanário de agitação operária *La Classe*, em torno do qual se condensaram muitas das forças, inclusive as que depois darão origem ao *Potere Operaio*.

Todavia, o conjunto dos pequenos partidos de extrema-esquerda era substancialmente um agregado da pequena-burguesia intelectual que mimetizava a revolução e cuja maioria recuou horrorizada, como sempre acontece, quando se passou a lidar com um processo revolucionário real.

Definitivamente, os limites dos grupos não eram nem externos nem contingentes, mas internos à sua essência e à sua incapacidade estrutural de interpretar tudo aquilo que havia de vital que estava se desdobrando no Movimento, perdidos como estavam na enésima celebração litúrgica da Terceira Internacional.

Em 1973, com a ocupação "militar" de Mirafiori pelos operários autônomos e o reinício do conflito espalhado por todo o horizonte metropolitano, soou o fim do recreio para os grupos, mesmo para os mais inteligentes entre eles, como o *Potere Operaio* e a *Lotta Continua*, que tiveram de fato um papel importante na genealogia da Autonomia.

Potere Operaio, o grupo mais interessante para o nosso argumento, praticamente se dissolveu em junho daquele ano, de modo coerente com a sua breve e intensa história, a qual, em certos momentos, recorda mais a de uma seita herética do que a de um grupo clássico de extrema-esquerda. Realmente, o *Potere Operaio* já estava *para além do* operaísmo e *dentro* da autonomia, malgrado as aparências. Por isso, a luta de Mirafiori em 1973 e os mil focos de subversão que estavam surgindo por todo o país só poderiam significar uma interrupção do seu projeto de partido, o qual, ainda que inovasse profundamente o leninismo, não conseguiu encontrar uma forma organizativa adequada, acima de tudo porque estava em curso de mudança o seu sujeito de referência, que até aquele momento tinha sido o operário-massa das grandes fábricas. Na verdade, a ideia de "partido" que os militantes do *Potere Operaio* tinham em mente era bastante diferente da concepção leninista tradicional: mais do que "tomar o poder", a centralização reivindicada pela palavra partido era um meio para garantir a expansão dos movimentos e a sua capacidade de resposta ao contra--ataque patronal e estatal, bem como, às vezes, servisse para a coordenação dos "momentos" de caráter insurrecional. O partido era, portanto, um fato *tático* em relação ao Movimento, o qual era e permanecia sendo o fato *estratégico*. O partido deveria, acima de tudo, ocupar-se em "remover os obstáculos" que se opunham ao alargamento dos espaços do Movimento. Com escreveu Lucio Castellano anos depois, o partido da insurreição "*não é a tomada do poder, mas a ruptura das suas barreiras*".[18] Assim, a veia fortemente insurrecionalista de *Potere Operaio* encontrou, não paradoxalmente, muito mais força no magma vertiginoso da Autonomia do que jamais poderia ter acumulado como pequeno grupo de militantes profissionais. A sua maior contribuição para o ciclo de lutas seguintes – além das célebres análises sobre o Estado-crise, sobre a composição de classe e sobre o neocapitalismo – pode talvez ser reconhecida na sua inclinação para forçar decididamente o presente, fazendo tudo depender da força destrutiva do conflito operário face a uma organização do trabalho que, como já foi dito, estava mudando de face e de estrutura; o problema que o *Potere Operaio* não conseguiu resolver foi, na verdade, o de como estar dentro dessa transformação.

Alguns, intuindo esse deslocamento, procuraram alargar o espaço da frente de lutas de *Potere Operaio*, rumo à construção de "bases vermelhas" nos bairros populares e aproximando a intervenção

18 Lucio CASTELLANO, *Autonomia Operaia* (Roma, Savelli, 1980).

da *plebe* e de todas aquelas figuras sociais em vias de proletarização, como os técnicos, mas não apenas do proletariado fabril que tinha sido, até então, o ponto de referência exclusivo. Mas as resistências eram fortes e as assembleias operárias autônomas do Norte não pretendiam ceder à "centralidade operária" nas lutas. Existia ainda a questão da guerra, verdadeiramente decisiva. Todos os grupos tinham os seus *servizi d'ordine*[19], através dos quais realizavam ações ilegais, mas o *Potere Operaio* havia criado uma estrutura mais ambiciosa, o "Trabalho Ilegal", que tinha como incumbência organizar os primeiros níveis da luta armada ligados à força da organização e do crescimento global do Movimento. Não se deve

---

19 N. da E.: O termo refere-se aos grupos de trabalho, comissões ou comitês criados no interior dos agrupamentos de luta, das manifestações, dos movimentos sociais, dos sindicatos, dos grupos de ação direta e até dos partidos políticos, equipes dirigidas a combater policiais infiltrados, militantes fascistas, a repressão policial e mesmo outros militantes "indesejados", assim como a assegurar a segurança das comunicações internas, o bem estar dos envolvidos e o alcance dos objetivos para as diversas ações de seus grupos. Tendo em vista que: 1) a expressão original, de uso corrente em italiano, comporta todos esses significados, não encontrando análogo no vocabulário político brasileiro; e 2) a transposição direta ao português, como "serviços de ordem" inseriria uma nomenclatura pouco eficaz (que parece ressoar o imperativo normativo da Ordem), esta edição compreende que seria incompleta qualquer assimilação da expressão ao contexto local brasileiro, optando por mantê-la em sua língua original, *servizi d'ordine*, sempre em itálico, ao longo do texto.

esquecer que a primeira *"gambizzazione"*[20] de um capataz foi levada a cabo pelos romanos do *Potere Operaio*, quando as *Brigate Rosse* ainda se limitavam a queimar automóveis. Permanecerá famosa a primeira página de um número do seu jornal: *"Democracia é o fuzil no ombro dos operários."* Mas também nesse ponto, ou seja, sobre o "como" da luta armada, não se conseguiu chegar a um acordo entre as diversas vontades.

Se na conferência organizativa de *Potere Operaio*, em 1972, ainda se dizia "da autonomia à organização", isto é, ao "partido da insurreição", que teria unificado todas as experiências de luta em curso, um ano depois era evidente para muitos que o percurso a fazer era exatamente o oposto. Nesse ínterim, Negri afiava as armas da crítica e inseria no seu operaísmo uma carga ofensiva que em breve reemergeria como hegemônica no âmbito da Autonomia organizada. A questão a que deveriam responder os militantes de *Potere Operaio* não era nada simples: de um lado, à "esquerda", estavam os que sustentavam que a luta de fábrica já tinha alcançado o seu limite máximo e que, portanto, era necessário equipar-se para um conflito político mais amplo, para o qual seria necessário um processo de centralização e de armamento que acompanhasse a expansão de um "contrapoder";

20 N. da T.: Do italiano *gamba* (perna), a expressão remete para o ato de atingir a tiro a perna de alguém, com o objetivo de ameaçar ou punir exemplarmente. Há termos correlatos em inglês (*kneecapping*) e francês (*jambisme*).

mas havia aqueles que, à direita, ressaltando as experiências operárias autônomas, pressionavam na direção de um aprofundamento "sindical" e insistiam na centralidade do sujeito operário. Ao "centro" estavam os que, aliando-se a algumas assembleias autônomas de fábrica e a alguns círculos intelectuais e estudantis, pretendiam uma expansão mais lenta, mas mais profunda, da autonomia no social. Existia ainda a questão das *"outras* autonomias", que não encontravam um posicionamento adequado em nenhuma dessas hipóteses. Talvez, todas as três posições se encontrassem em atraso, tanto teórico como prático, em relação às dinâmicas contemporâneas que se desenvolviam no território e mesmo nas fábricas, como demonstraram as lutas da Mirafiori, das quais emergiram a Autonomia. A própria concepção de autonomia que boa parte de *Potere Operaio* tinha era ainda estreita, demasiado "economicista", em certo sentido, "operária" demais. Por fim, era o momento de colocar a questão da organização da "violência proletária" sobre a mesa, seja a respeito dos níveis de repressão exercidos pelo Estado, seja porque começavam a agir as primeiras formações de combate clandestinas. A questão que determinou substancialmente a dissolução do grupo no Congresso de Rosolina, segundo Paolo Virno, colocava-se nestes termos: de um lado, estava um grupo – que via em Toni Negri a sua figura de maior prestígio – que acreditava ser possível "delegar" às formações clandestinas emergentes – ou seja, às *Brigate Rosse* – as funções de vanguarda militante, enquanto se poderia dedicar à amplificação da experiência das assembleias autônomas e à construção de uma direção política do conjunto do Movimento; do outro lado, estava o grupo que se reconhecia na liderança de Franco Piperno, o qual sustentava que o "como" das *Brigate Rosse* estava equivocado porque as suas premissas teóricas estavam erradas e que, portanto, deveria ser o *Potere Operaio* a encarregar-se, do ponto de vista teórico e prático, também da questão militar. Os militantes de *Potere Operaio* criticavam asperamente a linha política das *Brigate Rosse* que consideravam ligada demais aos mitos da resistência antifascista e ao velho Movimento Operário, e que portanto, tudo somado, podia ser definida como "reformismo armado". No final, nenhuma das duas hipóteses foi praticável, não apenas porque as *Brigate Rosse* recusaram o papel de "braço armado" sujeito a uma direção política externa, mas, sobretudo, porque os processos de luta e de recomposição do Movimento obrigaram rapidamente até mesmo os defensores da hipótese de construção do "partido da insurreição" a admitir que somente da organização da autonomia operária e proletária é que poderia surgir uma opção revolucionária de massas. Após o Congresso de Rosolina, ocorrido em junho de 1973, permanecem ainda abertas, por um ano, algumas sedes de *Potere Operaio* espalhadas pela Itália, mas o seu destino estava selado. Alguns militantes alcançaram as diversas vontades da Autonomia; outros, as *Brigate Rosse*; outros, ainda, voltaram para casa ou para suas profissões.

A história de *Potere Operaio* e os motivos da sua dissolução são complexos e mereceriam um volume à parte, mas devemos pensar que aquele forçar do tempo até à ruptura, o seu insurrecionalismo, o seu ilegalismo, o seu antiestatismo, a sua concepção de bases vermelhas, a sua maneira selvagem e precisa de produzir teoria e, finalmente, aquela aposta no exercício da força para alargar sempre mais os espaços de comunismo, constituirão um patrimônio muito presente na prática autônoma. *Lotta Continua*, ao contrário, seguiu por uma estrada contraditória que, nos anos posteriores, provocou sua implosão, ainda que a sua dissolução oficial só tenha ocorrido em 1976. Muitos dos seus militantes, no entanto, já haviam integrado as formações autônomas ou da luta armada. Outros grupos de razoável consistência e com uma grande presença nos ambientes operários, mesmo percebendo a necessidade estratégica da Autonomia, não compreendiam nada sobre o momento político e os desejos emergentes. Leia-se o que escrevia a *Avanguardia Operaia* em 1973:

> "[...] A Itália não vive um período tumultuoso de crise social aguda no qual massas proletárias cada vez mais numerosas se colocam em movimento, mas sim um período em que a luta de classes ainda se exprime essencialmente em âmbito sindical, que é um âmbito atrasado. As massas vivem os seus problemas em termos de reivindicações imediatas e até mesmo a tendência de deslocar-se no terreno da luta política – que hoje

se manifesta na estrada das lutas contratuais – é ainda muito hesitante."[21]

Uma nova geração de militantes pressionava de todos os lados, agindo como fator de desagregação não só da sociedade, mas também dos partidos e dos grupos de esquerda que, até então, tinham procurado governar a insurgência em curso. Efetivamente, é um erro comum pensar que a Autonomia possua continuidade linear com certas correntes provenientes do movimento de 68 e, mais naturalmente, com o operaísmo e com *Potere Operaio* em particular. Mario Tronti, o principal teórico do operaísmo, não se engana quando afirma hoje que aquela heresia comunista teve vida breve e terminou em 1969, antes mesmo do surgimento dos grupos e da própria Autonomia. A verdade é que a nebulosa autônoma também se condensou a partir da contestação do que os autônomos definiriam como os "velhos trombones" de 68 e de uma profunda ruptura com todas as tradições do Movimento Operário. Claro que a relação da Autonomia com o operaísmo permanecerá forte e o método de interpretação da luta do operaísmo confluirá com muitas componentes autônomas, assim como são assinaláveis, em tons relativamente menores, outras influências como o luxemburguismo, o spartakismo, o anarco-sindicalismo, o dadaísmo, o situacionismo... Mas definir

21 Avanguardia Operaia, "I cub: origine, sviluppo e prospettive" (1973).

e *identificar* a experiência autônoma a partir de apenas um desses filões é o maior erro que se pode cometer, em primeiro lugar, por causa da descontinuidade que ela encarnou no âmbito da "subjetividade" e, portanto, porque seria ignorar a riqueza de uma experiência revolucionária cujo significado residiu, precisamente, na impossibilidade de ser encerrada em uma identidade ideológica confortável qualquer. Parafraseando Guattari, que falava do Maio de 68 francês em relação a 1936, podemos dizer que um revolucionário na Itália de 77, do ponto de vista do desejo, era de *outra raça* em relação ao seu irmão mais velho do Maio de 68. Não houve qualquer continuidade na transformação! Apenas os que souberam sempre dobrar-se, abrir-se e fazer aderir, ainda que dolorosamente, a sua subjetividade aos processos de luta que ganhavam forma, conseguiram atravessar todas as fases: "só quem se deixa mudar pelo movimento é, ao fim e ao cabo, comunista".[22]

Uma outra verdade foi afirmada recentemente pelo próprio Tronti, segundo o qual o Movimento Operário – entendido como a totalidade das suas instituições representativas – havia perdido exatamente no momento em que *parecia* estar vencendo, no fim dos anos sessenta, e havia perdido porque a "democracia real" vencia; foi derrotado porque se deixou incorporar na governabilidade capitalista, foi destruído porque não foi suficientemente

22 Lauro ZAGATO, *Altroquando – Cella di isolamento e dintorni* (Milão, Milano Libri Edizioni, 1980).

"extremista", e não ao contrário, como se poderia crer. Por isso, o movimento das autonomias e os próprios operários autônomos se encontraram, num certo ponto, na posição forçada de abrir uma batalha *contra* o Movimento Operário. Nos anos setenta, o *slogan "poder operário"* e a própria identificação da *subjetividade operária* queriam dizer algo totalmente diferente do que continuava a significar para os operaístas "clássicos", ou seja, algo ou alguém que se definia enquanto "para lá da sua relação com o sistema da economia e da política".[23] O proletariado tinha destruído com as próprias mãos qualquer possibilidade de ser submetido a uma definição economicista ou sociológica; "classe operária" tinha se tornado, pelo e no Movimento, exclusivamente o nome da produção de autonomia, o nome da separação hostil da sociedade do capital, a evocação potente da possibilidade de extinção tanto do Estado quanto da identidade resultante do trabalho assalariado. O tipo de relação que existia entre o operaísmo e o *Potere Operaio*, e portanto com a Autonomia, pode então definir-se, de modo lukacsiano, como "ortodoxia no método", mais do que fidelidade a uma doutrina e a um sujeito; e o método, no operaísmo mais radical, livre dos seus sociologismos, identifica-se com a forma de vida: devir proletário, viver *com* os proletários, é o primeiro e irrenunciável artigo do método da *pesquisa operária* – um dos mais formidáveis instrumentos

---

23 Franco "Bifo" BERARDI, *Le Ciel Est Enfin Tombé sur la Terre* (Paris, Le Seuil, 1978).

de organização autônoma inventados pelo comunismo contemporâneo – desenvolvido pelo operaísmo militante e que permanecerá sempre a sua marca, mesmo nas experiências posteriores das várias correntes autônomas. E, provavelmente, é o que permanecerá mais vivo daquela extraordinária experiência comunista. Assim, o outro artigo fundamental do *método* consiste na *parcialidade* do ponto de vista: somente a parte conhece o todo e este conhecimento unilateral, partidário, contrapõe-se necessariamente à totalidade. Por último, o operaísmo radical é sempre antirreformista: não é só uma política do conflito, mas sim uma política irredutivelmente revolucionária. A todos aqueles que ainda hoje se voltam ao operaísmo como modelo de pensamento, frequentemente submetendo-o aos mais imprudentes neo-reformismos, seria necessário recordar estes três requisitos, mínimos, mas irrenunciáveis, por meio dos quais vive a sua *espiritualidade.*

Ademais, é necessário destacar que não houve qualquer continuidade *organizativa* entre *Potere Operaio* e Autonomia, o que, aliás, ninguém defendeu com mais convicção do que os juízes que instruíram os processos contra os autônomos no fim dos anos setenta, para demonstrar a realidade dos seus *próprios* fantasmas, feitos de direções únicas e eternas, secretariados ocultos e soldadinhos súcubos do Grande Velho, fantasmagorias em que o Movimento aparecia como fruto de uma "conspiração" de um punhado de professores universitários. Na resposta ao interrogatório do juiz inquisidor de

Lucio Castellano, um autônomo ligado à revista *Metropoli*, capturado junto com centenas de outros companheiros e companheiras logo após a investigação denominada "7 de Abril" de 1979, está contida uma fulgurante exposição desta verdade:

"Aquilo que o impele, sobretudo, é reduzir o movimento destes anos, nas suas diversas formas de expressão, a algo que o senhor possa compreender com a sua linguagem, isto é, a uma conspiração. É por isso que tem de existir um 'cérebro central', um 'Governo sombra', mas não só: para que o senhor o possa 'compreender' totalmente, para que seja crível a seus olhos, este 'governo' deve ser formado nas universidades, rodar em torno de alguns docentes, ser uma 'classe dirigente' no sentido em que você a entende [...]. Para o senhor, compreender o terrorismo significa construir uma imagem que seja a mais parecida possível com o mundo que conhece, uma série de potentados e correntes unidas hierarquicamente e dirigidas por 'professores'. Eu sei que, neste alargamento ocorrido na esfera dos espaços de poder, um grande número de pessoas se agita de modo desordenado, sem clareza de ideias e sem objetivos unânimes, fazendo as coisas mais diversas e, por vezes, até mesmo a guerra, remisturando papéis e hierarquias consolidadas, arriscando e pagando na pele pela liberdade nova que conquistaram. O senhor está convencido de que o mundo é feito de patrões e servidores, e que estes últimos raramente podem provocar danos de relevo: está convencido de que a questão do poder se coloca sempre nos termos shakesperianos da guerra entre consanguíneos.

Aquilo de que me acusa faz parte da sua cultura, não da minha. Nego ter constituído a organização de que fala, não por ter medo do senhor, Dr. Galluci, mas porque teria medo dessa organização. A imagem que procura impor sobre nós é odiosa. Não nos manda para a prisão como subversivos ou terroristas mas como 'dirigentes' de subversivos e terroristas, do mesmo modo amigavelmente cúmplice e severo com que levaria o seu filho à escola. Não faço parte da sua família."[24]

A única continuidade evidente, mais que secular, identificável nos fluxos do Movimento residia no desejo de subversão, numa relação com o mundo que se tornava coletiva, no desenrolar permanente de novas educações sentimentais, na reinvenção cotidiana do comunismo, mas tudo isso corria por outras vias, provavelmente desconhecidas pela alta teoria operaísta, seguramente negada aos ridículos *"partitini"* e *obviamente* incompreensível de todo para juízes e jornalistas.

Categorias forjadas pelo operaísmo, como a da "recusa do trabalho", permaneceram bem guardadas no arsenal teórico-prático autônomo, mas foram ligadas a outros entendimentos, a outros usos, a outros meios; e confrontadas, por isso, com outros conceitos e figuras que o operaísmo não seria capaz de alcançar, entres os quais as mulheres e o feminismo, os jovens e a reapropriação da vida, a intelectualidade de massas e o fim

24 Lucio Castellano, em interrogatório, perante o juiz instrutor, 12 de Junho de 1979.

do trabalho assalariado, a homossexualidade e a libertação dos afetos, a "ralé" e a explosão das periferias urbanas e outras minorias que incendiavam cada vez mais a cena política daquela década. Por isso, a categoria de "recomposição" foi uma das fundamentais entre as utilizadas pelos autônomos: tratava-se efetivamente de organizar "uma *recomposição* de classe tecida no quadro dos desejos proletários e a *área*, enquanto espaço qualitativo de experiências, de hipóteses e de contradições, confere-lhe o seu ser movimento".[25] Mas, ao mesmo tempo, tratava-se de atuar sobre uma "decomposição", quer da sociedade quer da classe, ou seja, uma *separ/ação* dos dispositivos de poder que qualquer subjetividade traçava a partir das suas irredutíveis singularidades: a potência da Autonomia estava também na sua capacidade de fazer interagir todas as diferenças com o tecido comum, isto é, de transformar a vida de todos a partir das expressões da singularidade e vice-versa, ou seja, de deixar que o coletivo transformasse cada vida singular. A Autonomia foi o condutor através do qual passavam, nos dois sentidos, esses fluxos que, *organizando-se*, tornavam-se potências revolucionárias. No limite, significará também "ser autônomos da, e na, própria Autonomia".[26] A Autonomia foi uma espécie

25 Gabriele MARTIGNONI e Sergio MORANDINI, *Il Diritto all'Odio – Dentro/fuori/ai bordi l'area dell'autonomia* (Verona, Bertani, 1977).

26 *Puzz – La fabbrica della repressione*, número único (Milão, setembro de 1975).

de "dividi-vos e multiplicai-vos" não pronunciado por nenhum profeta e que, exatamente por isso, foi ainda mais eficaz.

O comunismo desenhado pela Autonomia é espúrio, junta Marx e a antipsiquiatria, a comuna de Paris e a contracultura norte-americana, o dadaísmo e o insurrecionalismo, o operaísmo e o feminismo, confronta Lenin com Frank Zappa enquanto passa como um rolo compressor sobre os restos da tradição da Terceira Internacional que permaneciam incrustados nos grupos e na ideologia da esquerda, além de estar continuamente em busca de uma realização imediata e de ser, antes de mais nada, afirmação de uma forma de vida comunista, a ser defendida até mesmo com as armas quando necessário. É a assunção coletiva de todas as possibilidades de subversão do atual estado das coisas: música, literatura, arte, ciência, modos de vida e até esporte eram atravessados por esta variante que assumia, cada vez mais, as características de uma cisão da totalidade social, de uma multiplicação de "êxodos" de um mundo hostil e vulgar enquanto se construíam as "bases vermelhas" da insurreição. E tudo isto era conjugado numa sintaxe radicalmente *ofensiva*, diferente de todas as experiências do período, institucionais, alternativas ou extraparlamentares. Em nada se parecia com o "comunismo democrático" e penitencial predicado pela esquerda e menos ainda com aquele feroz e endurecido praticado por seus pais e avós.

No passado, a autonomia operária já tinha sido simplesmente uma categoria utilizada pela esquerda sindical para se referir à independência operária em relação ao desenvolvimento do capital, depois, passou a significar a forma de organização das lutas que os proletários realizavam fora dos partidos e dos sindicatos. No início dos anos setenta, autonomia começou a ser algo bastante diferente: mais uma inclinação ética comum do que a qualificação de um sujeito, mais uma multiplicidade de devires-revolucionários do que uma alusão ao futuro da revolução, mais um modo de viver e combater que vai além de qualquer compromisso (fosse ele histórico ou metafísico) do que uma mera fórmula organizativa, mais o limite armado com que se confrontava o Estado do que um seminário de jovens escolarizados em busca de emoções fortes. Autonomia foi, no fim das contas, o nome de um verdadeiro corte revolucionário aberto em direção ao futuro, ocorrido após a morte do Sujeito (e o último sujeito da história Ocidental foi, precisamente, a Classe Operária). Era um salto epistemológico, ético e ontológico, que reclamava "o comunismo enquanto programa mínimo".

De repente, então, ficou evidente que os militantes dos anos sessenta e dos grupos que se desejavam confrontar com este novo ciclo de lutas deviam, sobretudo, pôr em prática aquilo que Foucault definiu como "um trabalho de si sobre si", uma autêntica conversão, antes de poderem participar e compreender aquilo que sucedia. Mas deveriam especialmente cortar as pontes com as manias organizativistas, acabar com o moralismo rastejante e o vício de sobrepor os "seus" desejos aos de todos os outros. Era necessário tornar-se outro. Alguns, e não foram poucos, conseguiram-no.

Naturalmente não foi fácil e, se é verdade que muitas vezes não passou de um verniz superficial, também é verdade que para muitos e muitas significou renascer para uma nova vida. O velho "eu" não poderia sobreviver à onda de subversão que invadia as cidades, as casas, as escolas, os locais de trabalho, os próprios corpos.

A ruptura e a descontinuidade são evidentes na transformação muitas vezes difícil da linguagem que começa a evidenciar-se nos escritos da época. A um discurso pesado e abstrato, cópia malfeita dos grandes clássicos do comunismo que os grupos declinavam segundo as suas obediências de paróquia (maoistas, trotskistas, leninistas, bakuninistas, stalinistas, bordiguistas...), faz frente um fenômeno molecular de apropriação da linguagem e de invenção de uma língua – algo que os intelectuais mais perspicazes, como Umberto Eco, logo perceberam. A linguagem chega à expressão comum atravessando a vida das pessoas e procurando, até histericamente, exprimir as sensações, as misérias, os desejos, as experiências menores para se tornar rapidamente plano de ataque, reivindicação de alteridade enquanto autonomia contra as lamentáveis teorias da alienação; a reapropriação alegre da violência que começava na reapropriação comum de uma palavra que já não era exterior à vida:

"da destruição da linguagem, a literatura passa, hoje, à linguagem *da* destruição; mas este *da* não é objetivo, mas sim subjetivo. A destruição não é o objeto, e sim o sujeito da linguagem, é o sujeito que escreve, no contexto da sua prática de destruição da forma de existência burguesa e das relações de classe existentes."[27]

À gestualidade normativa dos grupos respondia uma enxurrada de gestos irredutivelmente singulares que, mesmo quando se tornavam habituais, mantinham sempre um gosto pelo excesso de significação que preservou aquelas experiências de quaisquer operações de recuperação. Os grupos foram derrotados e destruídos por este excesso. Os limites da sua pobre proposta política eram pouca coisa perante a escassez que exprimiam no âmbito da elaboração de novas formas de vida. E foi nisso que os partidos e os grupos perderam definitivamente.

A Autonomia, ao contrário, parte precisamente dessa elaboração, ou melhor, da conjugação da capacidade de destruição com a capacidade de criação que as formas de vida autônomas, enxertadas nos territórios inimigos da metrópole capitalista, estão em condições de exprimir. Franco Piperno definiu a autonomia como o "poder do valor de uso sobre o trabalho social". Onde:

27 Franco "Bifo" BERARDI, "Scrittura trasversale e fine dell'istituzione letteraria" [1976], in Sergio BIANCHI e Lanfranco CAMINITI, *Gli Autonomi – Le storie, le lotte, le teorie* (Roma, DeriveApprodi, 2008).

"Valor de uso é o desgosto pelo emprego fixo, talvez do lado de casa; é o horror ao ofício; é mobilidade; é fuga a um desempenho estupidamente rígido como resistência ativa à mercadoria, a tornar-se mercadoria, a ser totalmente possuído pelos movimentos da mercadoria. Valor de uso é a cumplicidade social que o trabalho não-operário oferece, ao longo dos intermináveis momentos da jornada de trabalho, ao comportamento operário que recusa o 'esgotamento cego' característico do trabalho de fábrica. Valor de uso é a vontade de saber no seu 'atravessar esperneando', com a doce obtusidade dos jovens, o corpo da 'mãe escola', que grita e sufoca porque é estruturalmente incapaz de dar, de responder a um desejo de conhecimento que não se configure como pedido de inserção nas fileiras do trabalho assalariado – e se, deus nos livre, alguma rosa for pisada, então pior para as rosas. Valor de uso é o desejo de aprender com o corpo todo esta nova sensibilidade que emerge daquele continente rico em tons, matizes e emoções sensíveis que é o associativismo juvenil na sua relação particular com a música, o cinema, a pintura, em suma, com a 'obra de arte na era da sua reprodutibilidade técnica'. Valor de uso é a obstinada pesquisa de novas relações entre os homens, de um modo 'transversal de comunicar', de experimentar, de crescer na base da própria diversidade – e também a capacidade de não excluir o sofrimento, as misérias e as derrotas desta procura deixando-se absorver pelas velhas normas, reinventando hipocritamente o domingo; mas sim continuando a procurar, caminhando com a 'cabeça erguida'. Valor de uso é a 'alegria pensativa' própria de roubar objetos úteis e desejados – que é a relação direta com as coisas, livre da mediação suja (porque inútil) do dinheiro; mas também a 'nostalgia da riqueza', do viver grátis, de uma plenitude de consumo e da fruição como possibilidade latente e material da sociedade moderna – que é talvez uma aspiração ao paraíso, mas apenas como desprezo pelas dificuldades inúteis, uma vez que já superáveis; apenas como ódio a um purgatório que, arrastando-se além do razoável, deixa de ser preparação e espera para se tornar privação justificada e sofrimento supérfluo. Valor de uso é a esperança ingênua com que nascem – na agricultura, nos serviços e nos bairros – para viver de modo frágil e depois morrer, centenas, milhares de experiências de 'contraeconomia', de trabalho útil – como terna alusão a uma outra forma de trabalho social, a uma outra distribuição do tempo de trabalho enquanto custo social: desejo de conhecer, necessidade de escolher o destino do próprio cansaço; em certo sentido, estima e proteção audaz da unicidade da própria vida. Valor de uso é o caráter abstrato desumano do homicídio e do atentado – solução fantástica para um problema real, denso pesar pela inteireza das próprias possibilidades, tentativa desesperada de fazer valer, com um orgulho impaciente, a própria força social; a qual, porém, na forma enviesada da violência militar, acaba por premiar exatamente o contrário daquilo que afirma. Valor de uso é tudo isto e muitas outras coisas: dificilmente verbalizáveis, mas certamente observáveis dentro da nova jornada de trabalho, dentro da vida quotidiana – para que cesse o hábito de escutar com uma só orelha: identificando assim o ruído dos cristais partidos, mas não a fricção de 'toda a mesa arrastada irreversivelmente em direção ao futuro'."[28]

A derrota da Autonomia, ou seja, de todas estas determinações e ainda outras, no fim da década, foi uma derrota militar e judicial, mas nunca uma derrota das suas hipóteses teórico--práticas que, pelo contrário, não deixaram de receber confirmações nas décadas seguintes. E esse é um entre tantos motivos que explica a sua ressurgida atualidade e o interesse que suscita em novas gerações que empreendem *hoje* um devir-revolucionário.

Mas se a Autonomia não era um grupo, nem sequer um conjunto de grupos, o que era então? Dizia-se, naquele tempo, que era uma *área*, ou seja, um espaço de confins incertos que, por vezes, aderiam ou não aos do Movimento. Pode--se pensar também que era o nome de um modo de se relacionar com o mundo, ou o da codificação estratégica da circulação subversiva entre todos aqueles coletivos, centros sociais, micro-organizações, grupos, lutas difusas e rádios livres que fervilhavam nas cidades e vilas de toda a Itália, ou muitas outras coisas. Certamente, é possível

---

28 Franco PIPERNO, "Dal terrorismo alla guerriglia", em *Preprint 1/4*, suplemento ao n. 0 de *Metropoli* (dezembro de 1978).

afirmar que nunca foi, apesar do desejo de alguns, o nome de *uma* organização. Talvez, porém, tenha inventado, sem nunca formalizar completamente, um novo conceito de *partido* e *insurreição*, ainda a ser pensado.

De fato, se a Autonomia é o plano de consistência comum, na verdade das coisas e das existências, será necessário sempre referir-se *às* autonomias: autonomia dos operários, autonomia dos estudantes, autonomia das mulheres, autonomia dos homossexuais, autonomia das crianças, autonomia dos prisioneiros, autonomia de quem quer que viesse a escolher, a partir das suas próprias contradições, o caminho de luta contra o Estado e o trabalho, da secessão diante do fantasma da sociedade civil, da subversão da vida *juntamente* a outros e outras. A descoberta teórica que Félix Guattari fazia naqueles mesmos anos, na França, da *transversalidade* como modo de recomposição não dialética das experiências subversivas, era já uma realidade concreta e operativa na Itália.

Apesar do leninismo muscular frequentemente exibido por algumas componentes autônomas, o seu próprio método de organização descentralizada – com coletivos territoriais dotados de autonomia de decisão e a centralização reservada apenas para os grandes momentos de ataque –, o desafio a qualquer dogmatismo e a importância dada às relações pessoais no interior dos próprios coletivos (que dividiam frequentemente casa e recursos), na verdade – e sei bem que isto desagradará a muitos –, recordam mais o modo de se organizar e viver da *Narodnaia Volia*[29] que o dos bolcheviques e, no fim dos anos setenta, com a explosão das microformações armadas, lembram também o dos *Socialistas-Revolucionários* com a sua *Organização de Combate*. Entre outras coisas, os autônomos partilharam com os *narodniks* não só a inimizade em relação ao Partido Comunista, mas também a sua *damnatio memoriae*.[30]

O documento que surge no último número de *Potere Operaio*, de novembro de 1973, e que transmite as conclusões de um seminário organizado por uma parte dos militantes em Pádua, entre 28 de julho e 4 de agosto, ratifica o que já existia no campo e, ainda que ressinta de linguagem datada,

29 N. da E.: Em russo, "Vontade do Povo". Organização clandestina responsável por diversos atentados contra o czar (Alexandre II foi morto por *narodniks* em 1881) e membros importantes da aristocracia no final do século XIX (o irmão mais velho de Lenin era parte desta organização, tendo sido condenado à morte, junto a outros correligionários, pela tentativa de assassinato feita contra o czar Alexandre III, em 1887). A *Narodnaia Volia* publicava um jornal com o mesmo nome e seguia um modelo de centralização rígida que inspiraria a concepção leninista de partido. Daria origem também, em 1902, ao Partido Socialista Revolucionário (SR), ligado ao campesinato. Lenin polemizou intensamente com os "populistas" (como lhes chamava) da SR a propósito da melhor tática para liquidar o czarismo.

30 N. da T.: Expressão latina que significa "condenação da memória": refere-se a um tipo grave de condenação usado na Roma Antiga, que consistia no apagamento de todos os traços de existência de uma pessoa na memória coletiva.

reconhece na organização das autonomias a única possibilidade de continuar a lutar pelo comunismo no contexto que tinha sido determinado:

> "[...] Não atribuímos nem a mediação teórica, nem a articulação prática, nem a centralização das decisões de ataque contra a circularidade do movimento a nenhum mecanismo de delegação, também não as inserimos em nenhuma divisão do trabalho, não as fixamos em nenhuma estrutura vertical [...]. Este é o último número de *Potere Operaio*. O crescimento da direção operária das lutas e da organização dissolveu as instâncias organizativas dos grupos. Parte dos companheiros que subscrevem este último número viveu esta experiência inteira. E não a renega [...]. Mas os companheiros devem agora, de novo, como sempre fizeram, confrontar os êxitos da sua experiência com as exigências da organização operária e com o processo do seu crescimento: com determinação, sem timidez e sem remorsos cada um deve escolher em que parte estar [...]. Recusamos o grupo e a sua lógica para estar no movimento real, para estar na Autonomia organizada.[31]

Em Roma, os coletivos autônomos operários da Via dei Volsci (uma rua no bairro popular de San Lorenzo), até então ligados ao grupo de *Il Manifesto*, e a quem estavam ligadas experiências de luta importantes nos hospitais e em algumas empresas

---

31 Editorial de *Potere Operaio*, n. 50 (setembro de 1973).

de serviços, como a Enel (empresa de distribuição de eletricidade) e a Sip (empresa de telefonia),[32] tornam-se o polo de referência da Autonomia não apenas na capital, mas em todo o Centro e Sul da Itália. Existiram outras experiências autônomas importantes em Roma, como os Comitês Comunistas, os coletivos próximos da área de *Rosso*, ou as experiências ligadas à revista *Linea di condotta*, mas os Volsci tiveram sem dúvida uma extensão e um enraizamento popular maior do que qualquer outro coletivo. Entre as diversas correntes autônomas italianas, a dos Volsci foi intelectualmente a mais crua, com uma postura antipática de autossuficiência e vistas curtas em relação à pesquisa teórica; isso se devia também à sua composição social, genuinamente plebeia, que os Volsci souberam sempre percorrer com uma grande "sabedoria comunista", ainda que esta característica tivesse provocado vários desentendimentos com diversos movimentos de liberação (sobretudo os das mulheres e dos jovens), antes e depois de 1977, mas essa estreiteza intelectual se devia, acima de tudo, a um vazio de propostas políticas que fossem além da radicalização dos conflitos de rua, fazendo, portanto, com que muitos jovens militantes preferissem entrar para as *Brigate Rosse* (que na capital foram substancialmente constituídas por antigos quadros médios de *Potere Operaio*).

32 N. da E.: *Società Italiana Per l'esercizio telefonico*, empresa pública de telecomunicações que daria origem à Telecom Itália em 1984.

A sua intervenção, além da expressão fundamental nos locais de trabalho e nos bairros, caracterizou-se por uma dura prática antifascista em confronto aberto com o antifascismo institucional e que, ao contrário de outras componentes da Autonomia, possuía para eles uma centralidade indubitável no percurso revolucionário. Se a política antifascista dos grupos seguirá principalmente uma via legalista voltada para a ilegalização do partido de extrema-direita MSI (*Movimento Sociale Italiano – Destra Nazionale*; Movimento Social Italiano – Direita Nacional), procurando repetir o sucesso do referendo sobre a legalização do divórcio de 1974, a prática dos Volsci e, em geral, da Autonomia será exclusivamente a ação direta contra as sedes e os militantes fascistas que sempre tiveram, e ainda têm, um grande enraizamento em Roma. É necessário recordar que, na Itália, aqueles eram os anos da "estratégia de tensão"[33] durante os quais, a mando de instituições do Estado, explodiam bombas fascistas em Milão, em Brescia ou nos trens que transportavam

---

33 N. da E.: Termo empregado para designar o contexto político e social italiano do final da década de sessenta e início da década de setenta, assinalado pela cooperação entre os serviços secretos governamentais e organizações de extrema-direita no combate às organizações de esquerda e aos movimentos sociais. No âmbito da Operação Gladius, foram realizados diversos atentados a bomba, que provocaram centenas de vítimas, falsamente atribuídos a anarquistas com o objetivo de virar a opinião pública italiana contra as lutas sociais em curso e justificar o endurecimento repressivo por parte do aparelho de Estado.

imigrantes, anos nos quais os fascistas se tornavam o braço armado da reação contra os estudantes e os operários comunistas. Também em Pádua, as primeiras ações significativas dos novos coletivos políticos do Vêneto para o Poder Operário – com as quais irão conquistar uma certa hegemonia política na sua região – terão como objetivo expulsar na *prática* a presença fascista: "poucas palavras, muita paulada". Globalmente, contudo, a luta contra os fascistas foi um motivo "menor" para a Autonomia, a qual, no âmbito político-militar, sempre privilegiou o que acreditava ser efetivamente a questão central, ou seja, o monopólio da violência legítima exercido pelo Estado.

Muitos acreditaram poder explicar, de um lado, a radicalização violenta do Movimento, e de outro, a passagem à luta armada de muitos militantes, como reações à "estratégia da tensão" e às "intrigas negras" iniciadas com a bomba da Piazza Fontana de Milão em 1969 e a consequente necessidade de responder a uma possível deriva autoritária do Estado, mas, ainda que estes acontecimentos tenham provocado alguma aceleração, essa não parece uma reconstrução convincente. Ainda que tenha sido importante, foi apenas um dos diversos fios vermelhos que se entrelaçavam no Movimento de maneira selvagem. A violência do confronto estava, de todo modo, inscrita *nas coisas*: à radicalização dos instrumentos de repressão do Estado e do contra-ataque capitalista correspondia, independentemente das tramas fascistas, uma estratégia revolucionária tanto do Movimento quanto das suas componentes organizadas. A dureza do conflito era intrínseca à *passagem de época* que ganhava forma e ambas as partes, Movimento e Estado, procediam velozmente a um ajuste de contas. Uma verdade fundamental pode ser afirmada: *todos*, no Movimento, pensavam em como fazer a revolução e *todos* sabiam que esta não seria um jantar de gala. Do mesmo modo, é igualmente verdade que foram muitas as diferenças – de forma alguma irrelevantes – no *como* encarar a questão militar. Segundo Emilio Quadrelli, que dedicou um estudo a essa questão, o *como* da Autonomia permanece bastante "ortodoxo" formalmente, já que prevê, como sempre aconteceu na tradição comunista, uma distinção entre o terreno legal e o ilegal, em que a proeminência política do primeiro nunca será posta em discussão, enquanto as ações armadas funcionarão sempre e apenas como "apoio para reforçar e desimpedir a estrada da iniciativa política que, a partir das 'bases vermelhas', deverá ser 'socializada' no território".[34] A explicação de Quadrelli certamente teve muitas razões, mas parece-me incapaz, na sua excessiva "formalização", de espelhar aquilo que era um mundo em constante movimento, no qual também a questão militar era atravessada e atravessava, por sua vez, *todos* os níveis da luta, o que também quer dizer que, precisamente pelo fato da luta armada estar

---

34 Emilio QUADRELLI, *Autonomia Operaia – Scienza della Politica e arte della guerra dal '68 ai movimenti globali* (Rimini, NdA press, 2008).

subordinada à forma de vida, assumia também as suas características, impedindo-a assim de se tornar uma dimensão "separada". A escolha das *Brigate Rosse* será, ao contrário, uma unificação em âmbito político e militar, mas, sobretudo, dará à luta armada um significado político absoluto – era a organização que determinava por completo o modo de vida dos militantes, separando-os do resto –, o que irá provocar uma incompreensão crescente em relação ao Movimento, em busca de um conflito "assimétrico" com o Estado, um conflito que as *Brigate Rosse* só podiam perder. Enquanto o Movimento Autônomo manteve a sua força e difusão, a iniciativa de grupos como as *Brigate Rosse* foi minoritária na sociedade italiana, mas assim que o Movimento começou a enfraquecer, a marcar passo, foi hesitante ou não teve suficiente fôlego estratégico, a opção ultraleninista da autonomia do político (quer no sentido armado quer no sentido institucional) tomou rapidamente a "cena".

Em todo caso, são os coletivos autônomos ligados à Via dei Volsci e ao jornal *Rivolta di classe* que, entre 1973 e 1975, dão início a uma série impressionante de lutas nos bairros populares romanos, com ocupações de casas e a autorredução – em escala de massas – da luz, do gás, da água e do telefone. As lutas pela ocupação de casas no bairro de São Basílio, em setembro de 1973, tomam a forma de uma insurreição popular à qual é dedicada uma famosa canção de luta e onde perde a vida o jovem militante Fabrizio Ceruso. Fala-se de conflitos com grandes números: pelo menos 3 mil casas ocupadas, cerca de 25 mil autorreduções. Todas as lutas eram autodefendidas: em relação à eletricidade faziam--se piquetes nos contadores centralizados, aos quais aderiam também os operários encarregados de desligá-los; sempre que ocorriam suspensões forçadas dos telefones, intervinham companheiros que, como forma de pressão, cortavam as linhas de instalações industriais, de edifícios públicos e de bairros burgueses, ou então sobrecarregavam as centrais telefônicas. Enfim, foi conquistada uma "faixa social" de utilização a preço politicamente regulado. Os Volsci inventaram, assim, a noção de "zona proletária" – enquanto no Vêneto preferiram o conceito de "zona homogênea" – para denominar os territórios nos quais era vigente um verdadeiro contrapoder. A partir de 1974, os Volsci ainda iriam colaborar por dois anos com o jornal *Rosso*, sediado em Milão. É interessante a diferença de concepções identificável nas diferentes formulações de zonas proletárias ou de zonas homogêneas: se as primeiras indicavam territórios nos quais era a própria forma de vida proletária a assinalar o valor político e os níveis de organização lhe eram subordinados, a homogeneidade nos territórios do Vêneto verificava-se, acima de tudo, no âmbito da organização, que – por meio de um modelo neoleninista em que o "partido" permanecia, de certa forma, exterior às formas de vida – seguia as transformações da composição social, sobrepondo-lhes a sua própria forma política. De modo mais convincente e ainda hoje interessante, noutros territórios, como Bolonha ou

Milão, estas duas dimensões – a da invenção e da partilha de uma forma de vida e a da organização –, ao contrário, ficarão indistinguíveis na prática política autônoma. Esta será, de resto, a opção estratégica majoritária do Movimento de 77.

A autorredução e as ocupações são lutas que darão à Autonomia um *ritmo* e uma *forma* singulares, permitindo-lhe distinguir-se rapidamente da política dos grupos. Em Turim surgirão as autorreduções nos transportes públicos, posteriormente apoiadas até mesmo pelo movimento sindical, uma luta que encontrará imediatamente eco em muitas outras partes da Itália, a começar pelo Vêneto, onde existia um enorme trânsito de operários e estudantes das aldeias para as cidades ou para os grandes centros industriais. Assim, também ali tomam forma as autorreduções da luz e do telefone: chegou a haver mais de 150 mil autorredutores em toda a região do Piemonte. Em Milão, os coletivos autônomos começam a mover-se num terreno mais ofensivo em relação às autorreduções e às expropriações nos supermercados.

A história das expropriações milanesas – a partir das que ocorreram nos supermercados de Quarto Oggiaro e da Via Padova em 1974 – é magistralmente narrada em *Insurrezione*, o romance autobiográfico de Paolo Pozzi, à época chefe de redação de *Rosso*, que, além da narração divertida, permite também apreciar os seus aspectos "técnicos": enquanto a maioria dos expropriadores furtava as mercadorias, um grupo ocupava-se em cortar a linha telefônica da loja e outro permanecia do lado de fora, armado com coquetéis molotov para o caso de que aparecessem viaturas da polícia e, portanto, caso fosse necessário dar cobertura à saída dos companheiros.[35] Mas a autonomia não pegava apenas itens básicos como massa, carne e azeite, como pretendiam os marxistas-leninistas, mas também whisky, caviar, salmão e todas as mercadorias de luxo que, segundo uma moral partilhada também pelos grupos, *não faziam ou não deveriam* fazer parte da vida proletária. As expropriações, a "reapropriação" no sentido praticado pelos autônomos, não eram simplesmente ações de alto significado político-social, aludiam a uma riqueza finalmente compartilhada, a uma necessidade que era destruída na satisfação de um desejo, a um tomar pela força parte da força que o capital te roubava todo dia; e à noite, depois da expropriação, fazia-se festa partilhando o caviar e o champanhe francês: apropriavam-se as mercadorias para aniquilar o seu maléfico poder simbólico. Era uma indicação prática sobre o que significava agir no terreno social sem mediações, de quão potente poderia ser a ilegalidade quando se tornava um exercício de comunismo e, finalmente, do direito a gozar a vida imediatamente, sem esperar os "amanhãs que cantam". Era também uma reelaboração da orientação proveniente das lutas operárias: *da reivindicação à apropriação*. Era, em suma, um importante indício de como se pensava e vivia o devir-revolucionário contra o futuro da

35 Paolo POZZI, *Insurrezione* (Roma, DeriveApprodi, 2007).

revolução, parafraseando Gilles Deleuze. Por tudo isto, a *expropriação* torna-se rapidamente uma espécie de "marca registrada" da Autonomia. Ainda em 1974 ocorrem, primeiro em Milão e depois em Roma, por meio da agitação de grupos próximos a revistas pós-situacionistas como *Puzz* e *Gatti Selvagi*, os primeiros confrontos violentos para entrar nos concertos de rock sem pagar, ou, mais simplesmente, para boicotá-los: também a contracultura estava, então, dentro do paradigma da subversão.

Muitas foram as acusações de "subjetivismo" e de "espontaneísmo" feitas aos autônomos a respeito das primeiras ações de expropriação, mas elas revelaram a sua verdadeira face quando se tornaram, num curto espaço de tempo, um comportamento de diversos estratos proletários: uma intuição, uma antecipação, uma profecia a curto prazo, que talvez tenha sido sempre a virtude e, ao mesmo tempo, a maldição da Autonomia. O seu "extremismo" residia aí, na capacidade de perceber o fazer-se dos desejos coletivos, o aparecer de novos comportamentos de subversão e de dar-lhes forma organizativa, ou seja, a força para se determinar coletivamente. Expropriações, autor-reduções, ocupações, destruições e reapropriações tornaram-se rapidamente um vírus que se autor-replicava em toda a Itália, abrindo uma época em que a existência de uma "dualidade de poderes", no interior da República, parecia ser um fato. O conjunto de todas estas ações – que, por um lado, desestruturavam a sociedade reapropriando-se diretamente da riqueza social e, por outro lado, desestabilizavam o poder, atacando-o repetidamente nas praças – revelava a emergência do que, sem grandes esforços, pode-se definir como o *partido da autonomia*, cuja forma não estava contida em nenhum organograma burocrático, mas antes correspondia àquilo que a transformação revolucionária da própria vida imprimia ao território, aos corpos, à linguagem: uma forma de vida que coincidia com a sua forma de organização política e, assim, desestabilizava o presente estado das coisas.

Nesse ínterim, as assembleias e os comitês operários autônomos de diversos polos industriais começavam a se organizar, para se coordenarem entre si. O primeiro encontro da chamada *Autonomia operaia organizzata* ocorre em março de 1973, em Bolonha, e reúne as assembleias e os comitês operários de Milão, Porto Marghera, Nápoles, Turim, Gênova, Florença, Ferrara e Roma. Obviamente, nem todos os participantes dessa assembleia eram operários, muitos tinham outra profissão ou dedicavam a sua existência unicamente à militância. Todavia, pelo menos para certa parte da Autonomia, a "questão operária" permanece durante bastante tempo o centro do desejo em torno do qual girava todo o resto. E isso apesar do "partido de Mirafiori" e do nascimento de milhares de outras experiências de luta terem decretado o fim do operário e da fábrica como sujeito e território exclusivo da revolução. Esta seria obra de todas as minorias, de todas as "singularidades quaisquer", de todas as autonomias para as quais era, então, algo de incompreensível submeter-se seja a uma "direção operária", seja à de qualquer outro sujeito. Deveria ter sido procurada uma espécie de mediação ofensiva entre a "linha operária" e a "linha das autonomias", uma mediação que, apesar de todos os esforços, nunca foi verdadeiramente encontrada. Esta diferença de sensibilidades será, aliás, uma das que mais pesará nas posteriores divisões do Movimento, uma vez atingido o ápice do processo insurrecional.

No Sul da Itália, especialmente em Nápoles e depois na Calábria, na Basilicata, na Sicília e na Apúlia, a autonomia adquire ainda uma outra cara. Exceto por alguns grandes polos industriais, a estrutura econômica do Sul era muito diferente da de outras regiões italianas, particularmente em relação ao Norte, onde a classe operária sempre tinha tido um grande peso e uma longa tradição de lutas. Nos Comitês de Bairro de Nápoles existia, para além dos coletivos de desempregados, uma enorme faixa subproletária frequentemente ligada às atividades extralegais (como o contrabando de cigarros), o que conferiu ao Movimento um cunho diferente, tornando-o mais atento, por exemplo, às revoltas nas prisões e à satisfação imediata dos desejos. E no imaginário autônomo, a luta travada no mar entre contrabandistas e a polícia tornou-se um ponto de referência bem mais eficaz do que as imagens de luta que fascinavam os militantes do Norte. Em regiões como a Calábria ou a Lucânia, os coletivos autônomos estavam enraizados em pequenas aldeias, ligados às grandes cidades do Centro e do

Norte de Itália por via da emigração estudantil e operária. As referências míticas e históricas dos autônomos calabreses eram, de fato, os *"briganti"* do campo, que tinham desencadeado a guerrilha contra os piemonteses na época da unificação da Itália, mais do que as figuras clássicas do Movimento Operário:

> "A autonomia proletária da Calábria é a história do *brigantaggio*[36], as revoltas camponesas, as ocupações das terras, a luta pelo local de trabalho, a imigração para todas as partes do mundo, o ódio permanente contra o Estado e os seus representantes, contra a justiça e os seus fiéis administradores, contra os marqueses e os barões latifundiários – patrões das vidas dos camponeses –, as milhares de revoltas violentas, sanguinolentas, destruidoras, os atos de exasperação selvagem, absurdos e incompreensíveis para o bom jornalismo liberal, de um povo expropriado de tudo, da sua terra e da sua cultura."[37]

36 N. da. E.: Misto de banditismo e revolta contra as autoridades, habitual nas regiões rurais do Sul da Itália desde a Idade Média até a unificação nacional (chamada também de *Risorgimento*, 1815-1870). O *brigante* era uma figura popular e camponesa típica, que encarnava a rebelião contra os esforços de centralização estatal, figura associada por vezes a uma dimensão de justiça social contra os ricos e poderosos (algo parecido com a figura dos cangaceiros do grupo de Lampião no imaginário do sertão brasileiro).

37 *Mo'basta! Aizamm'a a capa – Giornale dell'autonomia proletaria calabrese* (Catanzaro, outubro de 1976).

As coisas para eles não deviam parecer assim tão diferentes do que se passava cem anos antes: "Antes, os piemonteses [ou seja, habitantes do Norte da Itália] traziam a sua cultura, agora são compradores de casas turísticas [no Sul, região meridional conhecida como *Mezzogiorno*]". Em cidades como Nápoles e Bari, muitos dos militantes autônomos vinham dos bolsões de marginalização subproletária: gente de modos rudes, que se misturava alegremente com estudantes que estavam em rota de colisão com os modos de vida impostos pelo capital metropolitano. Dessa forma, a Autonomia também desfaz o tabu, desde sempre presente na tradição comunista, em relação ao *lumpemproletariado*, que integra assim as lutas trazendo consigo uma sabedoria da ilegalidade que se revelou preciosa. No entanto, não se deve desvalorizar as lutas operárias que se desencadearam nos grandes polos industriais como a Italsider de Taranto, o polo químico de Porto Torres na Sardenha, ou a Fiat de Cassino e outros: uma massa enorme de sabotagens, greves selvagens e comportamentos antiprodutivos abateram-se também sobre as "catedrais no deserto", as quais não tinham outro significado salvo o exercício violento do poder capitalista sobre uma população atavicamente avessa ao trabalho e possuidora de uma grande sabedoria da dinâmica do valor de uso. Mas foram especialmente os estudantes proletarizados, em particular os universitários que viviam fora da sua cidade natal, que constituíram uma das mais importantes forças da Autonomia, difusa entre as capitais do Sul e do Centro-Norte, já que "na universidade, a figura do estudante deslocado, do 'nômade', é exemplar de uma condição material de tipo proletário – comer na cantina, viver a preços exorbitantes em pequenas pensões ou quartos de aluguel – que recorda, por vezes, a onda de imigração meridional para Turim e Milão [...] [ou seja, do Sul ao Norte italianos]. Os estudantes deslocados, de fato, não exprimem apenas carências materiais, mas também o estranhamento face à normatividade social da cidade que é o seu ponto de chegada".[38]

Não creio estar muito longe da verdade quando afirmo que a insurreição bolonhesa que virá a ocorrer em 1977 será, em grande parte, uma obra dos estudantes deslocados provenientes do Sul.

Em 1974, portanto, a Autonomia é uma minoria ruidosa e difusa em todo o território nacional com a qual *todos* teriam que se confrontar.

Ao ataque: as jornadas de Abril

> *"Pagarão caro, pagarão tudo."*
> *Slogan* da Autonomia.

Se Turim e a Fiat haviam sido até então o território e o local em torno e dentro do qual todos os grupos e militantes liam o presente, entre 1974 e 1976 será Milão a metrópole em que se concentrarão as

38 Oreste SCALZONE, *Biennio Rosso – Figure e passagi de una stagione rivoluzionaria* (Milão, Sugarco, 1998).

experiências autônomas mais significativas. É para Milão que se transferem, no início dos anos setenta, depois de uma enésima "intuição", Toni Negri e Oreste Scalzone, e com eles, muitos militantes da área da Autonomia que conseguirão fundir com sucesso outras experiências locais nos novos organismos autônomos. É lá que vão nascer os jornais autônomos mais importantes no âmbito nacional: *Rosso* e *Senza Tregua*, entre outros. É em Milão que nascem os *Circoli del Proletariato Giovanile* [Círculos do Proletariado Juvenil]. É lá também que nascerão as *Brigate Rosse* a partir do *Collettivo Politico Metropolitano* [Coletivo Político Metropolitano] e da *Sinistra Proletaria* [Esquerda Proletária], e mais tarde, no final da década, *Prima Linea* [Primeira Linha], uma organização combatente nascida *no* Movimento.

Em suma, em pouquíssimo tempo, Milão torna-se um território no qual todas as intensidades revolucionárias do período se concentram e se difundem, a metrópole contra a qual se desencadeia uma guerra sem quartel, o aglomerado de poder que a Autonomia devia romper.

Não que a Turim operária perdesse sua importância, mas esta era relativizada em função da descoberta de outros terrenos de luta, de outros "sujeitos" em desagregação que enxameavam as periferias da metrópole milanesa pomposamente apelidada de "capital moral da Itália", onde a cultura de esquerda dos Strehler[39] era a menina dos

---

39 N. da. E.: Giorgio Strehler foi um dramaturgo e encenador italiano, fundador do *Piccolo Teatro di Milano*

olhos da burguesia e onde estava sediado o mais importante dos jornais italianos, o *Corriere della Sera*. A cidade onde era mais evidente e violenta a transformação em curso do modo de produção, de fordista a pós-fordista, como depois se dirá. E a Autonomia não tardou a se identificar com este panorama de *western*, ressuscitando a história sempre nova de Pat Garret e Billy the Kid, em que o primeiro era interpretado pela esquerda institucional e o segundo, pelos coletivos mais selvagens. O terreno da luta metropolitana, da construção de *bases vermelhas* e da apropriação direta já não podia ser adiado. Para além disso, é também naqueles anos que *Lotta Continua* lançará, com uma intuição extraordinária e valendo-se da sua presença especialmente numerosa em Turim e em Milão, o *slogan "Prendiamoci la città!"* [Tomemos a cidade!].

Em 1974, ocorre também em Milão a primeira ação armada de sabotagem, levada a cabo por um comando da Autonomia ligado à experiência de *Rosso*, o qual, nesse ínterim, tinha se tornado um "jornal dentro do movimento", depois de ter sido editado por um grupo marxista-leninista que contava entre seus militantes com diversos intelectuais destinados a uma carreira luminosa – como Giovanni Arrighi, internacionalmente conhecido pelo seu trabalho sobre os ciclos capitalistas[40] –, e

e senador pelo Partido Socialista Italiano durante a década de oitenta.

40 Giovanni ARRIGUI, *Il lungo XX secolo* (Milão, Il Saggiatore, 1996); ed. original em inglês: *The Long Twentieth*

que se fundiu com o grupo dos autônomos constituído em torno de Toni Negri, Franco Tommei, Gianfranco Pancino, Paolo Pozzi e outros militantes provenientes de diferentes experiências. A ação ataca os armazéns onde se guardavam as mercadorias finalizadas pela Face Standard, uma fábrica ligada à multinacional ITT, na qual a presença da Autonomia era muito forte. No folheto de divulgação, assinado "Nunca mais sem o fuzil – Sem tréguas pelo comunismo", tratava-se do papel da ITT no golpe de Estado chileno, além de questões locais. Os danos foram contabilizados na ordem dos bilhões de liras.

Diferente das *Brigate Rosse*, uma organização clandestina que reivindicava com orgulho de partido cada uma das suas minúsculas ações, a maior parte das ações dos comandos autônomos foram assinadas, desde o início, por nomes temporários, frequentemente utilizados uma única vez ou durante uma "campanha" ou uma "fase"; nomes que, se por um lado indicam de que "posição" emergem os atos, por outro lado, dizem algo bastante importante para compreender a Autonomia: não poderia ter sido de outro modo, já que nunca existiu uma organização centralizada de modelo bolchevique chamada Autonomia, mas sim uma *constelação* de coletivos, de revistas, de comitês e de singularidades que se reconheciam naquele paradigma subversivo. Ademais, como assinala um parágrafo do

Century (Londres, Verso, 1994); ed. bras.: *O Longo Século XX*, trad. Vera Ribeiro (Rio de Janeiro, Contraponto, 1996).

primeiro documento nacional da Autonomia, aprovado no encontro de Bolonha, nenhuma ação direta deveria atacar para além do que permitia a força efetiva do Movimento – regra que valia no âmbito defensivo e ofensivo –, uma sensibilidade certamente diferente daquela das *Brigate Rosse* que, pelo contrário, a partir de certo momento, procuraram constantemente superar esses níveis de força através do seu voluntarismo, colocando-se objetivamente numa posição exterior ao Movimento. Não há dúvida de que sempre existiram contatos e relações, tanto políticas como pessoais, entre a Autonomia e o conjunto das organizações da luta armada, ainda que com seus altos e baixos. Também é verdade que os coletivos e os comitês autônomos foram progressivamente dotando-se de estruturas armadas para realizar ações voltadas a forçar certas situações de confronto. Mas a diferença era clara: de um lado, um projeto de luta armada, o das *Brigate Rosse*, entregue a núcleos clandestinos subordinados a uma direção partidária que, na mais pura tradição marxista-leninista, deveria tomar o poder com a instauração de um Estado operário; do outro, uma estratégia de guerra civil de longa duração, que contava com o alargamento e aprofundamento da independência proletária para desencadear movimentos insurrecionais que *dissolvessem o poder do Estado*, quer se chamasse operário ou não. A polêmica, explícita e frequentemente áspera, entre a Autonomia e as organizações clandestinas, remonta já a este ano, ainda que, fato importante, a solidariedade militante com os prisioneiros políticos ligados às formações combatentes clandestinas nunca tenha diminuído e os seus comunicados fossem sempre publicados nas diversas revistas da área. Certamente, alguns componentes da Autonomia podem ter sido mais sensíveis ao apelo da luta armada no modelo das *Brigate Rosse*, todavia, como já se disse, a estratégia global irá sempre divergir num ponto importante, que não estava relacionado com o uso da violência em si – aliás, até 1976-77 pode afirmar-se que a Autonomia usou bem mais da violência que as *Brigate Rosse*, ainda que de modo bastante diferente –, mas sim com a necessidade de a tornar uma expressão dos níveis de força acumulados no conflito e, portanto, com a crítica da ação exemplar realizada por uma vanguarda externa: para os autônomos, cada ação direta deveria ser a expressão de um desejo vivo na classe, mas também deveria ser adequada aos seus níveis de potência organizativa em cada momento específico. Tratava-se sempre, portanto, da ação de uma vanguarda *interna* e não, como queriam as *Brigate Rosse*, de uma forma de "delegação proletária" a quaisquer vanguardas externas. Somente isso, a sua inserção nas dinâmicas globais da luta, legitimaria uma linha "combatente" no contexto do Movimento; foi o que aconteceu no caso da ação da Face Standard, que todos, operários e militantes, viram com simpatia explícita. Aquilo que, por vezes, parecia a alguns como uma "forçação", ou mesmo uma "provocação", da Autonomia, não era mais do que a derrubada dos obstáculos que o Movimento encontrava pela frente: *obstáculos externos e internos, materiais e mentais.* Aliás, algo fundamental, a Autonomia nunca quererá, nem poderá nunca, renunciar à sua atividade pública – com as suas sedes, os seus jornais, as suas rádios, a riqueza das relações entre os seus companheiros e as suas companheiras –, ou seja, a estar dentro dos processos de decomposição e recomposição do Movimento, para se desdobrar numa dimensão de clandestinidade que negaria o seu sentido e a sua própria potência. Oreste Scalzone, no fim dos anos setenta, resumiu muito bem esta diferença, sublinhando negativamente a "unidimensionalidade" da perspectiva da luta armada[41], na sua infeliz construção de uma "comunidade ilusória" em relação à subversão policêntrica transversal ao Movimento.[42] De qualquer modo, a polêmica permanecerá precisamente no âmbito de um conflito interno ao movimento revolucionário até o fim da década, quando, no dia seguinte ao sequestro do presidente da *Democrazia Cristiana*, Aldo Moro, pelas *Brigate Rosse*, a ruptura será, ao contrário, profunda. Haverá quem – penso, sobretudo, no trabalho da revista *Metropoli*[43] – procurará desesperada-

41 N. da. T.: No original: *lottarmatismo*.

42 "Ricchezza e miseria del 'caso italiano'", em *Ppreprint*, n. 2, suplemento do revista-jornal *Metropoli* (Roma, dezembro de 1979).

43 Reproduções de todos os números da publicação estão disponíveis em: <https://www.inventati.org/apm/archivio/320/2/MET/AUT/metropoli.php>.

mente construir uma linha de fuga "possível", com propostas operativas e de reflexão capazes de remendar as diversas fraturas, mas, uma vez que se chegou a esse ponto, foi a máquina estatal que impôs um fim a tudo.

Potere Operaio nunca teve grande séquito em Milão, onde *Lotta Continua* era decisivamente mais numerosa e a hegemonia, sobretudo nas universidades e nas escolas superiores após 1968, pertencia aos stalinistas do *Movimento Studentesco* e aos militantes da *Avanguardia Operaia*, os quais tinham também uma forte presença nas fábricas. Havia ainda os círculos contraculturais que, durante o início dos anos setenta, se expressaram através de revistas como *Muzak* e *Re Nudo* [Rei Nu], as quais estiveram durante algum tempo ligadas à área da Autonomia, especialmente através da colaboração de Gianfranco Manfredi, o artista que escreveu a canção mais significativa deste período e desta área, *Ma chi ha detto che non c'é* ["Mas quem disse que não há"].

Last but not least havia as fábricas, nas quais a situação estava em grande ebulição. Na Alfa-Romeo, na Sit-Siemens, na Marelli, na IBM, na Pirelli, na Breda, na Carlo Erba e em todo o cinturão industrial, muitos trabalhadores que, até então, estavam envolvidos com a esquerda sindical passam para as fileiras da Autonomia ou das *Brigate Rosse*. Os grupos mais inteligentes, como o *Gruppo Gramsci*, compreendem rapidamente que a linha política seguida até aquele momento era de "direita", ou melhor, era recuada em relação ao que expressavam os movimentos de lutas. Daí a decisão de se dissolver e de confluir na área da Autonomia. Os *Collettivi Politici Operai* [Coletivos Políticos Operários] e os *Collettivi Studenteschi* [Coletivos Estudantis] do *Gruppo Gramsci*, juntamente com os *Comitati Unitari di Base* [Comitês Unitários de Base] mais radicais e os *Collettivi operai* [Coletivos Operários] da *Lotta Continua*, presentes em fábricas importantes, como a Magneti Marelli – onde surgirá o *Senza Tregua* [Sem Trégua] com os *Comitati Comunisti per il Potere Operaio* [Comitês Comunistas pelo Poder Operário] – e serão a base de apoio inicial da expansão molecular das práticas autônomas em Milão, estendendo-se depois a toda a Lombardia e, por fim, a todo o território nacional.

Mas começam também a surgir outras figuras de exploradas e explorados que já não têm vontade de permanecer passivos no que toca à reestruturação da sociedade por parte do capital, como as empregadas dos grandes armazéns comerciais, que começam a refletir sobre que diabo de trabalho era o delas, em que deviam "sorrir" para todo mundo, antecipando por muitos anos e com um olhar bem mais crítico e combativo as análises pós-modernas sobre os "afetos colocados pra trabalhar"; ou os professores das escolas, que se veem transformados em proletários intelectuais; ou ainda os técnicos industriais, para os quais uma alta qualificação, alcançada muitas vezes com grandes sacrifícios, correspondia a um trabalho de merda, desqualificado e chato. Os estudantes começavam a pensar que não existia grande diferença entre a escola, a universidade e a fábrica e que, portanto, as técnicas de luta operárias poderiam e deveriam ser utilizadas em suas batalhas: no fundo, não era necessário um grande esforço de imaginação para compreender a escola como fábrica, com os seus tempos, os seus departamentos, os seus dirigentes e os seus operários. No entanto, se em 1968-69 o fenômeno novo era constituído pelos estudantes que iam aos portões das fábricas, agora são os operários que se juntavam a todas as formas de vida subversivas que habitavam a metrópole. A partir destes encontros nascerá a experimentação de uma vida mestiça, inteligente e particularmente dotada de uma força de contágio incontrolável.

É precisamente no ocaso da fábrica e do operário que tanto uma quanto o outro parecem estar em todo lugar. É o momento em que se teoriza, dentro da Autonomia, acerca da "fábrica difusa" e do "operário social". Negri esboça a teoria do operário social no seu opúsculo *Proletari e Stato* [Proletários e Estado], de 1975: *"A categoria 'classe operária' entra em crise, mas continua a produzir os efeitos que lhe são próprios em todo o terreno social, como proletariado"*.[44] O proletariado quase parecia estar fazendo, ao contrário, o percurso que o tinha levado a tornar-se classe operária, mas isso

---

44 Antonio NEGRI, *Proletari e Stato: per una discussione su autonomia operaia e compromesso storico* (Milão, Feltrinelli, 1976), republicado em *I libri del rogo* (Roma, Castelvecchi, 1997; 2ª ed.: Roma, DeriveApprodi, 2006).

acontecia depois de haver acumulado uma potência enorme. De fato, se existiu uma grande mistificação no marxismo-leninismo foi a de fazer crer que a identidade da classe operária não era algo contingente, como era bastante claro em Marx, mas sim uma forma insuperável da encarnação histórico-política do proletariado. Mas o proletariado, no seu devir comunismo, não possui qualquer identidade substancial, antes exprime nas lutas uma contínua negação das identidades uma vez que, dentro da sociedade capitalista, nenhuma delas pode ser senão uma figura da exploração e da "injustiça absoluta".

Os velhos operaístas como Tronti, pelo contrário, fascinados por uma "autonomia do político" ultraleninista, sonham que a classe operária, através das eleições e da marcha nas instituições, se *faça* Estado. O sonho se revelaria rapidamente um pesadelo, concretizando-se enquanto gestão para-estatal da repressão dos movimentos pelo PCI, ao mesmo tempo em que revela uma quimera, se tivermos em conta que já então os Estados nacionais não mais possuíam um poder autônomo e soberano sobre o que, nos últimos anos, com matizes diversos, é chamado "império".

A teoria do operário social, que substituía a figura em declínio do operário-massa, encontrará bastante receptividade na Autonomia, ainda que não se tenha conseguido levar em conta as profundas modificações ocorridas na esfera da soberania e em parte da própria subjetividade antagonista. Quem era, então, o operário social?

De certa forma, era quem quer que esteja submetido à relação de produção, no sentido em que o conceito se referia a uma tendencial proletarização de massas, provocada pela socialização capitalista da produção no território e, portanto, a uma difusão incontrolável de comportamentos proletários, potencialmente revolucionários, que começam a ter alguma homogeneidade. Gradualmente, passaram a se unir subjetividades que nunca haviam tido lugar na análise marxista, ou que apenas o haviam tido num sentido negativo, como os desempregados, os "marginais" de qualquer tipo, as mulheres, os trabalhadores do conhecimento, os estudantes, as minorias sexuais, os subproletários: todos os que, de um modo ou de outro, exprimiam "a plebe" (nos termos enunciados por Foucault) eram "operários sociais". Mas a verdade é que esses estratos da plebe entravam num devir-proletário – não é que todos, indistintamente, estivessem se tornando "operários" (eram, pelo contrário, a sua negação em ato). De qualquer forma, a figura do operário social foi uma imagem forte do processo de recomposição proletária no interior do espaço metropolitano, que começava a definir--se enquanto o espaço produtivo por excelência: o importante era não substancializar o que era um paradigma, uma espécie de "personagem conceitual". Alguns tentaram, ao contrário, forçar o conceito nesse sentido, enxergando a encarnação exaltante de novas "figuras produtivas" – intelectuais, tecnológicas, comunicacionais – que se tornariam, ao longo do tempo, os novos "sujeitos revolucionários", mas sem se dar conta da dimensão ideológica que em breve iria determinar a arregimentação dessas "identidades", não no exército vermelho, mas sim no de Berlusconi: do operário-massa ao burguês-massa. Se há um vício que se transmite do interior do operaísmo a algumas tendências da Autonomia organizada (e também a momentos posteriores), é a hipostasia de "sujeitos" que, de imagens concretas da técnica e da produção, transformam-se em imagens abstratas de luta, mesmo quando as lutas não existem ou quando, como já aconteceu, esses próprios sujeitos constituem a locomotiva da reestruturação capitalista sem exprimir qualquer tipo de antagonismo. Creio que esse vício se deve à falta de consideração pelo fato de que as lutas e a determinação política não dependem mecanicamente da determinação tecnológica (se os sovietes mais a eletricidade não fizeram o comunismo, imaginemos a informática sem os sovietes, ou mesmo sem as lutas): muitas vezes, os saltos tecnológicos são uma *conditio sine qua non*, mas sem o cuidado com uma dimensão ética é impossível alcançar um nível de força tal, ou seja, de autonomia, que permita realizar a "ruptura". Mas a raiz de todos os mal-entendidos talvez resida mais na teimosa procura pelo "sujeito revolucionário" que, ao longo da história, naturalmente guiado por uma vanguarda, deve impulsionar o processo revolucionário e que acaba, ao contrário, sempre conduzindo o movimento a derrotas estrondosas.

Para o Movimento dos anos setenta, contudo, as coisas nunca foram mecânicas e, certamente, não bastava um alargamento quantitativo das figuras e territórios do trabalho para produzir um deslocamento das lutas, era necessário dar um salto qualitativo enorme, que não correspondesse a uma requalificação das velhas lutas e dos novos sujeitos num novo molho, mas sim a uma ruptura que permitisse o reconhecimento de uma nova *realidade ética metropolitana* na qual já não havia lugar para as ladainhas marxistas-leninistas ou para o anarquismo de outrora. A questão era, novamente, *e ainda é*: por um lado, como seria possível que as novas figuras sociais criadas dentro e contra o desenvolvimento recusassem e destruíssem não só o capital mas a si mesmas enquanto parte do capital, ou seja, que se negassem enquanto sujeitos, assim, deslocando novamente o conjunto das lutas; e, por outro, questão fundamental, como construir uma organização das autonomias capaz de assumir o confronto com os aparelhos do Estado. Já não se tratava, com pretendia o operaísmo, de lutar "dentro e contra", estava na hora do "fora e contra". Em 1977, tentou-se dar o salto.

Durante o ano de 1974, são postas de pé as infraestruturas autônomas que servirão não só para a coordenação entre os diferentes coletivos, mas também enquanto instrumentos de reflexão comum e de agitação nas malhas da metrópole. Serão fundamentais os jornais e as revistas mais influentes como *Rosso*, mas também as menores, como *Puzz*. Essas experiências editoriais agitariam as formas gráficas da comunicação antagonista e, especialmente, permitiram fazer emergir as novas formas em que se exprimiam as vidas em revolta, indo frequente e voluntariamente contra o senso comum difundido entre os quadros operários e os militantes mais velhos ou simplesmente mais moralistas.

A "crítica da Cultura", em contrapartida, realmente não é um elemento marginal para os autônomos e, em geral, para o Movimento. Antes de tudo, era a crítica à Cultura *enquanto tal*, como Mário Tronti escreveu dez anos antes, já que esta não era senão a função de mediação e conservação da relação social capitalista; e era também a crítica do Intelectual *enquanto tal*, já que este só podia ser o funcionário dessa mediação, inimiga da classe e, portanto: "Crítica da cultura significa *a recusa de se tornar intelectual*. Teoria da revolução significa prática direta da luta de classes".[45] As velhas fórmulas humanistas do marxismo italiano, bem como as suas tentativas de modernização, já não tinham nem sentido nem força, porque o Sujeito tinha morrido, o Trabalho tinha morrido, o Futuro tinha morrido. Como escrevem Sergio Bianchi e Lanfranco Caminiti, os autônomos, ao contrário,

---

45 Mario TRONTI, *Operai e Capitale* (Turim, Einaudi, 1966; 2ª ed.: Roma, DeriveApprodi, 2006); ed. port.: *Operários e Capital* (Lisboa, Afrontamento, 1972).

"tinham algum fascínio pelas grandes correntes artísticas da primeira metade do século XX, aquele pensamento negativo, sem qualidades. Tudo o que havia sido excessivo, provocatório, imediato e sem futuro. Que apenas poderia ter valor de uso".[46]

A hegemonia, talvez obtida ao posicionar seus próprios homens nas instituições de cultura, nos jornais e na televisão, ou seja, a velha bandeira e prática do PCI – contam ainda os dois autônomos – não lhes interessava para nada, interessava-lhes antes a bandeira e a prática dos comportamentos: o importante não era o consenso, mas sim as formas de vida. É preciso dizer que mais recentemente, no movimento antiglobalização, este tema da hegemonia e do consenso fascinou muitas pessoas durante algum tempo, acabando por se revelar uma ratoeira, visto ser, como sempre, uma operação que enfraquece o conflito para se concentrar na representação de uma inefável opinião pública, tornando-se assim "espetáculo", colocando entre parênteses as formas de vida para se ocupar – até o ridículo – com a construção de uma ordem do discurso midiático: a pequena-burguesia, em contrapartida, nunca deixa de procurar uma nova e lucrativa posição para si própria. Repensar a hegemonia não como produção da opinião pública, mas como prática social que se

46 Sergio BIANCHI e Lanfranco CAMINITI, "Un pianoforte sulle barricate", em *Gli Autonomi* (op. cit., vol. III, 2008).

torna senso comum difuso e que produz, por sua vez, novas práticas de luta, foi uma característica da Autonomia que talvez seja útil reconsiderar hoje, no momento da máxima extensão da hegemonia liberal do indivíduo democrático, que se revolta contra qualquer forma de coletividade concreta, contra qualquer "nós", contra qualquer "comum" que surja no presente.

As sedes da Autonomia foram, em geral, a espacialização do nível de insubordinação nos bairros das cidades e nas pequenas aldeias, onde o movimento não deixava de crescer, em extensão e em intensidade. Muitas das sedes "oficiais" das diversas tendências autônomas não estavam fechadas sobre si próprias, mas abertas ao *uso comum* das várias experiências de luta que nasciam na metrópole difusa, e essa partilha foi praticada até as últimas consequências, assumindo também os seus riscos. Existiam ainda os apartamentos coletivos, grandes incubadoras de lutas, amores e amizades que reforçaram o tecido ético do Movimento. Mas será especialmente nas *praças* que os fluxos da subversão encontrarão o seu ponto de densificação. Em toda a Itália, as praças, especialmente aquelas vizinhas às universidades, em pouco tempo tinham se tornado "territórios liberados" e auto-defendidos, dentro dos quais os diversos coletivos e sujeitos socializavam os seus desejos e os seus comportamentos. Praças nas quais se organizava, mas também se falava, se sorria e se discutia, onde se vivia coletivamente não o sonho de um outro mundo possível, mas a realidade de um Movimento que transformava o quotidiano de hora a hora, sem esperar por nada nem ninguém. A topografia política metropolitana foi completamente perturbada por esta forma de apropriação de massas. Autonomia também significava, então, uma autonomia dos territórios, dos locais, dos espaços. Era um outro mundo, sim, mas em relação às praças desertificadas, plastificadas e hipervigiadas que pululam nas metrópoles europeias contemporâneas.

Em 1974, um movimento contra a reforma escolar, elaborada pelo então Ministro da Educação Malfatti, mobiliza os estudantes do ensino secundário, entre os quais os coletivos autônomos começam a ser mais numerosos. Os Autônomos rompem, de uma vez por todas, com a clássica conduta "unitária" e "negocial" das lutas estudantis, movem-se contra "a organização capitalista do estudo" e, assim, aprofundam a dimensão operária do conflito. Não porque mitificassem o operário de mãos calejadas, diziam, mas porque intuíam a capacidade de massificar um comportamento subversivo que estava transbordando da fábrica. No entanto, os coletivos autônomos escrevem que, frente a um futuro como operários ou como empregados, preferem viver, isto é, lutar, e a recusa do trabalho torna-se então "recusa da escola".[47] Mais do que assembleias estudantis, um ambiente dominado por militantes profissionais ligados aos grupos, serão

47 *Rosso – giornale dentro il movimento*, n. 8 (Milão, 10 de fevereiro de 1974).

os coletivos de turma, semelhantes aos das seções de fábrica, os micro-organismos de contrapoder de onde partirão as lutas nas escolas e, no espaço de dois anos, as próprias assembleias gerais mudarão de "aspecto" – sons, imagens, palavras e cores – graças ao uso autônomo que será feito delas.

No mesmo número de *Rosso* aparecem artigos dedicados à nova legislação punitiva sobre o uso de drogas e uma página autogerida pelos militantes do *F.U.O.R.I.!* (*Fronte Unitario Omosessuali Rivoluzionari Italiana* [Frente Unitária Homossexual Revolucionária Italiana, , cuja sigla original remete à palavra de ordem "fora!"]) com uma "traumática" entrevista a um "operário homossexual". Não eram, como talvez possa parecer hoje, crônicas e debates habituais numa revista de esquerda que comumente não alimenta nenhuma verdadeira discussão e nenhuma transformação da vida. Dentro daquele movimento de decomposição e recomposição que continuava a trabalhar a área da Autonomia, aquelas páginas correspondem à abertura de novas frentes de luta, tanto externas como internas. Luta contra a "sociedade da repressão", claro, mas também contra a repressão interna aos grupos e aos ambientes da extrema-esquerda e, mais do que isso, *tornar cada comportamento depravado num detonador social subversivo.* Paolo Pozzi conta em *Insurrezione* que, depois de todo o esforço para a aprovação dos artigos das feministas e sobre as drogas, foram necessários dois meses de discussão nos diversos coletivos relacionados ao jornal para fazê-los aceitar uma página autogerida pelos homossexuais e, ainda assim, os autônomos romanos decidiram "distribuir *Rosso* apenas depois de rasgar a página dos viados [sic]". Autonomia sob o signo do escândalo, então, e da divisão, sempre.

Os coletivos autônomos não escondiam a sua ainda escassa consistência numérica, nem as diferenças que existiam de coletivo para coletivo, de cidade para cidade, de região para região, mas privilegiavam, contrariamente à "numerologia" dos grupos ou ao fascínio pela teoria pura, o aprofundamento prático e teórico das lutas nos locais onde viviam, com o seu fazer-se parte viva e incendiária do bairro, da escola ou da fábrica, para só então passar à coordenação com outras situações afins, eventualmente para organizar manifestações ou assembleias na escala da cidade. Nesta situação, a entrada de subjetividades heterogêneas no tecido militante funcionou como forte elemento de uma crise que, se foi fatal para os grupos, para a Autonomia, ao contrário, significou encontrar, finalmente, uma dimensão adequada ao seu devir. Ainda que, ao longo dos anos, houvesse ocorrido um grande crescimento quantitativo, nunca foi o mero número de militantes pertencentes a esta ou àquela formação o que contava verdadeiramente para a expansão da Autonomia, mas a capacidade que esta tinha ou não, enquanto *área* ou minoria, para mudar o sentido de uma manifestação, de uma ocupação, de uma festa ou de qualquer evento que pudesse fazer crescer os níveis de força e de intensidade do Movimento. Por isso, em um evento de luta, nas praças, nas escolas, nas fábricas, nas casas coletivas, era mais importante a medida de quantos e quantas se "comportavam como autônomos" do que seu efetivo pertencimento formal em um coletivo ou neste ou naquele grupo. Se isto significava ter de conquistar com violência a possibilidade de expressão e de expansão, ela era praticada sem grandes preocupações e com uma irresponsável alegria. Uma minoria, certamente, mas sem qualquer vocação minoritária, eis a preciosa fórmula ético-política cuja potência foi revelada pela Autonomia e que importa valorizar.

Lendo os documentos e os artigos de 1974, todos denunciavam uma "crise do movimento", os estudantes e operários já não participavam massivamente nas manifestações e nas assembleias, como se o estranhamento até então exercido contra a organização do trabalho e do estudo tivesse agora se dirigido à "política". E era isso mesmo que estava acontecendo. Os estudantes e os operários não aguentavam mais as "vanguardas" autodesignadas dos grupos, que sequestravam a ação política, separando-a da vida comum e fazendo dela uma atividade profissional com muito pouca influência, tanto sobre as subjetividades a que se deveria dirigir, como sobre as realidades que estavam em jogo nas lutas. A "crítica da política" não nasce na Itália da cabeça de um intelectual qualquer, mas das discussões que os mais jovens começavam a ter, frequentemente à margem das assembleias oficiais, sentados nas praças ou nos pequenos muros das periferias. Mesmo as lutas que se desenvolverão em seguida, em torno da "aprovação garantida" nas escolas, por exemplo, ou do "27 político"[48] nas universidades, não poderiam ser compreendidas fora da revolta contra a política. Dessas discussões, dessa crítica às instituições da política, nasce então uma nova prática do político; intervindo no bairro, por exemplo, e criando estruturas de base como os "ambulatórios vermelhos", os consultórios sexuais autogeridos e, especialmente, os centros juvenis liberados, para partilhar a vida para além do tempo escolar. Crítica da política não queria dizer, portanto, retirar-se para a esfera privada ou para alguma comuna *hippie*, mas sim aprofundar o ataque, exasperá-lo e, ao mesmo tempo, construir todas as infraestruturas que lhe garantiriam a manutenção e a expansão. Na crítica da política, como separação de si e mesmo da possibilidade de transformar o real a partir da sua própria situação de miséria, está talvez contido o sentido mais verdadeiro do que se configurava como autonomia difusa, ou seja, enquanto capacidade singular e coletiva de ditar as condições materiais sobre as quais uma forma de vida rica de necessidades, "desejante", poderia crescer sem medidas.

48 N. da. E.: Expressão que designa a decisão, tomada numa reunião de grupo, de substituir a avaliação individual do professor pela atribuição de um resultado igual para todos, geralmente 27 (numa escala de 0 a 30). Tornou-se habitual na Itália na sequência das grandes lutas estudantis de 1968.

Uma nova geração que impunha novos problemas e novas lutas começava, assim, a reivindicar não a "atenção" de todos os outros, mas sim a sua própria autonomia, *indelegável e irrepresentável*, dentro do percurso de liberação geral.

Possivelmente as ofensivas das jornadas de abril [e maio de 1968] tenham sido conduzidas por aqueles que já tinham experiência nos grupos, militantes "especialistas" com idades entre 22 e 25 anos; mas serão especialmente aqueles *outros* jovens – aquelas feministas, aqueles "viados", aquela "ralé", aqueles operários absenteístas – os protagonistas das jornadas insurrecionais de 1975, quando Milão, por três dias, transformou-se no palco de uma guerrilha urbana sem precedentes, inaugurando com fogo o ciclo da Autonomia:

> "São aqueles que não fizeram o 68, que tomaram gosto pela luta através das batalhas destes anos: são os companheiros para os quais a luta de apropriação e pelo comunismo é uma palavra de ordem imediatamente ativa."[49]

Nos meses anteriores, os grupos fascistas haviam intensificado os ataques ao Movimento, os confrontos ocorriam diariamente e as armas de fogo rapidamente tinham se tornado uma necessidade para a autodefesa das manifestações e da atividade

---

49 *Rosso – giornale dentro il movimento, numero speciale contro la repressione* [edição especial contra a repressão], n. 15 (Milão, março-abril de 1975).

política cotidiana. Em Roma, no dia 28 de fevereiro de 1975, um fascista grego foi assassinado durante um confronto armado com companheiros do Movimento. Em Milão, a tensão sobe até que, no dia 16 de abril, os fascistas assassinam a sangue frio um militante muito jovem, Claudio Varalli. Na mesma noite, é assaltado o lugar onde se imprimia um jornal que oferecia uma versão distorcida dos fatos. No dia seguinte, a cidade é invadida por manifestações, não apenas as provenientes das escolas e fábricas milanesas, mas de todos os jovens provenientes da periferia e das províncias circundantes. É a primeira vez que surge a nova forma de combate que será adotada nas manifestações autônomas, uma tática nova que obviamente espelha uma transformação política e subjetiva. Já não existem apenas os cordões do *servizi d'ordine*, bem reconhecíveis, separados de todos os outros participantes na manifestação e com uma função essencialmente defensiva, mas núcleos informais, móveis e indistinguíveis, que usam a passeata "como 'base vermelha' para se deslocar e camuflar após realizar uma ação".[50] As manifestações perdiam o seu caráter estático, para se tornarem expressões ofensivas da forma guerrilheira em multiplicação que, então, deveria assumir a luta na metrópole, para exprimir a vitalidade combatente dos mil fios que compunham o movimento: o "rizoma" pode ser bem mais do que uma "formulinha" para pós-modernistas de

50 Emilio QUADRELLI, *Autonomia Operaia* (op. cit., 2008).

paladar refinado! *Todos* os participantes na manifestação eram, então, combatentes efetivos, ainda que em escalas diferentes. As funções defensivas são deixadas ao grosso da manifestação, enquanto os comandos autônomos poderiam dedicar-se à ofensiva, atacando os alvos previstos com mais eficácia. De todo modo, colapsa por completo a dinâmica que "delega" aos *servizi d'ordine* e, portanto, aos grupos, a gestão militar da rua: a reapropriação da violência nas manifestações torna-se um fato coletivo. Isso não significa que não existissem níveis internos de organização da força na Autonomia, eles existiam, obviamente, mas agiam no contexto de um tecido comum, que não tinha quaisquer complexos em desempenhar as funções de ataque ou as de defesa ativa. Quando a Autonomia falava em "socialização dos comportamentos", referia-se também e acima de tudo a este gênero de coisas, uma espécie de pedagogia de massas que introduziu uma geração inteira no combate revolucionário. Também é óbvio que essa agitação daria vida a "ásperos" confrontos entre a Autonomia e os diversos grupos políticos de extrema-esquerda.

A manifestação milanesa de 17 de abril de 1975 tem como objetivo central a sede do MSI na Via Mancini, ao redor da qual se desenvolve uma série de confrontos duríssimos com a polícia e com os *carabinieri*[51] e onde, finalmente, um

---

51 N. da E.: Os *carabinieri* italianos são semelhantes à Guarda Civil brasileira, porém, não portam armas de fogo.

grupo enorme de companheiros consegue entrar e lançar uma chuva de molotovs na sede fascista. Também foram atacados bares, livrarias, sedes de partidos políticos e de jornais de direita, escritórios executivos de companhias industriais, uma companhia aérea espanhola, a empresa gestora dos bairros sociais e o escritório de um advogado fascista. A polícia ataca a manifestação, lançando os seus furgões a velocidades loucas até atropelar, matando, outro companheiro, Giannino Zibecchi. No fim da tarde, em Turim, é assassinado, por um segurança privado de direita, Tonino Micciché, um militante da *Lotta Continua* bastante conhecido pelo seu empenho nas ocupações. Durante a noite e ao longo do dia seguinte, para o qual foi decidida uma greve geral, a guerrilha não para em Milão: chovem molotovs sobre os locais de encontro de fascistas e de policiais, bem como sobre a casa de um senador; o escritório de um outro advogado e deputado do MSI é destruído; é atacada a sede da Mondialpol (empresa de vigilância privada para a qual trabalhava o assassino de Micciché) e a da confederação sindical fascista Cisnal, bem como duas do Partido Social-Democrata. Na noite seguinte, em Florença, durante confrontos ferozes na sequência de uma manifestação antifascista, é assassinado pela polícia um jovem militante do PCI, Rodolfo Boschi. Ocorreram explosões organizadas de raiva em todas as cidades italianas naqueles três dias e, ainda que os mortos pesassem sobre a lucidez, não se perdeu de vista o salto qualitativo dado pelo Movimento.

Conforme o comentário publicado em *Rosso*, naqueles dias, inaugurando de fato a "nova série" do jornal:

"Os patrões, o Estado e os reformistas não esperavam [...]. No entanto, as coisas tinham ocorrido exatamente como há anos vínhamos repetindo: a acumulação contínua da insubordinação autônoma do proletariado, o conjunto de mil comportamentos de violência e subversão [...] haveria de converter-se *num momento de ataque global que tem, como tal, a capacidade de mudar todos os termos da luta política na Itália* [...]. Na Via Mancini, durante os confrontos, os companheiros abraçavam-se felizes cada vez que um furgão da polícia era incendiado [...]. As massas, as novas gerações, demonstraram saber enxergar onde está o fascismo: não onde nos querem mostrar, mas sobretudo noutros locais, na polícia, em todas as estruturas dos corpos separados do Estado, no reformismo, no terrorismo da social-democracia e das multinacionais [...]. Mas nós estamos atentos [...]. *Os aparelhos repressivos do Estado, sob a direcção da* Democrazia Cristiana, *com a conivência do PCI, serão desenvolvidos para esse efeito.*"[52]

---

52 *Rosso – giornale dentro il movimento, numero speciale contro la repressione* [edição especial contra a repressão], n. 15 (Milão, março-abril de 1975).

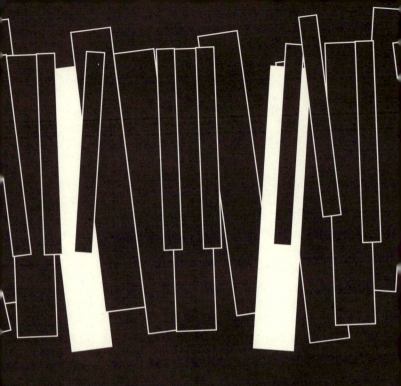

capítulo II

SEPAR/AÇÃO, DESSUBJETIVAÇÃO E A "DITADURA DOS DESEJOS":

(1975-1976)
O FEMINISMO,
O OPERÁRIO SOCIAL,
A HOMOSSEXUALIDADE,
O PROLETARIADO JUVENIL
E OUTRAS TRANSVERSALIDADES

Estado de emergência

> "Contemporâneo é aquele que recebe em plena face o raio de escuridão vindo do seu tempo."
> Giorgio Agamben, *Che cos'è il contemporaneo?*, 2006.[1]

Em 26 de abril de 1975, o último helicóptero levanta voo do telhado da embaixada estadunidense de Saigon; no dia seguinte, o exército vietcongue ocupa a capital sul-vietnamita após cinquenta dias de ofensiva, pondo fim à presença estadunidense no Sudeste asiático. Em 17 de abril, os *Khmer Vermelhos* já tinham expulsado o governo estadunidense do Camboja. Em 11 de novembro, o Movimento Popular para a Libertação de Angola (MPLA) proclama a independência em relação a Portugal, que por sua vez a reconhece imediatamente, um ano depois da "revolução dos cravos". Em 19 de novembro, finalmente, morre na Espanha Francisco Franco, ditador fascista e filo-atlantista, que havia uns poucos meses tinha assinado a última execução por garrote de cinco militantes antifascistas.

O Terceiro Mundo separava-se do domínio direto do Primeiro: *o planeta inteiro estava em movimento contra o domínio do capital.* Parecia, assim, que a revolução não só era possível como já estava em

---

1 Ed. Bras.: Giorgio AGAMBEN, *O que é o contemporâneo? e outros ensaios,* trad. Vinícius Honesko (Ed. Chapecó, 2009).

marcha e que a Itália seria o seu "ponto médio" no Ocidente. Uma convicção que não tinha raízes apenas nos movimentos antissistêmicos: também os governantes tinham uma sensação parecida e, realmente, não é surpreendente que tenham recorrido aos poderes mais obscuros da soberania para lhe fazer frente. Talvez pudesse ter ocorrido de maneira diferente, mas o que esses acontecimentos contribuíram para determinar, numa espectacular heterogênese dos fins, foi o desmoronamento dos *dois blocos* (Oriental/Ocidental) e o princípio de uma nova idade imperial, com o surgimento de novas potências geopolíticas no seu interior e uma nova divisão internacional do trabalho, dominada por um estado de emergência que se reflete tanto na gestão das migrações como no uso desenvolto de leis de exceção para a resolução de conflitos sociais. Foi na Itália dos anos setenta que o Estado começou a chamar "terrorista" a qualquer um que experimente transformar o presente num sentido revolucionário e foi apenas com uma maldosa ironia que o então Ministro do Interior, Francesco Cossiga, reconheceu a sua essência mistificatória, que ele próprio teve o despudor de definir como uma "grande operação semântica".[2]

Em 8 de março de 1975, o parlamento italiano vota a lei que atribui a maioridade aos 18 anos, enquanto que, em 22 de abril, poucos dias depois das jornadas

---

2 "Entrevista a Francesco Cossiga", em AAVV, *Una Sparatoria Tranquila – Per una storia orale del 77* (Roma, Odradek, 1997).

insurrecionais de abril, com a abstenção decisiva do PCI, é aprovada a *lei Reale* (do nome do Ministro da Justiça, Oronzo Reale), explicitamente concebida como lei excepcional para a repressão da "delinquência juvenil", ou seja, do conflito social no qual submergia todo o país. A lei Reale introduz as identificações arbitrárias, aumenta o tempo de prisão preventiva, pune a ocultação do rosto, alarga de modo anormal a definição de arma imprópria, define os coquetéis *molotovs* como arma de guerra e reconhece às forças da ordem o direito de cada agente de disparar e matar sempre que considere necessário: a estas mudanças segue uma miríade de mortos e feridos. Após a abstenção "favorável" à lei Reale, a relação entre o PCI e o Movimento, em particular com a Autonomia, foi definitivamente consumada e o nível do confronto entre o Estado e o Movimento não pôde senão crescer cada vez mais. É o início das assim chamadas *leis especiais*, que fizeram da Itália um país em permanente estado de emergência; vale a pena recordar que certas normas, inicialmente apresentadas como "provisórias", ainda estão em vigor e até mesmo foram agravadas – não é possível compreender de outra forma o interesse de alguns pensadores radicais italianos, notadamente Giorgio Agamben, pelo "estado de exceção", sem ter em conta este pano de fundo histórico-político.

Um estado de exceção que nunca foi declarado explicitamente, para não admitir a existência de uma guerra civil latente, nem mesmo quando os blindados entraram em Bolonha para domar a insurreição de março de 1977 e quando foram proibidas em Roma todas as manifestações públicas. Nesse ínterim, esse se tornou o molde para a ação política de todos os "Estados democráticos":

> "Na realidade, uma vez introduzidos, os dispositivos de exceção integram-se definitivamente no sistema, que se transforma sem nunca mais voltar atrás, dando lugar a novas campanhas de exceção e a sucessivos 'períodos' de emergência".[3]

Na noite entre 1 e 2 de novembro de 1975, é assassinado no litoral de Óstia, em circunstâncias nunca esclarecidas, Pier Paolo Pasolini, cujos artigos dos meses anteriores surgem hoje como algo verdadeiramente profético, descrevendo o genocídio antropológico das classes populares italianas por parte de um "novo fascismo" que se manifestava na ditadura de uma "nova burguesia que inclui, cada vez mais e mais profundamente, também as classes operárias, tendendo à identificação da burguesia com a humanidade".[4] Precisamente por existir muito de verdadeiro nas obscuras visões pasolinianas, importa dizer que a atmosfera emocional no seio dos movimentos italianos dos anos setenta não é redutível, como hoje muitos *opinion makers*

3 Oreste SCALZONE e Paolo PERSICHETTI, *La Révolution et l'État* (Paris, Dagorno, 2000).

4 Pier Paolo PASOLINI, "La prima, vera rivoluzione di destra" [15/07/1973], em *Saggi sulla Politica e la Societá* (Milão, Mondadori, 1999); pub. orig. em *Scritti Corsari* (Milão, Garzanti, 1975).

[formadores de opinião] pretenderiam fazer crer, a um amargo niilismo – a lenda negra dos "anos de chumbo" – nem tampouco, como desejariam os cantores da inocência perdida, a uma espécie de eufórica leveza. A amargura, aquela *desejada* pelo poder, pesava muito, muitíssimo, no estado de espírito e nas ações de quem se revoltou, mas foi igualmente pesada a determinação com que milhares de mulheres e homens procuraram derrubar o muro do presente *contra* essa amargura. O problema não se resolve descrevendo a composição dos afetos presentes no Movimento como apenas alegres ou apenas cheios de ódio, com mais despreocupação ou mais seriedade eloquente. O fato substancial é que aqueles e aquelas que o integraram ainda eram capazes de viver coletivamente, e com grande intensidade, os afetos que circulavam naquela Itália de fim de século: quer se odiasse, quer se amasse, quer a alegria ou a tristeza tomassem os corpos, agia-se em conformidade e com todos os meios necessários. As emoções, que até então tinham estado confinadas no limbo da privacidade, até um certo ponto, tornaram-se verdadeiras práticas políticas, atuando explicitamente como tal. Nunca será tarde demais para reencontrar dentro de si aquela capacidade de *sentir em conjunto* imprescindível para tornar uma coletividade capaz de afrontar esse intolerável poder inimigo que se aloja fora e dentro de nós. E que era, além disso, o que tornava agradável viver no Movimento e fazia circular, cada vez mais intensamente, o *desejo de revolução.*

Outros eventos importantes aconteceram na Itália durante o ano de 1975, mas aqui é a consistência dos movimentos italianos que nos interessa examinar, a partir de seu interior e, em particular, a articulação das autonomias que conheceram um crescimento incontrolável entre 1975 e 1976, produzindo aquilo que Walter Benjamin reclamava como "o *verdadeiro* estado de exceção".

A tática da separação

> "Um convite a não se levantarem esta manhã, a ficarem na cama com alguém, a fabricar instrumentos musicais e máquinas de guerra."
> Colletivo A/traverso, *Alice è il Diavolo* (Milão, Shake, 1977).

Como já foi dito, a temática do *estranhamento* ao desenvolvimento, ao trabalho e à instituição tinha constituído, no início da década, uma das bases teóricas e práticas sobre a qual foram construídos os diversos movimentos autônomos. Até meados dos anos setenta, o *estranhamento*, um conceito elaborado pela pesquisa militante a partir das sugestões de Marx nos *Grundrisse*, tinha assumido quase exclusivamente conotações negativas, no sentido de que não era muito mais do que o registro de comportamentos largamente difusos que realizavam uma série de práticas por meio das quais as subjetividades se negavam à exploração do trabalho assalariado e ao funcionamento normativo da máquina estatal. Entre 1975 e 1976, o estranhamento subjetivo torna-se prática de *separação coletiva* e, portanto, de criação de uma outra temporalidade na qual as autonomias se configuravam, quer como ofensiva contra o capital, quer como construção de diferentes territorialidades nas quais as "insurreições de conduta" e o programa comunista começavam, ainda que contraditoriamente, a marchar em conjunto: *separação operária da relação de produção, separação da mulher do patriarcado, separação dos jovens da sociedade da repressão, separação do proletariado do Estado* devem ser entendidas como sequências sincrônicas que delineiam a fisionomia da Autonomia enquanto elaboração de uma forma de vida que procura fazer-se comum, devir-comunismo:

> "Não há interesse operário no trabalho, não existe modo de definir a politização operária senão como estranhamento em relação à organização e à função do trabalho. Estranhamento à gestão da sociedade fundada no trabalho e destinada à valorização, estranhamento dos desejos operários em relação a esta sociedade".[5]

A ocupação de quarteirões inteiros, o controle e autodefesa dos bairros, as autorreduções, as expropriações, a organização autônoma da vida, são evidências da separação coletiva como tática

---

5 Franco "Bifo" BERARDI, *Teoria del valore e rimozione del soggetto* (Verona, Bertani, 1977).

proletária, dirigida contra a separação individualizante, a qual é forma de domínio da civilização burguesa. Trata-se de uma das garras mais afiadas da "guerra civil" das autonomias: luta selvagem por uma vida em comum tecida pela destruição das necessidades e pela libertação do desejo coletivo, contra as identidades saturadas de binarismos e cisões que caracterizam a produção das subjetividades na época da "subsunção real da sociedade ao capital". E, para fazer tudo isso, não havia outro modo além de separar o fluxo de *vida proletária* – composto por trabalho, afetos, sexualidade e inteligência – que mantinha de pé e nutria a sociedade, dobrando-o sobre si mesmo e permitindo assim um crescimento, intenso e autônomo, das subjetividades contra o capital.

Não é necessário se deslumbrar em face das fórmulas muitas vezes tortuosas do jargão do Movimento, o sentido daquele "fazer" era claro para muitos, talvez para todos: levar a guerra social até o cotidiano, até aquela esfera considerada "privada", que a esquerda tradicionalmente mantinha bem separada da "pública", onde estavam as "coisas sérias", como se as relações de produção, a economia política e a valorização pudessem realmente ser, de alguma forma, exteriores aos corpos e vidas dos operários, das mulheres e dos jovens. A separ/ação – assim era inscrita, no fim nos anos setenta, esta dinâmica coletiva – era, sobretudo, uma tática de recusa ativa das cisões que as instituições impunham às subjetividades; o ataque à cisão entre o "pessoal" e o "político" foi o centro da ofensiva revolucionária do Movimento, partindo das relações pessoais para terminar, sem soluções de continuidade, nas de produção. A cada separ/ação devia responder uma reapropriação: de si, da violência, da linguagem, do corpo, da mercadoria, do saber e do tempo.

É necessário fazer um esclarecimento em relação às temáticas do "pessoal": ainda que, nas ramificações extremas do Movimento de 77, estas tenham caído num banal elogio da sua própria fenomenologia – o que se convertia assim novamente no "privado" com o seu recuo para os desejos individuais, os "sentimentos", os orientalismos vários e a autoflagelação –, o problema político que tinha sido identificado pelos movimentos autônomos residia na consideração de que, por um lado, a própria vida tinha sido englobada nos processos de produção capitalista e, por outro, no reconhecimento da dimensão política intrínseca das relações pessoais, começando pelas existentes entre homem e mulher para continuar com as que decorriam no interior dos grupos e por aí em diante, reconstruindo conflituosamente, a partir de baixo, todas as relações que codificavam a sociedade inteira em moldes classistas e sexistas. Daí a explosão de "movimentos de libertação" que partiam de pressupostos bastante diferentes dos do movimento operário e que produziram a explosão em cadeia daquelas bolhas nas quais estavam contidas várias coisas, como o "amor", a "amizade", o "sexo" e também aquela carcaça gasta a que normalmente se chama "Eu". A circularidade entre lutas de libertação, lutas operárias e práticas de subversão do quotidiano era, por assim dizer, mediada apenas pelo seu desenvolvimento simultâneo no interior de uma vasta conspiração anticapitalista que via na Autonomia a ponta de um *iceberg* tão amplo e profundo quanto o conjunto do continente proletário.

É importante sublinhar que as práticas coletivas da separ/ação, precisamente por partirem de uma ultrapassagem da crítica da economia política, eram geradas dentro de circuitos que não provinham diretamente das reflexões teóricas sobre as lutas operárias ou estudantis do pós-68, mas sim das feministas e antiautoritárias que atravessavam experiências como a de *L'Erba Voglio*, uma revista animada por um psicanalista *sui generis*, Elvio Fachinelli, e por uma feminista autônoma, Lea Melandri. Uma revista em movimento, que se ocupava também de crianças e de educação alternativa, mas que se deixava progressivamente atravessar por todas as pulsões "marginais" que naquele momento enfrentavam, uma a uma, as instituições dominantes, aproximando-se delas para depois atacá-las. Eram circuitos *outros* em relação àqueles que Lea Melandri considerava habitados por "ascetas vermelhos" e tiveram um papel de ruptura e proposta essenciais na maturação dos vários movimentos autônomos. Mas logo voltaremos a falar de tudo isso.

Alguns chamaram "ditadura dos desejos" – a influência da Antropologia marxista de Agnes Heller, com a sua *Teoria dos desejos*, sobre os movimentos italianos foi muito forte ao longo da década de setenta – ao conjunto das práticas de insubordinação e de afirmação dos desejos que atuavam nas fábricas, nas metrópoles, nas escolas, nos hospitais, nos manicômios, nas prisões e na família; agindo como exercício cotidiano de força proletária contra uma ditadura burguesa sobre a jornada de trabalho (que então começava a ocupar todo o tempo da vida), e que igualmente elaboravam formas de luta originais contra os diversos dispositivos de subjetivação por meio dos quais circulava um poder considerado pelas massas como *hostil*. Para exprimir esta força já não bastava, como tinha ocorrido durante 1968-69 e na estratégia dos grupos, tentar quebrar o nexo entre as bases e as cúpulas dos partidos ou sindicatos da esquerda, a fim de permitir que uma classe operária mítica e sempre "unitária" dirigisse uma sociedade na qual ninguém mais acreditava: era necessário, então, romper de alto a baixo a totalidade social, para constituir horizontalmente núcleos de poder proletário que se separassem gradualmente daquela, esvaziando a legalidade oficial enquanto impunham uma *outra* racionalidade, baseada na recusa do trabalho, na destruição dos aparelhos de sujeição social e afetiva, na independência das formas de vida. Não existia mais espaço para a "sociedade civil" neste combate. Aos que torceram o nariz ao ouvir ecoar frases como "poder proletário" – uma vez que, como dita o pós-modernismo, o poder é exercido, mas nunca deve ser nomeado – queremos apenas dizer que, para além de qualquer sutileza metafísica, a verdade está no fato de que nenhum governo morrerá de coração partido por causa da infidelidade dos seus súditos, que nenhum Estado se suicidará por medo de uma revolução e que nenhuma economia desabará devido a uma lei interna. Creio que isso, pelo menos, nos foi ensinado por uma experiência como a da Itália nos anos setenta, da mesma maneira que nos ensinou que, ao contrário, a organização autônoma dos sem-poder pode exercitar uma multiplicidade que, muito simplesmente, faz viver melhor, já que os sem-poder não têm um outro poder "igual e contrário" ao do inimigo, mas sim um conjunto cooperativo de micropoderes, ou melhor, uma *potência*, autônoma, projetada sobre a libertação do fantasma do Poder.

Uma breve análise do debate interno da autonomia operária e entre diferentes âmbitos da *área* da Autonomia, que se desenvolveu no biênio 1975-76, pode ser útil para a compreensão de algumas das questões que tomavam forma contraditoriamente no âmbito do movimento revolucionário italiano. Relendo hoje esses documentos, surge como um sintoma saudável do Movimento toda aquela massa de tomadas de posição violentas, de acordos entre táticas divergentes, de contínua discussão furiosa sobre cada uma das temáticas que só o conflito é capaz de colocar em evidência. Ou, pelo menos assim foi até o momento em que o debate não tinha se tornado uma estúpida luta pela hegemonia de cada facção sobre todas as outras, enquanto foi reconhecido como fato positivo e vital para o

Movimento a existência *das* autonomias e não se procurou seguir os caminhos de sempre, banais, da "redução da complexidade". O movimento das autonomias, porém, nunca se definirá como "espaço unitário/ideológico dos explorados", mas sim como movimento de separação/recomposição, como prática de desagregação dos aparelhos de domínio onde quer que estes sejam operativos, como temporalidade insurrecional e território autônomo de libertação coletiva e, portanto, como produção de autonomia também no interior da própria Autonomia. A unanimidade é um vício que nunca poderia ter feito parte do partido da insurreição.

Linha de conduta: quebrar a unidade da classe operária, construir a máquina de guerra

"Os operários não vão às fábricas para fazer pesquisas, mas porque são obrigados. O trabalho não é um modo de vida, mas a obrigação de se vender para sobreviver. E é lutando contra o trabalho, contra esta venda forçada de si próprio, que se confrontam as regras da sociedade. E é lutando para trabalhar menos, para não ser mais envenenado pelo trabalho, que se luta também contra o que é nocivo. Porque nocivo é acordar todas as manhãs para ir trabalhar, nocivo é seguir os

ritmos, os modos de produção, nocivo é fazer turnos, nocivo é voltar para casa com um salário que te obriga a voltar à fábrica no dia seguinte..."
(Assembleia Autônoma de Porto Marghera, 1974)

Comecemos por uma série de discussões realizadas em torno do desenvolvimento das lutas da Autonomia no ambiente operário.

Em 1975 nascem muitas experiências editoriais autônomas, cada uma refletindo uma inclinação organizativa particular e, portanto, uma tensão singular com as outras experiências da constelação autônoma, e todas se inseriam naquele magma de iniciativas político-existenciais que se abrigavam sob o nome de "Movimento". Entre as que tinham uma ambição nacional e referências constantes à questão operária, havia uma revista teórica com nome brechtiano, *Linea di Condotta* [Linha de Conduta][6] – em cuja redação participavam Piperno, Scalzone, Castellano, Virno, Zagato e outros, na maioria provenientes de *Potere Operaio* e, depois,

6 N. da E.: *La linea di condotta* é o título adotado pela tradução italiana da peça didática *Die Maßnahme* (1929-30), de Bertolt Brecht (com música de Hans Eisler), traduzida no Brasil como *A decisão* (seguindo a tradução francesa, *La décision*), ou também, em algumas montagens, como *A medida* (a partir da tradução para o inglês, *The Measure Taken*). A tradução de Ingrid Koudela está publicada em Bertolt BRECHET, *Teatro Completo – vol. 3* (Rio de Janeiro, Paz e Terra, 1988).

de *Lotta Continua* –, e um jornal de luta, *Senza Tregua* [Sem Trégua], que exprimia uma composição política semelhante, com uma presença militante particularmente expressiva em Milão e no Centro-Norte da Itália, substancialmente dirigida por Oreste Scalzone e por Piero del Giudice. Uma outra publicação importante é *Lavoro Zero* [Trabalho Zero], que representava a área de intervenção da Assembleia Autônoma da Petroquímica de Porto Marghera e que teve um percurso independente tanto dos grupos nacionais quanto do grupo regional que dominava a Autonomia em Pádua. Em Milão, era impresso também *La Voce Operaia* [A Voz Operária], que exprimia as posições de bizarros grupos marxistas-leninistas que tinham decidido colocar-se na área da Autonomia.

Nas edições de 1975 das duas primeiras publicações citadas acima, encontramos expressões de uma sensibilidade diferente da que existia na revista *Rosso* – na qual era predominante o peso teórico de Negri – em relação a algumas temáticas operárias, nomeadamente, as da apropriação, do controle operário e da organização do conflito, tanto no âmbito do território como no âmbito geral. Uma outra publicação influente, que durou até os anos oitenta, é *Primo Maggio* [Primeiro de Maio], uma revista com uma predileção particular pela história herética do movimento operário internacional e pelos problemas ligados à financeirização da economia.

Primo Maggio era dirigida por um outro ex-militante de *Potere Operaio*, Sergio Bologna, e, ainda que a revista possa ser vista, grosso modo, como pertencente à área da Autonomia, nunca se identificará com nenhuma das suas correntes organizadas, ainda que tenha produzido uma série de textos em que existia uma tensão positiva no debate com as componentes da autonomia operária, organizada ou não. Foi uma revista excepcional sob o ponto de vista da pesquisa, mas o seu maior limite, tendo em conta o período histórico, era o fato de seus animadores serem, em maioria, professores e intelectuais que não conseguiam competir com a prática militante dos movimentos. *Primo Maggio*, entre outras coisas, ofereceu ao Movimento uma importante referência para o imaginário político[7]: a entusiasmaste história dos *wobblies* americanos que, nos anos vinte, por meio da IWW,[8] tinham dirigido uma das maiores ofensivas revolucionárias da modernidade contra o capitalismo estadunidense. O anarcossindicalismo

7 N. da E.: No original "riferimento político-immaginario".

8 N. da E.: IWW, *Industrial Workers of the World* ou "Trabalhadores industriais do mundo", é uma organização sindical fundada em 1905, em Chicago, nos Estados Unidos, ainda em atividade. Entre 1910 e 1920, a organização, que buscava a integração das lutas dos trabalhadores para além das demandas setoriais, cresceu muito nos Estados Unidos e também em outros países, chegando a contar com mais de 150 mil filiados (atuando nos EUA, Canadá e Austrália), popularmente conhecidos como *wobblies*.Sua proposta era descrita como a de um "sindicalismo revolucionário", pois tinham como objetivo a auto-organização política de base e a implementação da democracia nos locais de trabalho, sem o envolvimento de patrões ou representantes de outras classes sociais.

dos *Industrial Workers of the World* fundava-se em alguma coisa na qual a Autonomia já estava imersa, ou seja, naquela indistinção entre teoria e práxis que sempre caracterizou os momentos altos da luta de classes. A ação direta, a sabotagem e a luta violenta, junto com a utilização dos jornais, da manifestação-relâmpago, da propaganda na prisão, dos desenhos e das canções que compunham o equipamento de base do militante *wobblie*, sempre pronto a pular sobre o último trem de mercadorias para organizar a próxima greve. O "comitê desconhecido" que animou as greves selvagens e as sabotagens *wobblie* nos Estados Unidos da América dos anos dez e vinte inspirou explicitamente muitos coletivos autônomos nas fábricas italianas dos anos setenta. Foi exatamente esse nomadismo existencial e organizativo, junto à radicalidade dos *hobos*[9] revolucionários estadunidenses, que fascinou os autônomos italianos. Mas havia muitas outras coisas nos *wobblies* que excitavam as suas fantasias subversivas, como as crianças, sempre presentes nas greves de massas com seus piquetes em frente às escolas onde estavam os professores fura-greves, ou a forte presença dos negros e das mulheres, o que interrompia a longa e pesada tradição

---

9 N. da T.: *Hobos* é um termo da língua inglesa que indica um trabalhador pobre, andarilho e rebelde, que normalmente viaja como clandestino em trens de carga. Não há uma história ou etimologia precisas do termo, mas supõe-se que a palavra tenha sido cunhada durante a crise econômica que marcou o final do século XIX nos Estados Unidos.

de uma classe operária sempre representada como branca e masculina. O poderoso grafismo dos jornais e cartazes da IWW, que começaram também a usar os quadrinhos, e a grande difusão de canções de luta – sendo as de Joe Hill as mais famosas – eram métodos particularmente adaptados para interagir com a enorme presença de imigrantes que não falavam inglês ou com pessoas que não sabiam ler. Os quadrinhos, as canções, os jornais, os cartazes, a circulação das lutas, as ocasiões provocadas pelas prisões, foram todos atributos e experiências presentes na epopéia da Autonomia italiana, de par com a hostilidade absoluta em relação à disciplina da fábrica. Por fim, a declarada antipatia *wobblie* pelas temáticas "institucionais" da organização não podia senão coincidir com a desconfiança encontrada, nas fileiras da Autonomia italiana, em relação às hipóteses mais despudoradamente vanguardistas ou ultrabolcheviques.

Percorrendo as publicações autônomas de 1975, se destaca em primeiro lugar o esgotamento das temáticas da "unidade da classe operária", que durante décadas tinham forçado as pulsões revolucionárias a manter uma autodisciplina, a qual jogava invariavelmente a favor do compromisso social promovido pelos dirigentes dos partidos de esquerda: à unidade total e meramente ideológica da classe operária, será oposta uma estratégia de unidade dos diferentes estratos proletários *nas* lutas, o que não era um dado óbvio e tido como certo, mas que deveria ser verificado em cada momento, na homogeneidade tendencial dos comportamentos subversivos que se difundiam na metrópole com grande velocidade. Quando se fala em *separação operária*, portanto, fala-se não apenas de uma deserção frente às relações de produção, mas também de uma tática de ruptura e de separação interna à classe. Segundo a revista *Senza Tregua*:

> "[...] no Movimento, começaram a viver lutas, comportamentos, organizações; nestes processos aprofundaram-se e clarificaram-se os objetivos, as divergências, as características das fases, e evidenciou-se, antes de mais nada, um tema que deve ser colocado na ordem do dia do debate operário: o '*fim da unidade de todos os operários*' [...]. Apelam a essa unidade, naturalmente, o movimento sindical e a nova social-democracia autoritária (o PCI), enquanto procuram fazer estragos profundos no movimento, enquanto abrem guerra contra as redes revolucionárias nas fábricas, justificando todos os meios [...]. A 'unidade dos trabalhadores' é, hoje, reivindicada principalmente pelos patrões e pelos seus representantes, como 'unidade' entre operários e trabalhadores dependentes (leia-se a hierarquia da fábrica – dirigentes e chefes) na base do 'interesse comum em superar a crise'. [...] O erro é, para nós, a hipótese de uma homogeneidade política da classe, de um movimento entendido como geral, a repetição esquemática do passado unitário do movimento – na hipótese da direita, como movimento 'normalizado' e social-democrata; na hipótese da esquerda, como movimento genericamente autônomo

[... Ao contrário,] o confronto é totalmente *interno* [...]. *Tudo isto assinala, companheiros, o fim da possibilidade de 'utilização operária do sindicato'* [...]. Trata-se de construir pontualmente elementos de exercício concreto de ditadura operária. E isso acontece, concretamente, numa base territorial, por meio da construção – num processo complexo de iniciativas de luta e de ações gerais – de uma rede de institutos de poder operário e proletário [...,] a qual se constrói como movimento político organizado e armado, como processo de guerra revolucionária e de afirmação contemporânea do comunismo como 'ditadura dos desejos' [...]. *Este processo deve ser organizado, começando por fazer funcionar uma série de operações de coerção social e de consolidação da independência do proletariado.* [...] Este programa, ainda primitivo, não tem nada a ver com a palavra de ordem 'apropriemo-nos da produção', que renomeia com uma terminologia comunista e revolucionária um conteúdo tradicionalmente revisionista. [É preciso] sair da fábrica, negar o vínculo da relação produtiva [...]."[10]

O comentário polêmico sobre a apropriação da produção se refere a uma semana daquela que foi chamada "greve ao contrário", posta em prática pelos operários autônomos da Alfa Romeo, onde era forte a presença de militantes ligados ao *Rosso*.

10 Editorial de *Senza Tregua – Giornale degli operai comunisti* (Milão, 14 de novembro de 1975). Reproduções de todos os números da publicação estão disponíveis em: <https://www.inventati.org/apm/archivio/320/2/sen/tre/senzatregua.php>.

Durante essa semana, fez-se uma espécie de auto-gestão da produção que, entre outras coisas, tinha sido inicialmente proposta pelo sindicato; a polêmica provocação de *Senza Tregua* resultava, também, da insistência dos operários da Alfa Romeo em colocar no centro do conflito a luta contratual e da ilusão eufórica, que alguns elementos próximos tendiam a partilhar, segundo a qual existiria na Itália um movimento *genericamente* hegemonizado pela Autonomia. A Assembleia Autônoma da Alfa sustentava, em defesa da própria escolha, que "somente se apropriando do processo produtivo e do aparato financeiro, a classe operária pode vencer os projetos burgueses".[11] Frente às divergências que esse episódio havia provocado na área da Autonomia, o próprio Negri dirá que, na verdade, tratava-se de uma experiência de reapropriação da linha de produção para estudar os modos de sabotagem e que, de qualquer maneira, tinha sido muito mais importante o dia em que foi organizado, na Alfa Romeo, um fumaço de maconha ao longo da linha de montagem: "fumar na linha, e portanto impor frente a ela uma relação de total estranhamento, no qual, pela primeira vez, começaram a emergir desejos alternativos de uma maneira extrema e radical".[12] Na verdade, não era a

11 "Alfa Romeo, 35X40", em *Rosso – giornale dentro il movimento – nuova serie*, n. 1 (Milão, 9 de outubro de 1975).

12 Antonio NEGRI, *Dall'Operaio Massa all'Operaio Sociale – Intervista sull'operaismo* (Verona, Ombre corte, 2007; ed. or.: Milão, Multhipla, 1979).

primeira vez, já que Bifo relata que quando entrou na Mirafiori ocupada, em 1973, percebeu estupefato que era algo normal para os jovens operários fumar haxixe: eram eles, os operaístas e os militantes dos grupos, que estavam atrasados em relação aos comportamentos proletários e não conseguiam ainda passar da crítica da economia política à crítica da política e, portanto, à valorização da existência operária tal como ela era – 1977 significou essencialmente fazer essa passagem, todos juntos. Em 1976, as lutas nas fábricas, a da Innocenti, por exemplo, ou a nova onda de sabotagens na Fiat, mostravam que a ruptura entre a velha classe operária e os jovens trabalhadores se aprofundava na proporção exata do crescimento exponencial dos comportamentos antiprodutivos destes últimos, e foi precisamente nessa divisão que se instalaram as forças social-democratas, não apenas colocando-os uns contra os outros, mas colocando também os operários "empregados" contra quem estava de fora, os "improdutivos". A Autonomia conseguirá ainda, por alguns anos, fazer funcionar virtuosamente a circulação das lutas, para além do conflito com os aparelhos do PCI e do sindicato. Conseguiu fazê-lo, importa acrescentar, enquanto as suas diversas vontades não embarcaram numa competição suicida para saber quem deveria assumir a direção de um impossível e ridículo "grande partido da Autonomia", em tudo igual aos velhos grupos que já tinham sido abandonados. Então, a porta de saída da crise na relação com a velha classe operária, firme na defesa corporativa dos seus "privilégios", foi o ataque metropolitano a todos os centros de reorganização produtiva resultantes do esmagamento das grandes aglomerações industriais, o que tinha sido a verdadeira estratégia contrainsurrecional posta em prática pelo patronato. Frente à molecularização do trabalho, já não fazia sentido colocar o problema da organização nos termos em que a tradição comunista o havia sempre feito; pelo contrário, era necessário insistir na dinâmica espontânea que se articulava pouco a pouco nos territórios, retraçando a contrapelo os fluxos da metrópole, num contínuo relançamento de uma "guerra de movimentos" destinada a derrotar, por um lado, o binômio crise/reestruturação e, por outro, o reformismo que o garantia. Ataque generalizado à fábrica, portanto, e, de outro lado, o vetor das lutas era constituído pelo ataque à gestão da despesa pública, espaço tradicional para a construção do consenso: golpear a gestão e a despesa com a saúde, a educação, os transportes públicos e, em geral, golpear a esfera do Estado social podia fazer cair toda a rede em que se apoiava o instável equilíbrio governamental.

De fato, os vários grupos autônomos operários tinham graves problemas não resolvidos em relação às instituições do Movimento Operário. Uma das questões que surgia invariavelmente no interior de todas as correntes organizadas da autonomia operária era, certamente, o dilema sobre a necessidade de pôr em campo "mediações" no curso das lutas; em primeiro lugar, as propostas pelo movimento sindical (e onde, assim, seu peso mais se fazia sentir), como os Conselhos de Delegados (nos quais não era raro haver operários autônomos), ou se, ao contrário, seria necessário construir e procurar formas de organização totalmente autônomas que, em última análise, coincidissem com uma forma de vida em secessão e buscassem a *negação* do trabalho, fazendo ruir todas as mediações. No desenrolar das lutas operárias, a tática foi sempre misturada, "impura", e tanto uma opção como a outra podiam ocorrer separadamente, em sequência ou ainda serem utilizadas ao mesmo tempo, a depender do contexto que as determinavam. Todavia, as coisas avançavam depressa e vão ser aqueles mesmos autônomos do comitê da Alfa Romeo, por exemplo, a iniciar uma dura ofensiva interna e externa à fábrica, com o bloqueio de produtos finalizados e uma espetacular ação de sabotagem que visava o bloqueio de um comboio cheio de automóveis e a destruição de centenas de metros de trilhos que transportavam as mercadorias para fora da fábrica. Isso significa que, no fim, é sempre a força que decide, ou seja, o grau da ofensiva que se é capaz de desencadear para além de qualquer tática prevalente no momento. Pequeno parêntesis: quando escrevemos, por exemplo, "comitê autônomo da Alfa Romeo", ou de qualquer outra fábrica, pressupõe-se sempre um comitê de luta *misto*, ou seja, em seu interior existiam obviamente operários, mas também companheiros *externos* que discutiam e realizavam atividades militantes junto com os trabalhadores do estabelecimento; a única "escola de partido" da Autonomia foi sempre a da luta.

A mercadoria permanecia dentro das fábricas ou virava fumaça, mas muitos operários começaram a ir embora, a *ausentar-se* do seu tradicional local de subjetivação salarial e política: a forma de vida que os trabalhadores mais jovens estavam construindo, junto com todos os outros de *fora* da fábrica, era incompatível com o trabalho na linha de montagem, com o seu próprio ser-operário. Foi a partir desse ano que muitas "vanguardas de fábrica" e jovens operários que participavam no Movimento começaram a demitir-se voluntariamente das grandes fábricas, a *extinguir-se* como força de trabalho. Todavia, as fábricas continuavam cheias de gente e se, em vez de divergirem, como viria a acontecer, os percursos tivessem se mantido juntos por meio dos circuitos das lutas, continuando a aprofundar a separação no interior da classe, talvez muitas derrotas tivessem sido evitadas e muitas ilusões não teriam se transformado em desespero. Entre o fabriquismo cego e o movimento desejante, teria sido necessário levar até ao fim a ambivalência de um percurso revolucionário que não apenas "mantivesse juntas" as lutas operárias e as lutas de libertação, mas que constituísse um outro, autônomo, múltiplo, unificado transversalmente e no qual não fosse possível provocar divisões jogando uma necessidade contra a outra.

Mas, aí está, a impressão é que uma das coisas que os teóricos da Autonomia organizada não souberam confrontar totalmente foi o próprio sentido da "recusa do trabalho", esse *slogan* potente que remetia a um enorme *shabbath* proletário e que parecia frequentemente, ao contrário, ter que se limitar à questão de quantas e quais produções era ou não apropriado fazer, quais "gerir" e quais "delegar" ou que máquinas deveriam substituir as que foram atingidas pela recusa. Ressurgia o fantasma perdedor da autogestão e parecia, além disso, funcionar para alguns um tipo de fetichismo da fábrica como tal, o apego a uma imagem da classe operária que já não correspondia às suas reais características, sem falar de algumas utopias produtivistas que desenhavam uma espécie de supersocialismo. *Mas a recusa do trabalho não produz meramente um trabalho "diferente" ou uma valorização "boa", mas sim os destrói materialmente para criar uma outra temporalidade, outros usos, uma outra vida. A recusa do trabalho é, acima de tudo, a extinção da classe operária e, portanto, a progressiva desagregação de todo o trabalho assalariado, ou seja, a invenção do comunismo como cooperação social "absoluta".*

Se, de um lado, havia então um seção ampla da classe operária integrada aos mecanismos do governo social, de outro, os comportamentos reais do proletariado revolucionário, principalmente o juvenil, exprimiam através dessa recusa o desejo de não-trabalho, de não-valorização, de não-estranhamento, em suma, *de desativar, pela raiz, qualquer relação de produção.* O projeto teórico cultivado majoritariamente, nesse sentido, foi o da automatização total do trabalho e a ênfase marxiana na inteligência técnico-científica como alavanca através da qual o *General Intellect* [o

Intelecto Geral] poderia realizar o reino do não--trabalho e da abundância. O problema consiste, como já se disse, no fato de ter sido frequentemente sobrevalorizada a potência da técnica, o nível material sobre o qual construir o processo revolucionário, como se bastasse a total automatização da produção para alcançar o comunismo. Mas como afirmava sabiamente o jovem Hans Jurgen Krahl:

> "Poderemos dizer qual será o aspecto técnico do progresso dentro de um século, mas não podemos afirmar quais serão as relações humanas dentro de cem anos, se não começarmos a transformá-las *ad hoc* [para este fim específico], entre nós, no processo social".[13]

Existia na Itália, em meados dos anos setenta, uma consciência difusa dessa questão e, consequentemente, as práticas do Movimento que visavam à habitação de um tempo libertado, antiprodutivo e fortemente erotizado, faziam com que a desmaterialização do trabalho fosse acompanhada de uma utilização extremamente concreta dos lugares, baseada no contato entre os corpos, na circulação de afetos e no desfrutar material da cidade. Um uso que prefigurava um *outro comunismo*, o das máquinas desejantes, o dos corpos *devassos*, o das cidades não autoritárias, o das mil

---

13 Hans Jurgen KRAHL, *Costituzione e Lotta di Classe* (Milão, Jaca Book, 1973).

atividades de cooperação horizontalmente lança-das na reconstrução de um mundo. *O comunismo contra a metrópole*[14] queria dizer, na Itália dos anos setenta, a existência da autonomia difusa e isso permanece até hoje um dos elementos estratégicos da "insurreição que vem".

Talvez fosse algo nos limites da utopia, mas, em todo caso, nunca houve, por parte da Autono-mia, uma reivindicação pobre e folclórica do ócio, mas sim a procura dos meios mediante os quais uma atividade cooperativa em larga escala poderia funcionar *também* no período em que o capitalismo ainda seria uma força hegemônica. Assim, o comu-nismo não foi considerado como um modo de pro-dução "alternativo", nem sequer como uma forma "mais justa" de trabalhar – como, aliás, o próprio Marx já tinha defendido –, mas como a afirmação de um meio que, destruindo o presente estado de coisas e suprimindo o trabalho, perseverasse numa forma de vida orientada para a felicidade, como gritava um belo documento de *A/traverso – Gior-nale dell'autonomi: "a prática da felicidade torna-se subversiva quando se coletiviza".*

14 N. da E.: Referência ao título original do presente livro, *Un Comunismo Più Forte della Metropoli* [Um comunismo mais forte que a metrópole], que mantém conformidade com a revista *Rosso*, número 8, de 24 de abril de 1976, cujo título foi *Operai contro la metropoli* [Operário contra a metrópole], e que também continha internamente um texto homônimo ao título idealizado pelo autor de *Um piano nas barricadas: por uma história da autonomia, Itália 1970*, Marcello Tarì.

Notamos, portanto, que ao examinarmos a documentação não é raro encontrar repentinas oscilações nos comportamentos e nos juízos dos vários grupos autônomos e, se é verdade que isso se devia ao fato de se viver conscientemente numa experimentação permanente, é também verdade que algumas constantes teórico-práticas existiam e respondiam a diversos "estilos" de intervenção que terão uma certa continuidade, mesmo que no interior de uma estratégia comum: não existe Movimento senão dentro desta contínua emergência de multiplicidades de linhas de combate convergentes naquele comum tão especial que se chama *revolução*.

No número de *Linea di Condotta* de julho-outubro de 1975 (que foi o primeiro e o último), é retomado o ataque à ideologia da unidade, distinguindo uma "classe operária como trabalho assalariado", que encontrava representação nas instituições do Movimento Operário, e uma classe operária que é "luta contra a forma de força-trabalho" e que podia, naquele momento, ir além da espontaneidade subversiva para conquistar uma *"autonomia política"*. Por isso, a luta revolucionária naquele momento anunciava-se como *interna* à classe, como luta da autonomia contra a unidade de funcionamento do trabalho assalariado e, definitivamente, contra o reformismo:

> "A autonomia operária não se dá como interdependência conflitiva com o capital – nem sequer como simples cessação da relação produtiva; a

autonomia operária é a relação negativa, potencialmente destrutiva, deliberadamente procurada e praticada, com o capital".[15]

O artigo continuava com um interessante aprofundamento sobre a necessidade de uma *"crítica do movimento de massa"*: a separação era então levada até o âmago dos movimentos. Esta crítica ao Movimento era vista como fundamento de uma prática organizativa voltada à ruptura do gradualismo e à seleção dos aspectos mais ofensivos que se destacavam durante o conflito, para transformá-los em máquina de guerra. Essa definição de autonomia terminava na fórmula *"guerra de classe pelo partido"*, este último concebido como uma "máquina política e armada" que exercitasse imediatamente a tarefa revolucionária de destruição da classe operária "enquanto trabalho subsumido pelo capital, isto é, raiz da dominação capitalista". O desacordo substancial desta tendência da Autonomia – possivelmente a que manteve maior continuidade com a herança teórico-política de *Potere Operaio* – com outras correntes, como a de *Rosso*, assentava-se em sua concepção da Autonomia como terreno que *funda* o processo de construção do partido, no sentido de

15 "De Potere Operaio a Linea di condotta", em *Linea di Condotta – materiali sulla crisi e l'organizzazione operaia* (Roma, julho-outubro de 1975). A reprodução completa desta edição encontra-se disponível em: <https://www.inventati.org/apm/archivio/320/2/---/LIN-CON/LineaDiCondotta_OTT.pdf>.

"um movimento revolucionário que exprime abertamente uma hipótese de poder", e não como se esta fosse a própria forma da organização comunista. Essencialmente, essa corrente enfatizava a dimensão do "político" em relação à dimensão "social". Em compensação, as duas correntes, a de *Linea di Condotta* e a de *Rosso*, convergiam frequentemente num certo grau de "neoleninismo" organizativo, do qual se distanciava a quase totalidade das outras componentes da *área*. A experiência de *Rosso* – certamente a área autônoma que mais colocava em discussão o leninismo, apesar de provir, em boa parte, do operaísmo – é sintomática deste verdadeiro limite epistemológico que reemergia pontualmente a cada entroncamento problemático do Movimento.

De fato, não é por acaso, tendo sempre em mente os debates daqueles meses, que o editorial daquela edição de *Rosso*, mesmo decretando o fim da unidade ideológica da classe operária, avançasse a proposta, ainda em esboço, de um processo de centralização do movimento por meio do imprescindível apelo ao ícone sagrado de Lenin ("Fim da Praça Vermelha, e depois?"). Um leninismo que havia sido ridicularizado alguns meses antes, no mesmo jornal, por um artigo de tom aparentemente leve, mas que se tornou justamente célebre ("Lenin não gostava de Frank Zappa", janeiro-fevereiro de 1975). Afirmava-se, com ironia, a riqueza das formas de vida em construção – "consideramos o comunismo uma coisa muito *luxuosa*" – contra o moralismo típico dos militantes da extrema-esquerda. E ainda: se em *Proletari e Stato*, texto programático escrito por Negri em 1975, era sustentada, de modo bastante bizarro, a "obrigação do trabalho produtivo para todos" durante o processo revolucionário, no número de maio de *Rosso*, que portava o presunçoso título *"O comunismo é jovem e novo, é a totalidade da libertação"*, o programa da Autonomia é traçado sem fazer concessões nem aos fantasmas bolcheviques, nem ao produtivismo, nem sequer aos atalhos organizativistas:

> "Quem luta pelo trabalho, não luta, adequa-se [...]. Porque o trabalho não existe para o operário, existe apenas o tempo de trabalho médio necessário para produzir a sua própria sobrevivência [...]. Socialismo ainda quer dizer trabalho. A luta pelo trabalho significa renunciar à totalidade das necessidades, [...] sujeitar-se à fadiga do horário e ao tédio da divisão, [...] significa delegar a corpos separados a conexão da atividade social. O comunismo não é a luta por um outro trabalho, é a luta pela abolição do trabalho, [...] o proletário que luta começa cada vez mais cedo, é um rebelde antes de se transformar num trabalhador, porque a toupeira revolucionária está escavando todos os campos de luta, da família ao bairro e à escola. [...] O comunismo é a máxima tensão da individualidade [...]. Eu e o comunismo: o comunismo do Eu e o Eu do comunismo: este é o processo que, entre mil contradições, tende a produzir uma vida não mais dividida simetricamente entre público e privado, interior e

exterior, ativa e passiva, dirigente e dirigido, feminino e masculino, indivíduo e sociedade."[16]

Desaparece aqui qualquer resto de "coletivismo", a favor da expressão de algo que recorda o paradoxal "indivíduo social" de memória marxiana. O ataque final ao binarismo social/individual permanece formidável, procurando assim recolher e relançar os impulsos provenientes dos movimentos autônomos mais dedicados à ruptura do quotidiano e também, é preciso dizer, à recuperação de uma certa veia libertária contra a permanente tentação do verticalismo espertalhão e do vanguardismo estúpido. A área de *Rosso* não renunciará nunca à sua constitutiva "ambiguidade" entre movimento horizontal da guerrilha difusa e centralização organizativa da área autônoma. Não se tratava, como disseram alguns, de uma espécie de "anarquismo leninista", mas sim, mais corretamente, de um *comunismo da libertação* que caracterizou uma fatia largamente majoritária da Autonomia italiana dos anos setenta.

O tema do "neoleninismo", entretanto, pode ser explicado com mais algumas considerações. Dizer Lenin é *sempre* afirmar a necessidade de uma força *externa* capaz de guiar um processo de recomposição da classe em torno e dentro dos objetivos revolucionários. O leninismo clássico, bolchevique, já estava fora de questão nos anos setenta porque tinha sido uma forma de organização determinada,

16 Editorial do suplemento ao número 15 de *Rosso – giornale dentro il movimento* (Milão, maio de 1975).

em primeiro lugar, pela fraqueza quantitativa da classe operária russa – um instrumento de "subsunção formal", para permanecer no jargão marxista. No fim do século XX era evidente – não para todos, claro, mas seguramente para os autônomos – que a classe e o capital tinham mudado radicalmente, mas naquele ciclo histórico verificava-se, sob o ataque capitalista, uma decomposição da classe operária que destruía a possibilidade de auto-organização e centralização das lutas em autonomia, como ocorrera com o operário-massa, e é a partir desta dificuldade que alguns pensaram o neoleninismo enquanto capacidade das vanguardas para reunir a frente operária por meio de uma direção externa global. Embora essa argumentação pudesse ter, porventura, algum tipo de validade para o contexto estritamente operário, não parecia fazer muito sentido em relação ao resto. Todavia, a verdade é que, à falta de uma reflexão coletiva mais profunda em relação à questão organizativa, o argumento neoleninista permanecia grosseiro e prestava-se aos mais absurdos (e perigosos) mal-entendidos, de modo que a maior parte do Movimento nunca esteve disposta a aceitar que se erguessem vanguardas globais a partir de qualquer uma das suas frações. Os neoleninistas autônomos, porém, iriam compreender rapidamente que se outra Mirafiori como a de 1973 não era possível em uma única fábrica, poderia sê-lo em uma escala bem mais ampla: o partido invisível de Mirafiori tornava-se o partido invisível da metrópole. E, como tinha afirmado pertinentemente Hans Jürgen Krahl – cujo trabalho teórico era justamente considerado um ponto de referência para a Autonomia – o leninismo na metrópole é impossível.

Tudo isso serve para confirmar que boa parte da vitalidade da Autonomia residia na contínua expressão, circulação e encontro/desencontro das diferenças que a percorriam, não apenas de um coletivo para o outro, mas também no interior de cada fração organizada e, por vezes, do próprio militante – exceto talvez a Autonomia paduana dos *Colletivi politici veneti per il potere operaio* [Coletivos políticos vênetos pelo poder operário], que sempre foi uma organização verticalista e muito rígida, eficiente do ponto de vista leninista, mas pouco aberta à contaminação das novas formas de vida que se desenvolviam no Movimento.

Para continuar no Vêneto, encontramos na edição de dezembro de 1975 de *Lavoro Zero* – que era, recorde-se, expressão de uma assembleia autônoma de fábrica com um indiscutível *pedigree* operaísta – um artigo intitulado "Da luta pelo salário à nova subjetividade operária" no qual, entre citações de Félix Guattari, do jovem Marx e de Raoul Vaneigem, aludia-se à necessidade de um novo tipo de "pesquisa operária" capaz de dar conta do salto ocorrido naquele ano, da "reivindicação das necessidades" (luta pelo salário) à *"explosão dos desejos"*, em direção a tudo aquilo que colocava em crise a visão clássica do movimento de massas centralizado, a favor de uma "multiplicidade de máquinas desejantes":

"A emergência do desejo dentro da luta operária e também dentro da emancipação das necessidades do ciclo capitalista: é este o verdadeiro mistério da luta de classes, o excluído, o esquecido, do qual não convém falar, do qual nenhum grupo hoje fala! [...] Liberta-se assim uma subjetividade proletária nova, capaz de fornecer indicações para um conflito que ataca a 'esfera privada', a vida quotidiana. Falamos explicitamente da luta contra a direção, contra os chefes, contra a hierarquia, junto à *recusa operária da máquina burocrática leninista*, seja qual for o grupo que a proponha."

Também uma boa parte dos autônomos de Marghera queria passar para o outro lado do espelho nesse ínterim, e as lutas pela apropriação no seu território serão o resultado mais tangível dessa linha desejante. De qualquer forma, entre 1975 e 1976, a força da Autonomia reside inteiramente não apenas na sua capacidade de integrar todos os movimentos metropolitanos como, também, de forçar a difusão do conflito, na prática inteligente das micropolíticas do quotidiano e, por fim, na capacidade de cada coletivo exprimir um nível de "fogo" adequado. Se os autônomos tivessem tido mais tempo à disposição antes de tentar a centralização dos movimentos, como aconteceria em 1977 sob um importante contra-ataque estatal, provavelmente hoje estaríamos contando outra história.

De vez em quando, surgia na Autonomia um apelo qualquer do tipo "recomecemos a dizer Lenin", que é necessário ler, na realidade, não como uma possibilidade real de burocratização do movimento autônomo, mas como a dificuldade concreta com que as suas correntes organizadas se confrontavam, perante aquele mar ingovernável de comportamentos subversivos que excedia, e muito, os muros da fábrica naquele período. O único Lenin suportável para aquela maré subversiva parecia ser antes de tudo aquele exilado em Zurique, onde se diz que teria encontrado Tristan Tzara, ou aquele insurreto que lança o desafio do desejo contra a racionalidade da História (e do marxismo...) e que, depois, dança e rola na neve porque, incrivelmente, vence. O resto – o cinzento "realismo" inevitavelmente acompanhado pela burocracia e pela polícia política, o autoritarismo travestido de rigor, a economia política aplicada à organização mobilizada como se fosse uma empresa – era bagagem que servia para cobrir a falta de imaginação dos líderes e dos teóricos e que, todavia, produziu ainda uma série de danos no interior do Movimento, cujas consequências se pagam ainda hoje. É claro que o problema da centralização não surgia do nada e era, ao contrário, real e rigoroso, mas a pesquisa deveria ter seguido a *linha menor* que Deleuze já assinalava na sua introdução ao livro de Guattari, *Psicanálise e transversalidade*:

"nenhuma alternativa entre guerrilha e guerra generalizada, [..] devemos ser, desde já, mais centralistas que os centralistas, [..] hiperdesejante e hiper-centralizada, tudo isso ao mesmo tempo.

O problema diz respeito, portanto, à natureza da unificação que deve operar transversalmente, através de uma multiplicidade, e não verticalmente e de forma que esmague esta multiplicidade própria do desejo [...] constituir nos grupos as condições para uma análise sobre o desejo, sobre si próprio e sobre os outros".[17]

Mas foi apenas entre 1976 e 1977 que a Autonomia se aproximou, com seus próprios meios, da solução desse problema que, creio, continua a ser *o* problema de todas as experiências revolucionárias da contemporaneidade. A esse propósito, um dos artigos mais significativos de *Rosso* foi "Autonomia operária com 'a' minúsculo" (da edição de 14 de fevereiro de 1976):

> "Um novo espectro paira sobre as praças italianas, é o espectro da AUTONOMIA. Os jornais já o classificaram: aí está o novo grupúsculo [...]. *Mas o grupo Autonomia Operária não existe*. Existem grupos singulares, com raízes nas realidades de luta na fábrica, na escola, no bairro: cada um desses grupos se denomina como bem quiser e de acordo com o que acredita, e, assim, participa na "autonomia" – na que importa, com o "a" minúsculo – na medida em que esteja realmente dentro das massas e seja capaz de desenvolver agitação dentro das

---

17 Felix GUATTARI, *Psychanalyse et Transversalité – Essais d'analyse institutionnelle* (Paris, Maspero, 1972); ed. bras.: *Psicanálise e Transversalidade – Ensaios de análise institucional*, trad. A.U. Sobral e M. S. Gonçalves (São Paulo, Ideias & Letras, 2004).

massas, de determinar organização e contrapoder [...]. Por isso é que as forças da autonomia operária não podem descer às ruas, como os grupúsculos, a fim de medir-se: devem fazê-lo – e já o fizeram e continuarão a fazer – a fim de determinar momentos de organização e de contrapoder [...]. Já não se trata de acelerar os ritmos, como faziam os grupos, ou de observar o calendário político para 'pressionar' a partir das ruas, [...] trata-se de levar diretamente à rua, de concentrar em função de demonstração e de ataque, a verdadeira 'autonomia', a que se vive todos os dias nas infinitas lutas contra o patrão e contra a direção. Neste sentido, 'autonomia operária' é um autêntico método de organização [...]. Não sabemos qual será a forma organizativa definitiva deste processo: sabemos certamente que não será algo como a repetição de qualquer modelinho leninista."

Parece-me um artigo bastante instrutivo acerca do estranhamento tendencial da Autonomia em relação às práticas da Terceira Internacional e, também, aos desejos dos que procurariam construir a Autonomia Operária Organizada com todas as maiúsculas no lugar certo, uma tentativa que obviamente nunca se concretizou e que assinalou, no entanto, o fim da originalidade da experiência autônoma italiana.

Voltando ao editorial de *Senza Tregua*, encontramos algumas indicações de luta que não foram ignoradas pelos *Comitati Comunisti* do *Potere Operaio* a que estavam ligados (o quais, em 1977, transformaram-se, em parte, nos *Comitati Comunisti Rivoluzionari*

[Comitês Comunistas Revolucionários]). A prática dos "decretos operários" que esta fração autônoma sustentava como forma de luta traduzia-se, por exemplo, na imposição unilateral da redução do horário de trabalho e em outras medidas de *separação operária* da racionalidade capitalista, medidas que remetiam a uma força de autonomia que arrancava, pouco a pouco, *territórios* ao controle estatal. Zonas operárias inteiras, como a da província de Veneza, ou em Bolonha e em Turim, autorreduziam todas as despesas que pesavam sobre a habitação. Em Milão e em Roma, centenas de famílias proletárias ocupavam armazéns inteiros, onde construíam jardins-de-infância, clínicas, consultórios femininos; em Nápoles e no Sul, as listas de desempregados eram geridas diretamente pelas assembleias autônomas, e não mais pelos burocratas do Ministério do Trabalho, e todos começavam a pensar em como organizar a vida no bairro, até regulando desde baixo os preços das mercadorias, expulsando os fascistas e os especuladores. A aceleração do conflito nos anos posteriores impediu, infelizmente, que estas experiências de comunismo se aprofundassem e se consolidassem, mas a indicação do que significa *organizar o comum*, nos termos da Autonomia, permanece totalmente aberta.

O desligamento/separação do rendimento da produção não foi apenas uma mera palavra de ordem, mas algo que se materializava todos os dias na fábrica, através do absenteísmo, da sabotagem e da recusa dos ritmos da linha de montagem. O controle operário significava também que os operários despedidos por motivos políticos voltavam todos os dias à fábrica, acompanhados e protegidos por todos os outros trabalhadores, para continuar a desenvolver as suas atividades subversivas, continuando a receber um salário, graças às subscrições e às "taxas" que se conseguia extorquir aos vários chefes, dirigentes, comerciantes e expoentes da burguesia do território, ou por meio de atividades ilegais de autofinanciamento porque, escrevia *Rosso*, "é preciso ir pegar o dinheiro onde ele está". Ainda que fosse uma prática já ocasionalmente aplicada por grupos como *Potere Operaio* e *Lotta Continua*, é justamente neste período que a Autonomia começará a praticar maciçamente a expropriação bancária: a do Banco de Argelato, na Emília-Romanha, em 1974, que termina mal, com o assassinato de um *carabinieri*, deu origem a um processo que envolvia gente da Autonomia neste gênero de práticas. Inicialmente, foram presas cerca de 10 pessoas entre a área de *Rosso* e a de *Puzz*, sendo que um dos acusados se enforcou na prisão e os outros foram incriminados e passaram muitos anos encarcerados. Enfim, nos processos da Autonomia dos anos 80, militantes ligados a *Rosso* foram condenados porque os juízes decidiram, como normalmente faziam, atribuir aquele roubo a uma decisão da "organização". Mas o assalto em Argelato foi apenas o primeiro de um enorme número de expropriações financeiras destinadas à atividade político-subversiva, e realizadas sobretudo em pequenos bancos de cidadezinhas de província, onde ainda não existiam os sofisticados métodos de proteção e de onde era mais simples fugir. A "coerção" do poder proletário traduzia-se, por exemplo, na prática do incêndio de automóveis ou na *"gambizzazione"*[18] dos chefes de seção e dos dirigentes de fábrica particularmente odiados pelos operários, ações levadas a cabo por "equipes" de intervenção territorial que tinham sido constituídas, naquele meio tempo, para exercitar concretamente o contrapoder e que recebiam a aprovação da maioria dos trabalhadores. Práticas como essas não eram consideradas como uma espécie de administração da justiça desde baixo – felizmente, o justicialismo foi algo que nunca teve grande relevo na Autonomia –, mas como formas de dissuasão e de sabotagem da produção, de inovação social e tecnológica: os chefes que comandavam o trabalho com arrogância na linha de montagem foram realmente logo substituídos por máquinas controladas por computador. Para muitos, este gênero de resultados era uma das tantas confirmações da intuição operaísta, ou seja, que as lutas determinam o desenvolvimento do capital. Mas o verdadeiro problema foi sempre o de como interromper este circuito perverso que faz resultar das lutas uma nova configuração de poder e novas estratégias de exploração, de como interromper a reprodução da *relação social* que impõe, a cada um, a identificação com uma função do capital.

Entre 1975 e 1976, a questão da luta de classes armada torna-se um dos argumentos centrais no

18 N. da E.: Uma tradução possível ao português, "pernada". Ver nota 20 do Capítulo I.

debate territorial e nacional, as formações clandestinas começam a intensificar as suas ações, e as da Autonomia começam a se organizar para estruturar uma intervenção combatente sobre o território. Escrevia Negri, em *Proletari e Stato*, que era necessário, chegados àquele ponto de densidade subversiva, dispor "de uma força de vanguarda, militante, capaz de aprofundar de modo violento e contínuo a crise e de enfraquecer, na mesma medida, a violência dos patrões".[19] O ponto fundamental, mas que era muito difícil manter firme, era o de jamais permitir que a ação de vanguarda fosse separada do Movimento, de impedir que a função militar o ultrapassasse ou mesmo que chegasse a assumir inteiramente a direção política do Movimento: ou seja, era necessário impedir que a função guerreira esmagasse, sob o peso da sua intervenção, os níveis materiais e espirituais que constituíam, junto a ela, claro, a potência comum do Movimento. Mas quem, e com que autoridade, poderia interpretar quais seriam as indicações de uma suposta direção de massas em cada momento? Não restava outra solução salvo a de desenvolver um circuito virtuoso entre espontaneidade e organização, entre guerrilha difusa e centralização do ataque, entre emergência subjetiva e a sua imediata recomposição no Movimento.

Durante 1976, de qualquer forma, começam a amadurecer no interior da área autônoma posições que impulsionam abertamente em direção a uma maior centralidade da intervenção político-militar,

19 Antonio NEGRI, *Proletari e Stato* (op. cit., 1976).

por exemplo, os bolonheses dos Comitês autônomos – área *Rosso* –, os quais defendiam que para responder às medidas de guerra civil desencadeadas pelo capital – não só as "leis especiais", mas todas as que apontavam para a destruição do poder operário e empurravam os próprios operários à aceitação do seu papel ativo na restruturação e no controle policialesco das vanguardas – não existia outro caminho a não ser acentuar os níveis subjetivos, isto é, renunciar à expansão dos movimentos para privilegiar a estratégia militar do ataque direto. Os autônomos bolonheses descartavam também a via insurrecional, considerando impossível um só golpe capaz de fazer desabar verticalmente os aparatos econômicos e políticos do Estado. Pareciam ter uma concepção de insurreição ancorada nos clássicos soviéticos, não se dando conta de que a insurreição significava então um percurso descontínuo – em que grandes momentos de ruptura e fases de reflexão, ataques concêntricos e retiradas táticas, sucediam sem solução de continuidade – no qual já não existia a hora H, após a qual teria início a ditadura proletária, mas sim uma multiplicação de horas H, tantas quantas fossem os segmentos de conflito que a Autonomia poderia percorrer.

De qualquer forma, no que toca à Autonomia, a partir desse ano não houve protesto em que não estivessem presentes companheiros equipados com armas de fogo para defender as manifestações ou para exibir uma ameaça "preventiva" às forças inimigas:

"Há uma relação íntima entre a crise da fábrica e a explosão da violência de rua dos autônomos. A fábrica – o trabalho operário – é a 'força' contida, metafórica, estratégia de classe, governo [..]. A violência de rua é imediata, não tem nada metafórico, é aqui e agora, rápida. Consuma-se inteiramente na sua expressão [..]. Os *servizi d'ordine* nascem para 'controlar' a rua, as manifestações. Os autônomos estão ali para a incendiar, a rua. Os autônomos entram rapidamente em conflito com os *servizi d'ordine*: uma separação, um muro. Os *servizi d'ordine* sacam as suas barras de ferro e os seus bastões; os autônomos, as pistolas."[20]

Num contexto de ataque violentíssimo ao Movimento por parte dos órgãos do Estado e dos fascistas – foram *centenas* as mortes provocadas pelos atentados bombistas e pela repressão naquele par de anos – uma discreta presença de armas nas mãos dos revoltosos – o armamento difuso do Movimento contra o armamento "centralizado" do partido clandestino – contrariamente ao que se poderia pensar, diminuiu os riscos de massacre indiscriminado. Além disso, as manifestações dos autônomos reconheciam-se por não levantarem o punho para incendiar o seu *slogan*, como fazem normalmente os militantes de esquerda, mas por agitarem no ar a mão com o polegar aberto e os dedos indicativo e médio estendidos, a desenhar a silhueta de uma

20 Lanfranco CAMINITI, "Il fattore A", em Sergio BIANCHI e Lanfranco CAMINITI, *Gli Autonomi* (op. cit., 2008).

pistola: a Autonomia *queria* meter medo no inimigo, ou pelo menos devolver um pouco daquele medo que os policiais, os fascistas e os seguranças dos patrões semeavam cotidianamente entre os proletários. Em todo caso, a reapropriação da violência foi algo cuja importância estratégica todos no Movimento sentiram: ter consigo armas e mostrá-las, "fazer entender" que é realmente necessário usá--las, ou mesmo abusar delas, e que isso significou sempre, na história recente dos movimentos revolucionários – pense-se no caso dos *Black Panthers* nos Estados Unidos –, não só o exercício de uma legítima defesa, mas especialmente uma forma de dissuasão. Houve centenas de irrupções armadas de autônomos em centros de direção e de produção, mas as balas, quando voaram, serviram *sempre e apenas* para furar os muros, os vidros e as máquinas, para "assinar" o ataque e reforçar as lutas: ninguém foi assassinado durante essas ações. As ações de comandos autônomos que levaram ao ferimento de um algum personagem particularmente odiado, foram devidas a uma leitura política derivada da raiva operária e, de qualquer modo, pelo menos no que toca à Autonomia, a mira nunca subiu da cintura para cima. Os únicos caídos sob o chumbo dos autônomos foram – e voltaremos a falar disso – dois policiais atingidos em 1977, durante as fases mais duras do conflito insurrecional daqueles meses. Isto não para "relativizar" algo, foram acontecimentos pesados aos quais se seguiu uma autocrítica em grande medida partilhada, mas apenas para falar corretamente dos números.

De qualquer forma, a reapropriação significava simplesmente, sobretudo para os operários, reapropriar-se do tempo. Talvez nunca tenha existido luta mais feroz entre capital e proletariado industrial do que a que teve lugar em torno do tempo, e é contra a sua ocupação militar por parte do capitalismo que a autonomia operária desencadeará os seus ataques de massas. Luta contra o trabalho quer dizer: todo o tempo para revolução, nem sequer uma hora para a produção – é este o programa de massas. É significativo, a esse respeito, um estudo aprofundado acerca do *absenteísmo* na fábrica, publicado na *Primo Maggio* em 1975, já que essa prática de autodefesa, utilizada desde sempre pelos operários, tinha se tornado tão difusa e maciça que era então uma verdadeira forma de luta e de vida que falava uma linguagem nova, linguagem que não era apenas a da subtração do tempo à produção, mas também a da recusa da identidade operária, a das práticas de dessubjetivação que mostravam estar no centro da ação revolucionária em todos os segmentos da sociedade: *separar-se das identidades produzidas pelos dispositivos de subjetivação* torna-se, a partir desse momento, uma prioridade no Movimento. "Fora das linhas", dizia uma canção de luta desses anos, e as linhas estavam por todo o lado na fábrica social: ninguém queria permanecer no "seu lugar", ninguém queria continuar a ser um "sujeito", todos conspiravam contra o Estado, contra a produção e... contra a metafísica. Suprimir-se como classe operária, como estudante, como desempregado, como macho, como mulher, como intelectual, como homossexual, como aposentado, até como militante: supressão de qualquer predicado que resultasse da pertença à sociedade capitalista. Foi a tentativa de uma dessubjetivação de massas capaz de minar o desenvolvimento capitalista em seus fundamentos, um êxodo armado de qualquer identidade, de modo a que a velha dialética patronal pudesse se tornar um objeto de antiquário.

Contudo, as lutas dos anos setenta (e não apenas as italianas) revelam que, paralelamente às lutas em torno do tempo, abria-se um outro vetor de conflito, que chegou aos dias de hoje – com a revolta nas *banlieues* ou as lutas contra a gentrificação nos bairros populares –, o da luta pelos espaços, arrancando, ainda que momentaneamente, territórios ao Estado, às empresas, ao biopoder, ao controle cibernético. Porque é desde então, de meados dos anos setenta, que o tempo de trabalho necessário deixa de ser o tema central do conflito, dando lugar às possibilidades de criar e preservar autonomamente as formas de vida, que necessitam tanto de um tempo como de um espaço próprios para alargar e *fazer durar* as suas práticas. Os últimos anos da década de setenta assistem, portanto, a essa transferência do conflito, da fábrica para a sociedade, do tempo de trabalho para o espaço da metrópole, do salário ao desejo, do socialismo ao comunismo, da identidade ao devir. Desestabilização do Estado e desestruturação do poder social deveriam marchar juntas para alcançar o limiar revolucionário adequado àquela enorme "necessidade de comunismo" que vivia no proletariado social.

Neste ponto, porém, devemos expandir o nosso olhar para perceber, em toda a sua amplitude, a descontinuidade antropológica que o movimento das autonomias produziu no interior da sociedade italiana, devemos ter ouvidos para escutar o fracasso da ruptura proveniente daquele tempo e que se deveu à irrupção nas ruas de novos "desejos" e de novas "armas", utilizadas por novas "subjetividades", que aplicavam o seu devir de *máquinas de guerra desejantes* como uma formidável alavanca para abalar a ordem simbólica e material dominante. Digamos mais: devemos mesmo mudar de registro, porque, a partir daqui, abre-se uma história nova, em que o eixo das lutas autônomas se curva, se abre e se torna uma radial delirante, uma hidra com mil cabeças, uma miríade de pequenos e profundos rasgos que eram subversivos não porque formariam um exército compacto e pronto para o confronto simétrico com o Estado – foi esse o grande erro dos partidários da luta armada –, mas em virtude do desencadeamento de uma guerrilha difusa frente àquela dimensão molecular que o próprio governo exercita cotidianamente na sua banal administração da dor como miserável *troco* da sociedade do trabalho.

Fogo no Quartel-General

"Querem reapropriar-se da própria vida? Então, destruam os patrões que há em vocês, destruam as características capitalistas que há em vocês.

Destruam-se como patrões. Destruam-se como aspiradores inesgotá-
veis do nosso trabalho doméstico."
*Le operaie della casa — rivista
dell'autonomia femminista bimestrale,*
n. 1 [As operárias da casa — revista
bimestral da autonomia feminista]
(Veneza, junho/julho de 1976)

Não é simples indicar quais tumultos, quais práticas políticas, quais encontros foram efetivamente
fundamentais no crescimento explosivo e na originalidade de um movimento como o italiano,
contudo, podemos afirmar que aquilo que normalmente é chamado de "feminismo" constituiu,
para a Itália dos anos setenta, uma experiência cuja
amplitude e importância – pessoal e politicamente
– ultrapassa de modo notável o que estão dispostos
a reconhecer os mais generosos comentadores, por
motivos que são, no fim das contas, bastante simples. Por exemplo: a irredutibilidade dessa experiência política em relação à sua representação
pública, a semi-invisibilidade dos seus percursos,
a impossibilidade de separar a prática política da
vida cotidiana. De fato, *esse* feminismo, assim como
esses movimentos, acabaram precisamente quando
se interrompeu a possibilidade de perseverar na sua
forma de vida: os anos oitenta foram uma década
de contrarrevolução feroz, extensa e profunda.

A potência de contaminação que assumiu o
feminismo autônomo – o qual deve ser considerado bem diferente do democrático – em relação a

todos os outros movimentos foi diretamente proporcional à força que estes souberam expressar, todos juntos, entre 1975 e 1977. A sua enorme força de *decomposição* causou interrupções nos coletivos, nas organizações, nos centros sociais, nas casas ocupadas, nos jornais, na *vida*, desarticulando a representação e a prática da militância, fazendo ranger o autoritarismo rastejante (também na Autonomia) e introduzindo novas práticas de comunização, ao mesmo tempo em que impedia qualquer recuperação ideológica imediata por parte das organizações, como aconteceu tantas vezes com as outras subjetividades em secessão, que foram "interpretadas" e reconduzidas ao plano monodimensional da luta de classes na fábrica ou às necessidades do Partido. A insurreição feminista foi uma verdadeira revolução dentro da revolução. E dizer que ainda hoje há alguns ex-protagonistas dessa época que culpam o feminismo pela crise do Movimento, quando foram exatamente eles que o oprimiram, opondo-lhe as mesmas caducas e mortais "razões da política": a que seria real porque racional, a que é sempre afirmada por uma voz masculina mesmo quando é uma "mulher" que está falando, a que é sempre e somente enunciada nos termos de um "sujeito" que permanece inscrito na economia política até as suas formulações marxistas e pós-marxistas mais trapaceiras e contemporâneas.

O feminismo que emergiu impetuosamente na Itália entre 1975 e 1976 não foi uma *consequência* do vitorioso ciclo de referendos e dos direitos civis (divórcio, aborto, violência sexual), nem das lutas operárias e estudantis que tinham pontuado os anos depois de 1968, não foi, em suma, nem um efeito da mobilização dos cidadãos democráticos nem uma "costela" do Movimento; ele foi autônomo, sobretudo, porque autônoma foi a sua gestação: tratava-se de uma *outra* história, de uma *outra* subjetividade com uma própria e radicalíssima "agenda de luta". Os conflitos metropolitanos, em contrapartida, foram a condição pela e na qual a autonomia feminista encontrou, como outros movimentos, amplos espaços para percorrer e transformar.

A posição do feminismo autônomo em relação à "conquista dos direitos civis" constituiu até um escândalo para a esquerda, já que as mulheres dos coletivos elaboraram uma posição rigorosamente antijurídica, a qual não foi até hoje superada na sua radicalidade e inteligência; não se tratava, obviamente, de refutar as melhorias nas condições de vida ou os novos direitos que eram conquistados, mas essas mulheres não queriam que se legislasse sobre o seu corpo e não acreditavam que a aquisição de "direitos femininos" num sistema patriarcal pudesse transformar verdadeiramente as coisas, muito menos operar uma revolução; aliás, os "direitos concedidos" constituíam frequentemente o antídoto [do patriarcado], mais um instrumento de controle do que uma conquista. E se pensamos na Itália de hoje, onde o "direito ao aborto" não é um direito tão assegurado assim nos hospitais públicos, claro que as feministas não estavam erradas quando reivindicavam a autogestão das práticas abortivas e contraceptivas.

Uma genealogia compartilhada pretende que o feminismo autônomo tenha nascido em 1966, com a publicação do *Manifesto programmatico del gruppo Demau* [Manifesto programático do grupo Demau] – no mesmo ano de *Operai e Capitale* [de Mario Tronti]. Desde o início, era notável que, apesar do nome do grupo – Demau significava "DEsMistificação do AUtoritarismo patriarcal" –, este deixava claro que não se tratava de uma simples denúncia ou luta contra o autoritarismo e o patriarcado *como* contradição específica da sociedade, mas que *era a sociedade como tal que criava problemas às mulheres.* Não se tratava de resolver a "questão feminina", mas de pôr em questão a totalidade da sociedade. Por isso, o objetivo polêmico de Demau, assim como do feminismo autônomo em geral, seriam as políticas de integração e de emancipação da "mulher" naquela mesma prisão social que todos – incluindo as associações femininas e as organizações de esquerda – davam por adquirida. *Autonomia feminista* significava deixar de se considerar "função" da sociedade e, ao contrário, miná-la pela raiz "partindo de si", da vida quotidiana, da contestação do que se tinha próximo ou até dentro de si. Se as lutas pela emancipação se resolviam sempre no reconhecimento de uma *identidade*, as lutas de libertação esmagam também esta última barreira, apontando à realização de um *devir* revolucionário.

O *estranhamento* vivido pelas mulheres, para além disso, não se limitava aos ambientes de trabalho ou de estudo, mas compreendia a globalidade das instituições formais e informais que produziam e reproduziam aquela maldita sociedade na qual tudo conspirava para que nenhuma verdadeira libertação fosse possível. A tristeza dos países socialistas estava lá para recordar a todos, mas as feministas italianas se apercebiam da mesma tristeza ali onde viviam, em casa, na organização das lutas, entre os companheiros, na infinita repetição de comportamentos de subordinação a uma moral social contestada apenas nas palavras, *exteriormente*, enquanto *internamente* eram cada vez mais evidentes as potencialidades de um conflito capaz de bloquear os fluxos de reprodução do capital:

> "Nós não produzimos coisas, mas pessoas. Produzir operários, em vez de meios de subsistência, implica novas contradições em relação à greve e ao absenteísmo como formas de luta. Se fazemos greve, não deixamos objetos sem terminar ou matérias-primas em estado bruto etc., isto é, interrompendo o nosso trabalho, não paralisamos a transformação de uma coisa em outra coisa, mas paralisamos a reprodução cotidiana da classe operária. Esse fato atingiria, sim, o coração do capital porque se transformaria numa greve capaz de incluir também os que entraram frequentemente em greve sem que nós os acompanhássemos".[21]

21 Comitato Triveneto per il Salario al lavoro domestico di Padova [Comitê Trivêneto pelo Salário para o trabalho doméstico de Pádua], *8 marzo 1974 – Giornata Internazionale della donna* (Veneza, Marsilio, 1975).

A partir de considerações como essa, nasceram muitos coletivos pela libertação do trabalho doméstico, pelo salário para as donas de casa, pelo fim do regime familiar a partir do regime operário:

> "Ninguém no interior da esquerda quis enxergar que por nossas casas passa metade do ciclo produtivo: que, se não existisse o nosso trabalho gratuito, os nossos homens não poderiam se apresentar nas fábricas todas as manhãs e nos escritórios prontos para se fazerem explorar. É daqui que devemos partir, do trabalho gratuito, se queremos explodir as bases da nossa opressão: da falta de dinheiro que sanciona a nossa dependência do salário masculino. E a luta por termos o nosso dinheiro, devemos conduzi-la nós, na primeira pessoa, porque esta luta sacudirá todas as relações de poder e de privilégio detidas pelo homem dentro da família. Somos apenas nós, mulheres, obrigando o pagamento pelo trabalho doméstico, que podemos abrir uma nova frente de luta contra o Estado que passe pela casa".[22]

O conteúdo deste documento, como de outros semelhantes que faziam uma leitura "salarial" do conflito feminista, devia-se ao fato de que, em 1971, uma cisão de *Potere Operaio* tinha dado vida ao *Lotta Femminista*, em primeiro lugar, e, a partir daí, a inúmeros coletivos pelo salário doméstico. Apesar da separação dos homens, estes coletivos

---

22 *Donne all'Attacco – Bollettino per il salario al lavoro domestico di Trieste* (Trieste, 8 de Março de 1975).

partilhavam um mesmo enfoque, de estilo "operaísta", que, partindo da luta pelo salário político, culminava na recusa do trabalho. Para além da ingenuidade de pensar que o salário doméstico poderia derrubar todas as relações de gênero, o mais importante, como acontecia com os operários, foi a ativação de toda uma série de ações de sabotagem, de absenteísmo e de greve, que as mulheres realizavam na sua "seção" da fábrica social, até mesmo em casa ou em relação aos afetos, comportamentos que efetivamente forçavam e subvertiam os equilíbrios precários sobre os quais se sustentava a gestão da reprodução da força de trabalho.

Mas havia nas mulheres também a consciência de um estranhamento mais perturbador e profundo, sobre si mesmas e seus próprios corpos. Para reconquistar uma intimidade consigo próprias e com o agir coletivo no mundo era necessário, de modo inderrogável, urgente, *separar-se* do universo masculino, isto é, quebrar a dialética homem-mulher para tecer um outro plano de consistência ético:

> "uma componente fundamental dos valores masculinos que recusamos é a separação esquizofrênica entre cabeça e corpo, entre pensado e vivido, entre intelecto e ação, entre a esfera racional e a emotiva".[23]

---

23 "Un modo di intendere l'autocoscienza", em *Sottosopra – esperienze dei gruppi femministi in Italia/1974*, n. 2 (Milão, 1974).

A ruptura, a separação, foi sincrônica com a que os operários operaram em relação ao patrão e à fábrica e com a do mundo juvenil em relação à família e à escola, criando assim as condições para uma relação entre os diferentes movimentos autônomos, além do fato óbvio de que muitas mulheres tivessem participado nos movimentos de contestação a partir de 68.

Em 1970 é lançado o *Manifesto di Rivolta Femminile* e o ensaio de Carla Lonzi, "Sputiamo su Hegel" [Cuspimos em Hegel], que assinalam uma descontinuidade profunda com o feminismo democrático e com a política dos grupos que, àquela altura, era majoritária. No *Manifesto* estão já presentes todas as particularidades e as positividades do que será o movimento feminista nos anos setenta:

> "A mulher é o outro em relação ao homem. O homem é o outro em relação à mulher. A igualdade é uma tentativa ideológica de escravizar a mulher em escalas ainda maiores [...]. Para a mulher, libertar-se não quer dizer aceitar a mesma vida que o homem, porque esta não é vivível, mas expressar o seu sentido de existência [...]. Não queremos, a partir deste momento, nenhuma tela entre nós e o mundo [...]. O feminismo foi o primeiro momento político de crítica histórica da família e da sociedade [...]. Identificamos, no trabalho doméstico não pago, a prestação que permite ao capitalismo, privado ou de Estado, subsistir. Permitiremos o que continuamente se repete no fim de qualquer revolução

popular, quando a mulher, que lutou com todos os outros, é posta à parte com todas as suas questões? [...] Valorizar os momentos 'improdutivos' é uma extensão da vida proposta pela mulher [...]. Cuspimos em Hegel [...]. A luta de classes, como teoria revolucionária desenvolvida a partir da dialética do senhor e do escravo, exclui igualmente a mulher. Recolocamos em discussão o socialismo e a ditadura do proletariado [...]. A força do homem está na sua identificação com a cultura, a nossa está na sua recusa [...]. Procuramos a autenticidade do gesto de revolta e não a sacrificaremos, nem pela organização nem pelo proselitismo. Nos comunicamos apenas com mulheres."[24]

A desconstrução que Carla Lonzi fez do hegelianismo — e, portanto, do marxismo-leninismo — deu ao feminismo e aos novos movimentos uma arma formidável porque — como sustentava — não se poderia ser verdadeiramente autônomo se não se destruísse a dialética que presidia o imaginário simbólico dominante na luta de classes: "quem não se insere na dialética escravo-senhor, torna-se consciente e introduz no mundo o sujeito imprevisto".[25] Tornar-se esse Imprevisto, devir meio e fim ao mesmo tempo, estar no presente

24 *Rivolta Femminile*, panfleto (Roma/Milão, julho de 1970); texto atribuído a Carla Lonzi, Carla Accardi e Elvira Banotti.

25 Carla LONZI, *Sputiamo su Hegel e altri scritti* (Milão, Scritti di Rivolta femminile *1, 2, 3*, 1974).

para realizá-lo, construir um plano de consistência revolucionário que incluísse, antes de tudo, a vida de qualquer uma, desculturalizar tudo para não ter necessidade de ideologia; tudo isso são práticas, "armas", que o movimento feminista construiu, que elaborou para si, mas que também ofereceu aos outros movimentos, sobretudo aos juvenis, porque, dizia Lonzi, os jovens eram os únicos potenciais aliados das mulheres, já que eles também eram oprimidos pelo poder patriarcal, porque recusavam o trabalho e não encontravam na luta uma forma superior ou sublimada, porque combatiam a família e, naquele tempo, estavam também empenhados na construção de "comunidades não viris". Partir precisamente do fato de não ser historicamente um *sujeito*, permitia às mulheres fazer um percurso diferente do masculino, ou seja, materializar uma linha de fuga que se recusava a devir-sujeito segundo os critérios da metafísica Ocidental: eram *subjetividades menores* que finalmente escolhiam permanecer assim, mantendo a sua autonomia. A partir do corpo sexualizado podia-se, devia-se, refazer todo o percurso de libertação da espécie. De resto, a única possibilidade para as mulheres de devir-sujeito era, de fato, a de integrar--se na sociedade, no trabalho, no governo, ou seja, tornar-se "cidadãs", subordinadas à Norma e neutralizando-se como diferença revolucionária – o que acontece hoje com a feminização do trabalho e da sociedade, mas também com a espetacularização da *queer theory*, a qual às vezes parece ser exercida só para assegurar uma carreira acadêmica, para não falar do "feminismo de governo" com a escalada ao poder das mulheres gerentes ou mulheres ministras.

Entre 1970 e 1974, nascem muitos pequenos coletivos e algumas revistas feministas como *Anabasi* e *Sottosopra*, nas quais a prática dominante será a dos grupos de "autoconsciência" que – ao contrário das experiências estadunidenses e, especialmente, das francesas – não tinham muito a ver com a psicanálise, mas sim com a elaboração coletiva de uma forma de vida. Os grupos de autoconsciência eram uma verdadeira forma política, que nascia, de fato, do antigo hábito das mulheres se encontrarem para falar entre si:

> "A autoconsciência anexou-se a esta prática social, tão difusa quanto desconsiderada, e deu-lhe dignidade política. É esta, disse-se, a forma com que fazemos política, as outras formas não nos convêm. Nem as formas das grandes organizações nem as das representações democráticas. E nem mesmo as formas novas, inventadas pelos movimentos juvenis, para uma política de participação direta. Em nenhuma delas se exprime o que sabemos e o que queremos, ou não se exprime com a liberdade necessária".[26]

---

26 Libreria delle donne di Milano, *Non Credere di Avere dei Diritti – La generazione della libertà femminile nell'idea e nelle vicende di un gruppo di donne* (Turim, Rosenberg & Sellier, 1987).

A autoconsciência fundava-se no "pequeno grupo", na elaboração de uma linguagem partilhada, no privilegiar a vivência pessoal que, no coletivo, por meio também de uma conflitualidade interna, tornava-se a fonte de uma prática comum. A palavra que os percorria não estava submetida à interpretação de uma autoridade como a psicanálise, mas era a sua própria troca entre iguais e em autonomia que a tornava mais verdadeira e mais livre. Contra uma utilização apenas intelectual e, portanto, estéril, alguém escreveu na *Sottosopra*, em 1974:

> "existe um outro modo de entender a autoconsciência, segundo a qual cada uma expõe o seu próprio inconsciente, traz no plano consciente os próprios condicionamentos sociais, não apenas do modo voluntarista e por vezes mecânico que flui inevitavelmente do ato de reunir-se uma vez por semana para falar dos próprios problemas, comuns mas também diferentes, assim, deixando em escala individual a resposta concreta a todos aqueles problemas de que falamos e devemos lidar cotidianamente, que são: o trabalho, a maternidade, os filhos, o aborto etc., mas numa prática comum. Razão pela qual a autoconsciência não se torna o somatório de inúmeras tomadas de consciência individuais, mas uma prática comum a todas, porque tem para todas um polo de referência comum: a prática social desenvolvida em conjunto."[27]

[27] "Un modo di intendere l'autocoscienza", em *Sottosopra*, n. 2 (Milão, 1974).

A utilização da palavra, a sua análise e as práticas que acompanhavam a autoconsciência recordam bastante as que Félix Guattari procurava introduzir na França, o que chamava de *unidades de subversão desejante*, e que propunha precisamente a partir da crítica dos grupos da extrema-esquerda e da psicanálise. Devemos recordar, a propósito de Guattari, que foi exatamente em 1975 que o *Anti-Édipo*, escrito em conjunto com Gilles Deleuze, foi traduzido para o italiano, provocando um curto-circuito entre uma parte do Movimento – a Autonomia mais selvagem e crítica em relação às derivas burocráticas e militaristas do Movimento – e a prática teórica de Deleuze-Guattari, de Michel Foucault e de outros teóricos franceses como Baudrillard e Lyotard. É nesse momento que ocorre o encontro entre uma prática de luta já em cena e uma teoria à sua altura, sempre tão procurada pelos movimentos, mas pouco encontrada. Máquinas desejantes, economias libidinais, microfísicas do poder e trocas simbólicas encontravam, de uma só vez, as expropriações, os bandos juvenis, as autorreduções, os operários em secessão, as mulheres em revolta, a sexualidade como arma revolucionária. Era ali, na Itália, que estava a "insurreição dos comportamentos", a "máquina de guerra", a possibilidade da "revolução molecular".

A prática do pequeno grupo será imediatamente reivindicada por outras experiências "desejantes", como a da *Radio Alice* e a de *A/traverso*, para depois transbordar em 1977, assim como a autoconsciência – ainda que se tenha, até certo ponto, exaurido como prática majoritariamente feminista – inaugurou uma forma de estar junto que se difundiu por toda parte, pelo menos onde houvessem homens e mulheres que quisessem transformar a vida a partir da análise subversiva das próprias vivências e, portanto, por meio das práticas de desindividualização e de comunização da existência. *Colocar em discussão tudo de si, para que possam se tornar singularidades comuns, "quaisquer", a partir do coletivo* – essa parecia ser a ideia que se trocava dentro dos pequenos grupos e entre um grupo e outro: "quanto mais sou uma qualquer, mais sou eu própria".[28]

É ainda em 1975 que o feminismo faz a sua passagem dos pequenos grupos de palavra, como eram chamados os lugares de autoconsciência, a uma "prática do fazer" que se declinava em constituição de grupos, livrarias, editoras, revistas, espaços de encontro, em suma, tudo o que constitui a infraestrutura de um movimento. Até então, o feminismo autônomo havia sido, em grande medida, subterrâneo, mas agora que as contradições sociais explodiam com violência, também as feministas se encontravam sob os holofotes dos sociólogos, dos jornalistas e de intelectuais vários, correndo o risco bem concreto de reduzir a sua revolta a um banal e inofensivo "movimento de opinião". Mas a contestação do uso que os aparatos

---

28 Carla LONZI, *Taci, Anzi Parla – Diario di una femminista* (Milão, Scritti di rivolta femminile, 1978).

de cultura tentaram fazer do feminismo, talvez organizando as habituais convenções neutralizantes, foi pontual e destrutiva. Além disso, a prática feminista atuou como detonador final da crise dos "grupos" – ficou célebre a crise do último Congresso de *Lotta Continua*, em novembro de 1976, atravessado também por uma dura contestação feminista dos chefes, dos líderes, dos operários e de tudo o que ainda cheirava a macho socialista – e também soube lançar na área da Autonomia as sementes de um fértil confronto, que não dava desconto a ninguém, nem mesmo a quem se considerava o mais radical de todos. Numa carta de Lea Melandri à revista *Rosso*, tomando a deixa do já citado artigo pseudo-leninista, evidenciava-se a ingenuidade, os limites, as falsas seguranças que se acobertavam na Autonomia. Ainda que o jornal estivesse entre os que mais tinham se esforçado por dar voz às mulheres, aos homosexuais, ao proletariado juvenil, tinha-o feito até então como enfileiramento de elementos *subordinados* e, no fim das contas, *separados* das páginas da política e da economia, nas quais o operário masculino parecia o único e solitário protagonista da história. O modo de nomear o destinatário da carta é uma provocação aberta: *"Rosso quindicinale 'dentro la confusione' per ora"* [*Rosso* quinzenal 'dentro da confusão' por enquanto]. Lea dizia que não bastava a diferença "gráfica", ainda que genial, para fazer do jornal algo de revolucionário, até mesmo a "voz da Autonomia" não bastaria enquanto fosse repetida a ordem banal da informação (política

– economia – casos judiciais e, em último lugar, as páginas de "vida"). Em seguida, passa ao ataque contra o artigo no qual era defendida a solução leninista para a centralização do Movimento:

> "Os tempos da autonomia, parece dizer o artigo, devem sintonizar-se com os do capital ('ritmos'). Também os *lugares* onde existem hoje comitês autônomos, fábricas, escolas, bairros, não podem permanecer separados durante muito tempo. Tempestividade – unidade – centralização. Lenin, expulso pela porta, volta pela janela [..]. Quem organiza a autonomia? E como? [..]. *Rosso* poderia, pelo menos, refletir uma exigência de discussão que parte da base, da pluralidade de sujeitos que a autonomia exprimiu nestes anos. Isso significa aceitar contradições, fraturas, dissonâncias vistosas. Significa, sobretudo, interrogar-se sobre o que significa 'economia' e 'política', depois de se ter reconhecido a materialidade das relações e dos comportamentos até agora relegados para as áreas marginais/infraestruturais da cultura, da moral, da religião etc. Neste ponto, estariam evidentes as *implicações* recíprocas do que se apresenta artificialmente separado e que não seria assim tão fácil recortar, encaixotar, compartimentar. Não só pelo aspecto gráfico, evidentemente."[29]

A questão da "organização" tinha sido colocada de forma tão desastrosa naquele artigo, que fez saltar as mais básicas defesas dos que combatiam

---

29 "Lettera di una compagna", em *Rosso – giornale dentro il movimento – n.s.*, n. 2 (Milão, 18 de outubro de 1975).

por todo lado, nas ruas, nas fábricas e nas casas. A temporalidade da autonomia, parece sugerir a carta, ou é precisamente autônoma ou está destinada a recair na repetição do já visto e do já derrotado. Mas os problemas são também de "conteúdo", precisamente, dos que aparentam ser mais radicais, como os discursos sobre a *apropriação*. Lea Melandri ataca o dispositivo pelo qual a conquista de uma "renda suficiente" é representada como o mínimo denominador comum das lutas metropolitanas, necessária à "sobrevivência-reprodução-felicidade":

"Para além do fato de existir gente que também morre cotidianamente por solidão, por falta de amor e não apenas por falta de casa, de luz, de telefone etc., em relação à *reprodução* e à *felicidade*, deveria-se ao menos admitir que não se trata apenas de uma questão de renda. De outro modo, poderia se pensar que tudo aquilo a que os 'rudes peões' aspiram é, no fim das contas, a 'felicidade-familiar-no-supermercado' dos *slogans* publicitários. Na reprodução e na felicidade (é tão óbvio que parece ridículo falar) entra em jogo o *corpo*, a sua existência sexuada, a aventura histórica da relação entre os sexos. E aqui, a apropriação como palavra de ordem revolucionária muda, para dizer pouco, de *sujeito* [...]. Com a consciência de viver numa sociedade que é sexista além de classista, o conflito entra na relação homem-mulher. Espera-se apenas que sejam os companheiros os primeiros a trair. Mas de tudo isto não se fala nas páginas 'operárias'. Aprende-se que no 'território', no 'social', isto

é, no espaço político que está nas margens, *na periferia da fábrica*, existem, entre os outros marginalizados/órfãos da política (desempregados, jovens, aposentados etc.), também as mulheres. Para todas estas categorias de retardatários, lê-se, 'cabe-nos a nós (quem?) *reuni-los* numa única organização para *precipitá-los* contra o Estado' (sic!)."[30]
(*Lettera di una compagna*, "*Rosso*", 18 de Outubro de 1975)

É este convite-desafio à *traição* que me parece romper com todas as ordens do discurso "revolucionarista", já que não se trata de trair apenas a sociedade, ou mesmo a própria classe, mas sim trair a si próprio como portador de opressões, enquanto dispositivo de subjetivação autoritária, como reprodutores da primeira estrutura contrarrevolucionária que encontramos na vida, isto é, a dialética homem-mulher e especialmente a sua encarnação institucional, a família. Naquele ano, procurou-se demolir o dispositivo familiar concretamente, e não apenas a sua imagem ideológica; e causa tristeza constatar que a memória de todas aquelas experimentações selvagens de libertação não só foram esmagadas pela contrarrevolução, mas também eliminadas pela prática das comunidades dispersas que, hoje, procuram exercitar a autonomia: nas casas ocupadas, nas comunas, nos centros sociais reemerge hoje com força, e não apenas na Itália, a família pequeno-burguesa como único modelo possível de convivência.

30 "Lettera di una compagna", em *Rosso – giornale dentro il movimento – n.s.*, n. 2 (Milão, 18 de outubro de 1975).

E para continuar no hoje, não se recorda quase nada da crítica ao tema da "renda" como solução mágica para as contradições de uma sociedade em putrefação? Não se recordam as várias campanhas sobre o "renda mínima cidadã" nas quais naufragaram todas as experiências movimentistas das duas últimas décadas? Guattari escrevia que é um grave erro pensar o comunismo em função da capacidade de consumo da classe, mas que era necessário fazê-lo em relação ao desejo e à finitude. O rendimento cidadão ou de sobrevivência, fora de uma reflexão e de uma prática que se fixem *antes de tudo* na relação com o comunismo e naquela traição a que apelava a carta de Lea, não chega sequer a propor-se como reformismo "sério" e, de fato, além de alguns intelectuais e dos círculos militantes que fizeram disso uma ideologia sem nunca efetuar uma autocrítica, ninguém chegou a acreditar neles. Mas essa é outra história – ou talvez não.

A Autonomia, a sua força, a sua genialidade, estava em compreender que o "quartel-general" sobre o qual abrir fogo não era aquele a que alguns começavam a chamar "o coração do Estado" ou do capital, mas sim o que, como *máquina desejante do governo*, estava disseminado na metrópole, difuso na vida cotidiana, obliquamente presente em cada compartimento da existência, ou seja, em tudo aquilo que exerce o seu domínio a partir da gestão governamental desde os afetos até a política, a gestão da totalidade social e dos indivíduos através de uma *economia* cujo étimo, não por acaso, significa "administração da casa". Disparar contra o quartel-general significa, por um lado, atingir tudo aquilo que se encontrava pela frente como operador de disciplina e, por outro, fazer emergir o ingovernável lá onde os administradores do controle prendem a vida à insignificância produtiva da economia e ao domínio da Norma sexual: da hierarquia de fábrica à hierarquia doméstica e sexual, corria um único fio vermelho que podia ser quebrado, mas não num único ponto, mesmo que fosse o mais fraco, mas com uma simultaneidade de ataques concêntricos que tornassem a máquina inoperante. Tratava-se, portanto, de esvaziar e, assim, tornar inerte cada um dos dispositivos de poder que presidem a produção de subjetividades, começando pelo que está na base, aquilo no qual se nasce e se cresce, no qual todas as frustrações se descarregam de modo patológico e posteriormente se multiplicam até o infinito na sociedade. O ataque à estrutura molecular da reprodução social foi talvez o mais perigoso ato de sabotagem de massas que o Estado, os patrões, o governo e os pais de família se viram forçados a enfrentar. A hemorragia que tinha sido aberta no governo biopolítico cortava o oxigênio vital com que se continuava – e continua – a sobreviver na farsa espectacular da civilização do equivalente geral.

Em dois anos nasceram por todo o país coletivos feministas contra o trabalho doméstico, pelo aborto livre, pela educação em comum dos filhos, pela invenção de novas formas de greve – recentemente redefinida por Tiqqun, por meio de uma referência precisa ao feminismo italiano, como "greve humana"[31] — mas sem cair na armadilha da falsa dialética entre transformação de si e transformação social porque, de uma vez por todas, *o privado é político*:

"os temas do corpo, da sexualidade, da análise do profundo invadem os coletivos de fábrica, de bairro, as clínicas, tanto quanto a teoria marxista das necessidades — reconduzida à materialidade da opressão sexual das mulheres e à 'crítica da sobrevivência afetiva' — vem influenciar os dois grupos nascidos do coletivo milanês da Via Cherubini".[32]

As reuniões feministas — como aquela famosa, de Pinarella, em 1975 — eram bastante diferentes daquelas a que a experiência da esquerda tinha se acostumado, porque nessas se experimentava uma outra forma de política/vida:

"centenas de pessoas partilhavam, por alguns dias, quartos, banheiros, almoços, passeios e, sobretudo, horas e horas de discussão sem nenhuma ordem

31 N. da E.: Ver as aparições da expressão "grève humaine" em *Tiqqun — Organe de Liaison au sein du Parti Imaginaire*, n. 2 (Paris, 2001). Para uma introdução ao assunto, em português, ver "Artistas *ready-made* e greve humana: algumas clarificações" [2005], trad. Mariana Pinho, em *Claire Fontaine — em vista de uma prática ready--made*, ed. Alex Flynn e Leonardo A. Beserra (São Paulo, GLAC edições, 2016).

32 Lea MELANDRI, "1975, il sessantotto delle donne", em *Liberazione — Giornale comunista*, Suplemento n.º 6 (Roma, 2007).

do dia, nenhum relatório de abertura, nenhum líder delegado a conduzir os trabalhos".[33]

Frequentemente, as reuniões confundiam-se com verdadeiras festas, férias, bailes: locais e tempos de ociosidade política.

O crescimento do movimento feminista é inevitável e a contradição, ainda que não estivessem mais no período rigidamente separatista, não podia senão explodir *no* Movimento: em 6 de dezembro de 1975 realiza-se em Roma uma grande manifestação abortista com 20 mil mulheres, na qual as exigências do movimento feminista aos companheiros que querem participar são claras – devem ficar na parte de trás da passeata e partilhar os seus objetivos –, mas os machinhos provocam, insultam, recusam a autonomia das mulheres. Assim, um grupo considerável de feministas procura afastá-los da manifestação, mas o *servizi d'ordine* de *Lotta Continua* e alguns militantes dos Comitês autônomos operários romanos agridem-nas com bastões e chaves inglesas, mandando duas moças ao hospital. A infâmia do ataque não precisaria de muitos comentários, mas no interior da Autonomia organizada silencia-se, não se quer tomar uma posição "oficial" para não perturbar demais o equilíbrio político nacional. O grupo bolonhês de *A/traverso*, animado por Bifo e, até àquele momento, ligado organizativamente a *Rosso* – o seu jornal saía como suplemento da revista –, diante da recusa da redação

33 Idem.

em tomar uma posição clara de condenação e ruptura, decide publicar um documento assinado por "alguns companheiros de Bolonha" interrompendo a sua colaboração. Escrevem os bolonheses:

"Tudo isto assinala uma linha divisória definitiva entre quem fala de autonomia, mas pensa em reproduzir a direção centralizada da vontade fálica feita Partido, ou que visa instrumentalizar as próprias comissões femininas na batalha contra o governo, e quem vê a autonomia como capacidade de viver e praticar as próprias necessidades e os próprios desejos fora de uma lógica de contratação com o governo, quem põe em prática a recomposição dos movimentos no próprio processo de aprofundamento da sua especificidade. Entre estas duas linhas, estas duas maneiras de conceber e praticar a autonomia, não é possível qualquer diálogo. As mulheres, os homossexuais, os absenteístas, os jovens, os operários comunistas não têm qualquer necessidade de dialogar com quem não pertence ao seu movimento, mas se considera a cabeça, a vanguarda, ou a síntese procurada por tantas comissões disciplinadas [..]. Como machos, pretendemos colocar em discussão a nossa relação com as estruturas organizativas que nos fazem funcionar de novo como opressores, polícias, espancadores e penetradores."[34]

A reação desordenada e violenta do machismo movimentista não se devia, evidentemente, a um

---

34 "Autonomia e movimento femminista", em *Rosso – giornale dentro il movimento – n.s.*, n. 5 (Milão, 20/12/1975).

desacordo político acerca dos melhores sistemas, mas sim ao fato de uma insurgência feminista ter penetrado nos coletivos, nas organizações, nas relações interpessoais e nos casais, *decompondo-os* e desagregando o seu poder disciplinar, tirando do pedestal o protagonismo doentio dos líderes da luta como líderes dos afetos (o "fascínio" do violento, do teórico, do grande orador, do operário que deve dirigir tudo...). A crise do macho de movimento foi devastadora, mas saudável: um pouco mais de liberdade para todos, um pouco menos de depressão para muitos, muitos idiotas tiveram de se deslocar momentaneamente, para outras partes, de maneira a continuarem a exercer o seu ridículo poder.

O movimento feminista alcançou a sua máxima extensão durante 1976, o ano das "bruxas" – o *slogan* feminista mais popular e tornado célebre afirmava: "tremate, tremate, le streghe son tornate" [tremam, tremam, as bruxas voltaram] – e o "círculo das endemoniadas" em Milão, o "sabá" em Pádua, o "retomemos a noite" em Roma (uma manifestação noturna onde aparecem, pela primeira vez, as autônomas organizadas – a quem alguns chamaram *casseurs* [arruaceiras/depredadoras] – a destruir diversas vitrinas), o disparar geral da revolta feminina faz emergir a questão da reapropriação da violência também como prática autônoma das mulheres. A polícia e os *carabinieri*, certamente, não tinham grandes escrúpulos e investiam contra as manifestações feministas sempre que podiam, como aconteceu em 17 de janeiro em Milão, depois de um grupo de moças ter rompido o cordão policial que protegia a Catedral. Houve inúmeras discussões, e não foram poucas as mulheres que reivindicaram a utilização da violência como parte imprescindível da reapropriação do corpo e da liberdade, mas houve também importantes decisões contrárias, como a do coletivo de Via Cherubini, que via nesses comportamentos o risco de produzir um feminismo ideológico que se colocaria como rival da política masculina. Em contrapartida, não eram poucas as mulheres que escolhiam a via da luta armada e que assumiriam um papel de chefia nas suas estruturas.

Um outro debate interno bastante tenso, no mesmo período, desenvolve-se em torno da modalidade das manifestações feministas, sempre muito barulhentas, com cirandas de centenas de mulheres, canções, travestis, danças em êxtase, jogos e performances teatrais. Algumas feministas viam aí o perigo de uma folclorização do Movimento, da sua redução a um comportamento superficial e estetizante – no que tinham seguramente alguma razão –, no entanto, creio que essas danças ruidosas, as cantilenas repetidas até ao paroxismo, aquelas diversas formas de fazer comparecer a diferença na cidade, foi o "algo mais" que fez com que o feminismo não continuasse patrimônio de umas poucas mulheres "conscientes", mas algo que conseguiu envolver e entusiasmar jovens estudantes e mães anciãs, crianças e intelectuais, enfermeiras e operárias que se misturavam com vontade no maior *movimento menor* que a Itália contemporânea já conheceu. Enfim, em Roma – onde a extensão do

Movimento foi enorme e onde sempre existiu uma grande presença de lésbicas –, em 2 de outubro de 1976, alguns grupos feministas ocuparam o Palazzo Nardina, na Via del Governo Vecchio, para fazer dele a Casa das Mulheres. Uma ocupação que durou até 1981, para depois se transformar na atual Casa Internacional das Mulheres.

O feminismo, por meio das rupturas que produziu entre corpo e economia, entre gratuidade e salário, entre consciência de si e política alienada, entre jogo e machismo militante, entre erotismo do desejo e sexo repetitivo, entre orgasmo livre e escravidão falocrática, entre comunidade dos afetos e família, foi a parte mais significativa da verdade da Autonomia como forma de vida.

O separatismo foi uma necessidade durante um breve período, mas em seguida ficou claro para muitas que era necessário tentar a solução "mista", ou melhor, *polimorfa*, até para não permanecerem emaranhadas nos fechamentos identitários que inevitavelmente se vinham criando, questão que mantém toda a sua atualidade na Itália e em outros lugares.

De fato, isso significou um espaço por meio do qual outras minorias sexuais, até então completamente excluídas de uma participação *explícita* no Movimento, puderam começar a combater de maneira autônoma.

No início dos anos setenta, o movimento gay – o primeiro protesto organizado foi em San Remo, em 1972, contra uma conferência sobre a homossexualidade como doença – começa a organizar-se primeiro no *F.U.O.R.I.!*, no modelo da FHAR francesa [*Front Homosexuel d'Action Révolution-naire*/Frente Homossexual de Ação Revolucioná-ria], e em seguida, após ter se associado ao Partido Radical e ter adotado, pouco a pouco, uma política reformista, nasceram outras experiências revolucionárias ligadas à Autonomia, como os coletivos autônomos homossexuais milaneses e os de Florença, Pavia, Veneza, Pádua, Nápoles, Catânia, Cagliari, Roma e outros. Mario Mieli, um militante e teórico de ponta da autonomia homossexual, nas primeiras linhas do seu livro *Elementi di critica omosessuale*, torna explícita a dívida dos coletivos homossexuais para com as práticas feministas. Também eles começaram seu devir-autônomos no momento em que adotaram a prática dos grupos de autoconsciência, que faziam emergir, das diferentes histórias de vida trocadas no grupo, o *comum* que existia na repressão por que passavam, mas também na procura de uma forma de vida livre e comunista. Segundo Mieli:

"A libertação do Eros e a realização do comunismo passam necessariamente e alegremente pela (re)conquista da transexualidade e pela superação da heterossexualidade tal qual se apresenta hoje. [...] Se a transexualidade é o verdadeiro *télos*, *só* se poderá alcançá-la quando as mulheres tiverem derrotado o 'poder' masculino fundado sobre a polaridade dos sexos e *os homossexuais tiverem abolido a Norma, difundindo a homossexualidade universalmente* [...]. A (re)conquista da transexualidade terá lugar com a queda do capitalismo e com a recusa do trabalho alienado e alienante: a luta dos homossexuais e das mulheres é (fundamental para) a revolução comunista."[35]

Em 1975 – ano da graça... – a partir de uma cisão do *F.U.O.R.I.!*, nasce em Milão o *Collettivo Autonomo Fuori!* [Coletivo Autônomo Fora!], ao qual se seguem noutras cidades experiências semelhantes. O coletivo se apresenta com um documento nas páginas de *Rosso*, que convidava provocativamente os milhares de homossexuais presentes nas diversas organizações revolucionárias a sair do armário. O problema que os gays colocavam, em primeiro lugar, à Autonomia, e em seguida, ao resto da esquerda revolucionária, era o de assumir a consciência de que, se a questão sexual se tinha tornado um terreno de encontro/confronto fundamental para todos os que se reconheciam num projeto comunista, isso se devia à força e à inteligência dos movimentos de libertação que, no entanto e até esse momento, só haviam se expressado através das mulheres e dos homossexuais:

"Sabemos por experiência que, quando se fala de repressão sexual, muito frequentemente se cai na generalidade. Assim é que ouvimos dizer: 'os machos também são reprimidos'. Muito obrigado, respondemos nós. Mas também são gratificados pelo seu belo papel masculino. E recordem que,

35 Mario MIELI, *Elementi di Critica Omosessuale* (Feltrinelli, Milão, 2002).

do mesmo modo que puseram em crise o seu patrão na fábrica, também devem pôr em crise o seu falocratismo".[36]

O interesse do movimento gay pela Autonomia após a fase "separatista", explicam no documento, derivava do fato de reconhecerem ali uma pulsão antiautoritária e a recusa da burocracia em favor de todas as expressões de autonomia de base e de criatividade: era o espaço certo onde se poderia continuar a realizar atividades militantes *sem ter que esconder aos companheiros a própria inclinação erótica*, ou pelo menos assim o esperavam. Além disso, encontramos nesse documento a mesma força de separ/ação e decomposição que encontramos nos outros movimentos da autonomia, no sentido que também os coletivos homossexuais acreditavam que aquele era o momento de levar para o seu movimento a particularidade revolucionária: não somos todos *iguais* por sermos homossexuais, a luta de classes deveria atravessar também o seu campo (surge daqui a autodefinição de "homossexual proletário"). Também os coletivos autônomos homossexuais estavam subdivididos em núcleos, por escola, bairro ou outro (estamos no período de ouro das autorreduções) e reclamam, por sua vez, que se autorreduza *também* a repressão, o medo e os complexos de culpa. A atividade

36 Colletivo Autonomo FUORI! di Milano, "Compagni omosessuali... FUORI!", em *Rosso – giornale dentro il movimento*, n. 14 (Milão, janeiro-fevereiro de 1975).

política de gays e lésbicas autônomos nas escolas criou um clima de psicodrama geral que não poupou ninguém – professores, estudantes, pais e companheiros –, revelando que a moral heterossexual estava tão enraizada que produzia indignação, expulsões, denúncias judiciais e a presença da polícia em frente às escolas, provavelmente por causa dos simples *dazibao*[37] e panfletos, nos quais era reivindicada a própria dimensão política da homossexualidade. Perante tudo isso, também os militantes gays e lésbicas dos coletivos autônomos reivindicaram, então, a reapropriação da violência como meio para afirmar as suas necessidades e praticar os seus desejos.

Do "tomemos a cidade" inicial, era chegado o tempo do "retomemos a vida" e nada mais do que a atividade subversiva em relação ao sexo, à família e à reprodução social representava concretamente a sua prática, uma prática coletiva de felicidade. No livro autobiográfico de Porpora Marasciano, atualmente militante trans do movimento LGBTQ, encontra-se escrito nas primeiras páginas: "considero o fato de ter vivido a minha adolescência e juventude nos anos setenta uma enorme

37 N. da E.: Cartazes afixados em locais públicos, escritos em grandes letras para alcançar mais leitores, como uma espécie de jornal-mural. O termo chinês *dazibao* pode ser traduzido livremente como "informe de grandes caracteres", e teve particular importância, bem como contradições próprias, durante a Revolução Cultural chinesa, a partir de 1966. Para mais informações, ver o "Editorial" de *Dazibao*, n. 1 (São Paulo, 2011), p. 5-7.

sorte".[38] O plano de consistência do Movimento era, talvez, mais amplo e mais profundo do que os próprios militantes da época pensavam – sempre se é mais livre do que se pensa... –, e as autonomias foram o laboratório difuso no qual foram experimentadas formas de vida que pareciam uma festa sem fim. A vida estava se transformando tão veloz e agradavelmente que ninguém mais queria voltar à "fábrica", como augurava *A/traverso*. Claro que, como disse Porpora, "a consciência requer coragem e, naquele período, no qual se começava, exigia-se o dobro"; e todos os companheiros que então mostravam tanta coragem nas ruas, tinham muito pouca quando se tratava de viver abertamente relações intersexuais, que aconteciam mais frequentemente do que jamais se estará disposto a admitir. Mas a coisa mais importante que Porpora nos transmite na sua história era este fato fundamental, ou seja, que a qualquer lugar onde se fosse naquele período existiam locais, ruas, casas, sedes, onde fazer novos encontros, construir linguagens, abraçar corpos, fabricar máquinas de guerra contra e para além de qualquer convencionalismo. Mas isso poderia acontecer apenas em situações nas quais

> "o personagem correspondia ao próprio modo de ser [...], não estava desligado de uma experiência, um percurso e uma pertença [...], uma coerência íntima ligava a pessoa àquilo que fazia e parecia".

38 Porpora MARASCIANO, *AntoloGaia, Sesso, genere e cultura degli anni '70* (Milão, Il Dito e la Luna, 2007).

Os sinais exteriores que te identificavam como pertencente ao Movimento reconduziam diretamente às práticas comuns de vida e não a um miserável *target* comercial.

Entre 1976 e 1977 nasce em Turim um novo jornal da autonomia homossexual, *Lambda*, no qual um jovem militante do Sul, Félix, escreve:

> "Não quero ser recuperado na normalidade heterossexual porque não acredito nela. Mas também não acredito num modelo homossexual e, portanto, estando consciente dos meus limites, quero avançar na minha libertação para fazer explodir tudo o que dispensei e, como disse Mario Mieli, mudar a mim mesmo e não ser nem homossexual nem heterossexual e, mais do que bissexual, *ser aquilo que ainda não sabemos o que é, porque é reprimido.*[39]

Uma procura que, bem entendido, está sempre na ordem do dia.

O proletariado jovem contra a metrópole

> "Escrever textos na rua, pintar de vermelho a transformação da vida. Transformar a cor da metró-

---

39 Félix del FUORI di Bari, "La mia (omo)sessualità condizionata", em *Lambda – giornale di informazioni del movimento omosessuale*, n. 4 (Turim, março de 1977). N. da E.: Reproduções de todos os números de *Lambda* estão disponíveis em: <https://www.wikipink.org/index.php/Lambda_(rivista)>.

pole e a linguagem de todas as relações, para tornar insuportável a escravidão capitalista."
"Sulla strada di Majakovskij", *A/traverso* (Bolonha, junho de 1976)

Em meados dos anos setenta na Itália, o projeto contrainsurrecional começa a produzir os primeiros efeitos macroscópicos. O capital, servindo-se de práticas de bem-estar social, como a *Cassa integrazione*[40] com 93% do salário, ou seja *pagando caro*, consegue expulsar da fábrica milhares de jovens, ou seja, aquela camada social absenteísta, igualitária e sabotadora que tinha sido protagonista das lutas autônomas dos anos anteriores, bloqueando simultaneamente as novas admissões em muitos estabelecimentos. Deste modo, a direção capitalista levou adiante, a passos largos, a reestruturação tecnológica da produção, conseguindo finalmente mudar a correlação de forças *na* fábrica. Ao mesmo tempo, milhares de jovens escolarizados são lançados no mercado do trabalho clandestino e precário: centenas e centenas de fabriquetas, laboratórios, porões e garagens, onde esse jovem proletário é confinado e explorado sem qualquer regra, sem contar a enorme difusão do trabalho doméstico que envolvia toda a família e o que os jovens faziam, batendo de porta à porta, por

40 N. da E.: Uma espécie de seguro desemprego utilizado politicamente para favorecer o patronato, ver Capítulo 1, nota 7.

duas liras[41]. Empresas onde os pequenos patrões mandam e desmandam, e que prenunciam as formas de trabalho precário que ocuparam *todo* o mundo do trabalho subordinado a partir dos anos oitenta. Nesse interim, o PCI lançava-se cada vez mais ao abraço mortal do compromisso histórico, o sindicato tornava-se uma organização de delatores, os grupos constituíam a "nova polícia" interna do Movimento. O partido armado entrava na sua fase paranoica. Os telejornais falavam sempre e apenas dos *sacrifícios* que os proletários deveriam aceitar para permitir a todos a saída da "crise".

As provocações feitas aos movimentos eram enormes. Mas os patrões e o Estado, o Partido Comunista, o movimento sindical e todos os outros "observadores participantes" não tinham entendido minimamente com que tipo de jovens estavam se metendo e tinham subvalorizado a força expansiva que os movimentos autônomos tinham alcançado naquele período. *Fora* da fábrica as coisas eram diferentes, um enxame incessante corria pelas estradas da metrópole. Os bárbaros acampados fora dos muros começavam a fazer incursões no centro da cidade, tudo estava prestes a explodir. Os "jovens" são uma invenção recente, não existiam como categoria sociológica até os anos quarenta, começaram a existir quando o Estado e o mercado de trabalho criaram, na década seguinte, o espaço para um estrato da força de trabalho em formação,

---

41 N. da E.: No original *"per due lire"*, análogo a "dois cruzeiros", no contexto brasileiro.

na qual pretendem também construir o consenso em relação às formas sociais dominantes. Mas, se nos anos sessenta, esse estrato social começa a recusar a organização autoritária da sociedade e do trabalho, na década seguinte os jovens, agora já proletarizados, tornam-se cada vez mais *indisponíveis* para o trabalho *tout court* e utilizam o tempo de não-trabalho para subverter todo o tempo da vida. A taxa de desemprego jovem alcançou níveis estratosféricos naqueles anos, mas os jovens não constituíam mais um "exército de reserva" à disposição do capital, simplesmente porque, até certo ponto, muitos deles escolheram não pedir mais para entrar na fábrica ou em qualquer outro lugar onde fossem explorados, mas permaneciam de fora, a reinventar a vida, combatendo duramente e resistindo ao trabalho, difundindo formas de fruição imediata do mundo por meio da pesquisa de um uso livre e comum de tudo. Muitos eram os que, ainda que não tivessem emprego na fábrica ou no escritório, passavam, de propósito, de um trabalho precário para outro, compartilhando casa e dinheiro com os companheiros, com quem talvez fossem também queimar a empresa onde tinham acabado de trabalhar.

O contra-ataque capitalista agiu, por um lado, tentando marginalizar e criminalizar amplos estratos juvenis, em primeiro lugar os da periferia, empurrando-os para formas de guetização cada vez mais pesadas, e, por outro, acumulando grandes quantidades de trabalho semiescravista na área da indústria ou dos serviços; pode-se dizer que a distopia do capital era o trabalho obrigatório para os jovens, ainda mais se fosse trabalho *inútil*, com salário quase nulo, mas sob um controle onipresente; para todos os outros, a prisão. A escola e a universidade deveriam funcionar como "estacionamento" e instrumento de controle, dado que já não produziam nem elites nem operários. Paralelamente, o Estado, assistido pelas organizações social-democratas, deveria criar as estruturas para a promoção de um vasto consenso capaz de quebrar a vaga insurrecional; e assim, nesse final dos anos setenta, dá-se uma embriaguez de política e ideologia que mirava a mobilização das massas, a partir de cima, mediante o espelho do "participacionismo", dos delegados de qualquer coisa e do florescimento, nas cidades governadas pela esquerda, de "assessorias de cultura e juventude" que tentavam vender mercadorias culturais para consumir sem fazer muito barulho. Foi naquele contexto que nasceu a figura do *ativista*, que nos é tão familiar: das organizações culturais do PCI até os grupos da extrema-esquerda (que, em 1976, apresentam-se às eleições pela primeira vez, obtendo pouquíssimos votos), nasce uma fileira de ativistas que animam e administram essa enorme campanha de politização das massas que foi, no fim das contas, uma verdadeira operação de contrarrevolução cultural concluída no início dos anos oitenta, "fazendo valer" as descobertas e os modos de vida do Movimento. E quando lemos nos documentos da Autonomia todas aquelas tiradas contra a política, devemos pensar que tinham como objetivo exatamente este tipo de coisa. Tanto essa nova figura da gestão informal

do consenso, o ativista, como as políticas parti-
cipativas com os seus *apparatchiks* culturais, são
dispositivos de governo que, apesar das recentes
dificuldades, duraram até hoje, ao contrário das
organizações que então as sustentavam, substituí-
das por outras mais esbeltas e "na moda", talvez
por serem, desde então, uma verdadeira mistura
entre administradores políticos e nova força de trabalho pós-fordista, meio ativistas e meio empreen-
dedores, em todo caso, parasitas do Movimento. Os
epígonos dessa espécie de ativista muitas vezes são,
hoje, os "leninistas sem comunismo", a pior raça
de oportunistas que se se pode encontrar no que
resta do movimento antiglobalização, enquanto os
outros se tornaram simples empregados da produção de subcultura por quilo; dois "animais" políticos que se confundem às vezes numa mesma figura
e dos quais convém manter uma distância segura.

O espetáculo do grandioso desempenho do PCI
nas eleições de 20 de junho de 1976 serviria a todo
esse circo: galvanizar as massas para fazê-las acreditar que estavam a um passo de devir-governo,
excitar a classe operária fazendo-a adorar a ocasião finalmente alcançada de devir-Estado e, por
meio deste passo, sempre avante até à ditadura
democrática. Claro, tudo isto exigia *sacrifícios*,
apertar o cinto, autocontrole sobre o consumo,
renúncia às liberdades civis, o desarmamento
total do conflito, o adiamento da felicidade para
um amanhã cada vez mais opaco, sempre mais distante, sempre mais impossível. Não funcionou.

"Movimento é o estrato social que se move", escrevia *A/traverso* num dos seus primeiros artigos, em 1975, e referia-se exatamente ao que começava a se chamar *proletariado jovem*. Os primeiros a forjar esta expressão foram os redatores de *Re Nudo*, uma revista de contracultura em torno da qual circulavam muitas experiências libertárias, dos situacionistas aos autônomos, dos últimos *hippies* aos que sustentavam um comunismo psicodélico. *Re Nudo*, a partir de 1973, organizava reuniões musicais e políticas segundo o modelo do *Movement* estadunidense e do Norte da Europa, partindo do interesse inicial pelas drogas, o *rock* e a contracultura para se aproximar, cada vez mais, do que se exprimia no movimento autônomo. Na Itália, diferentemente dos Estados Unidos e de outros países, a contracultura se desenvolveu em escala de massas, dentro de um movimento juvenil já muito politizado: gente que facilmente ligava a maconha à expropriação proletária, o sexo livre aos confrontos na rua, o *hard rock* à greve selvagem. Até então, os encontros eram organizados em localidades fora das cidades, às vezes tão longínquas que nem sequer se sabia como chegar, mas, em determinado momento, os *hippies* maoístas de *Re Nudo* começaram a refletir sobre os comportamentos de rebelião juvenil que estavam sendo difundidos na grande metrópole e, não por acaso, o seu interesse pela construção de comunas teve de render-se ao fato de que era mais interessante, na Itália, procurar fazê-las dentro da cidade do que em ambientes rurais distantes, como acontecia em outros locais.

A partir do outono de 1975, grupos de jovens partiam das periferias urbanas e dirigiam-se ao centro para saquear as lojas, provocavam brigas nos estádios de futebol, apresentavam-se frequentemente às centenas nas entradas dos concertos de *rock* e irrompiam o inferno para não pagar a entrada, por vezes, faziam isso apenas para estragar o concerto, considerado a enésima rapina a que eram submetidos, uma tentativa de calá-los por meio de um espectáculo do qual estavam irremediavelmente separados: música-mercadoria servida quente para estupidificar a todos com promessas de *Peace & Love*. Era a isso que os jovens proletários do Núcleo Autônomo de *Quarto Oggiaro* [tirado do nome de seu bairro de origem], uma gangue da periferia milanesa próxima às revistas *Puzz* e *Gatti Selvaggi*, chamavam "organização mafiosa da passividade", e continuavam – dirigindo-se aos seus companheiros – "quando vocês vão aos concertos, vão na verdade TRABALHAR, mas o ridículo é isto: que vocês paguem para ir trabalhar". A polêmica dura e belicosa com os organizadores dos concertos e dos festivais *rock* esquentou, mesmo quando os organizadores eram os grupos extraparlamentares, que foram constrangidos mais de uma vez a fazer com que os músicos tocassem com o *servizi d'ordine* disperso sob o palco e nas entradas porque, diziam os autônomos com lucidez: "a gestão de esquerda da alienação é apenas uma gestão de esquerda da alienação". Os grandes concertos de rock tornaram-se, assim, mais um dos mil problemas de "ordem pública" e, depois que um *molotov* voou sobre o palco de [Carlos] Santana, incendiando os amplificadores, por muitos anos nenhum *rock star* quis voltar a tocar na Itália. Menos mal: a criatividade foi mais autônoma e houve mais espaço para o *do it yourself* também na música.

Os estudantes dos liceus tinham, de sua parte, começado a ocupar as escolas de forma cada vez mais organizada: as ocupações podiam durar semanas e semanas, durante as quais a coisa mais importante era a acumulação de contrassaberes úteis à sabotagem da metrópole e a intensificação de novas *experiências*, ou seja: a construção de comunas temporárias, a experimentação de novas formas de amor e de luta, além do aprofundamento teórico-político que habitualmente acompanhava as agitações estudantis. Durante esses meses, os que tinham mais raiva começavam também a entrar em confronto violento com os diretores e professores reacionários, e tornou-se normal que esses últimos encontrassem os seus carros destruídos por bombas incendiárias, como acontecia aos seguranças e diretores de seção nas fábricas. Nas escolas nas quais o Movimento era forte, ao cabo de dois anos os diretores e professores não governavam mais nada.

Foi em Milão que tudo se condensou improvisadamente no inverno entre 1975 e 1976. As gangues jovens eram cada vez mais numerosas e lançavam-se ao assalto da metrópole, ocupavam apartamentos vazios para fazer comunas, inventaram os centros sociais onde organizavam concertos e espetáculos teatrais, expropriavam as mercadorias: começavam a compreender que eram uma "força". *Re Nudo,* juntamente com o que restava de *Lotta Continua,* puseram à disposição os seus saberes e algumas das suas sedes e, juntamente com os grupos, criam os primeiros *Circoli del Proletariato Giovanile* [Círculos do Proletariado Juvenil] que, em pouco tempo, chegaram a cerca de trinta apenas em Milão, geralmente cada um com a sua sede e o seu jornal. Os jovens que constituem os círculos são, em sua maioria, aprendizes muito jovens de pequenas fábricas, trabalhadores precários, desempregados e estudantes-trabalhadores, mais uns tantos "vira-latas" e ex-militantes de extrema-esquerda: todos entram em polêmicas com os grupos que "repropõem a divisão entre criatividade-divertimento e política tradicional". Os Círculos, diferente de todas as forças organizadas, que sempre tinham tido a sua sede no centro da cidade, escolhem o caminho do enraizamento no território:

> "O cinturão metropolitano era formado por bairros de construção relativamente recentes, ou seja, tinham sido fabricados no fim dos anos cinquenta. Os jovens nascidos nesses bairros demoraram 15 ou 16 anos para recuperar uma identidade territorial, para tornar amigável o território e para pensar que, para eles, a vida libertada não era desejável apenas na sede política central, mas no seu bairro, sem intervenções externas".[42]

42 Primo MORONI, "Ma l'amor mio non muore", em Sergio BIANCHI e Lanfranco CAMINITI, *Gli Autonomi,* vol. I (op. cit., 2008).

Também por isto se imaginavam *"indiani metropolitani"*[43], fechados nas suas "reservas",

43 N. da E.: Nesta passagem do original, o termo encontra-se entre aspas, de modo que o itálico foi adicionado por esta edição para indicar que a língua original foi mantida, optando-se por não utilizar a tradução direta, "índios metropolitanos". Esta escolha se deve a vários fatores que, em vista da diferença tanto entre as determinações histórico-culturais da Europa e do Brasil quanto em relação às diferentes temporalidades políticas envolvidas (a dos eventos, nos anos 1970; a da publicação original do livro na Itália, em 2012; e a da publicação desta edição, no Brasil de 2019), é necessário pormenorizar./ Em primeiro lugar, cabem considerações iniciais relativas ao léxico: a) É preciso notar que, no português falado no Brasil, o uso comum, não completamente refletido nos dicionários, atribui distinção entre o significado da palavra índio (relativo aos habitantes "nativos", ou aos assim chamados povos originários, do continente americano) e o da palavra indiano (relativo aos habitantes da Índia, na Ásia). Já no italiano, *indiano* (pl. *indiani*) comporta igualmente as duas acepções, cuja diferenciação será dada apenas pelo contexto (no caso em questão, o referente ao uso da palavra índio, como nativo do continente americano). b) Analogamente, o vocabulário político ou identitário cotidiano que distingue, no contexto brasileiro, o emprego das palavras índio e indígena em relação a expressões como povos originários, populações nativas etc. também não encontra paralelo em italiano. c) Conforme o sentido explicitado no texto de Tarì, a expressão *indiano metropolitano* encontra-se dicionarizada na língua italiana; assim, na simplificação constituinte da cultura dos dicionários (que, cabe notar, não é a mesma da Autonomia), *indiano metropolitano* (pl. *indiani metropolitani*): "nos anos setenta, aquele que fazia parte de um movimento de contestação que, identificando a marginalização urbana com aquela sofrida pelos índios [estadunidenses] que vivem em reservas, adotava um modo extravagante

excluídos de tudo, mas que podiam partir daí

de se vestir como aquele dos *pellerossa* [sic] e recorria a métodos de protestos não violentos" (*Grande Dizionario Italiano* di Gabrielli Aldo, Hoepli, *online*)./Apesar de não ser possível atribuir à Autonomia a "extravagante" opção dos dicionaristas por caracterizar de modo tão caricatural, preconceituoso e depreciativo as analogias entre os jovens italianos autodenominados *indiani metropolitani* e os povos originários estadunidenses (em prejuízo direto destes últimos), ela ajuda a evidenciar, ao menos do ângulo brasileiro, alguns elementos que devem constituir o pé atrás necessário em relação aos pressupostos originais da adoção desta denominação, certamente bem intencionada, por parte da própria Autonomia. Assim, a despeito dos aspectos mais politicamente interessantes – e eventualmente pertinentes, ligados ao deslocamento da categoria *trabalho* na vida social –, registrados e enfatizados na narrativa deste livro, cabe apontar criticamente que: 1) Apesar da dignidade histórica que Tarì procura atribuir em sua narrativa à referência autonomista aos povos nativos estadunidenses (citando episódios e personagens históricos e estabelecendo com eles analogias políticas entre a resistência indígena histórica e a luta autônoma então em curso), vista sob o prisma da luta, histórica e presente, dos movimentos dos povos originários no Brasil e na América Latina em geral, sobressai sua ingenuidade, mais ou menos ligada à indústria cultural e à imagem do nativo estadunidense como o oposto do *cowboy* nos filmes de bangue-bangue (cuja versão "spaghetti" havia se tornado uma especialidade da indústria cinematográfica italiana desde meados da década de 1960, cabendo notar, todavia, que a figuração do nativo estadunidense como antagonista – ou em qualquer outra posição – estava praticamente ausente nas produções italianas), ou, principalmente, ligada à releitura positivada desta mesma figura do índio pelo movimento *hippie.* 2) Deste modo, fica evidente que tal reivindicação de aproximação estrutural entre a "marginalização" de determinados setores urbanos europeus com a dos nativos das

para saquear o centro da cidade defendido pelos

ex-colônias estadunidenses – que, no seu melhor, poderia ser lida historicamente como uma aproximação estrutural entre o processo de colonização do continente americano (e o genocídio e epistemicídio étnicos das populações originárias a ele ligado) e o processo de *enclosures*, entendido como uma espécie de "autocolonização", das terras comuns na Europa (e a formação da plebe urbana, funcionalizada pelo capital como "exército de reserva" de força de trabalho, por meio da expulsão dos camponeses "nativos" dos recantos rurais europeus e pela destruição de suas formas de vida) – tem origem num procedimento de ordem situacionista ou neo-dadá, todavia desligado, em vista de sua origem na cultura de vanguarda europeia, dos processos de luta então em curso, levados a cabo por aquelas populações no continente americano. 3) Desdobrada desses dois pontos, desponta uma dimensão que poderia ser descrita como a de um ato falho, tipicamente europeu, por parte dos autônomos italianos na própria auto-adjetivação de sua condição *indiana* (ou "indígena" entre aspas) como *metropolitana*: sob as lentes do processo histórico concreto da colonização, que reduziu a enorme heterogeneidade das populações do continente americano à (pretensa) homogeneidade identitária de sua caracterização nominalista como índigena, os *indiani metropolitani* podem aparecer, se vertidos ao português como pretensos "índios metropolitanos", como o oposto dos habitantes originais *da colônia*, ou seja, como os habitantes originais *da metrópole* – uma assimetria contundente (mesmo se levada em conta sua possível genealogia que remonta aos vencidos dos *enclosures*), mas não registrada por extenso pelos participantes italianos da Autonomia, mesmo hoje em dia. Para mais informações acerca da habitação contra a metrópole, ver o "Um habitar mais forte que a metrópole" de *Conselho Noturno* (GLAC edições, 2019), texto baseado na concepção insurrecionária explícita neste livro./Uma vez que as críticas aqui levantadas não procuram deslegitimar a ação e práticas dos setores da autonomia italiana que se autodenominaram "casacos azuis".[44] O mal-estar desses jovens, com idades entre os 13 e os 18 anos, derivava de terem como locais e meios de socialização apenas o bar, os *flippers*, os quadrinhos pornográficos, o filme B, as drogas pesadas, os bancos gelados dos esquálidos jardins da periferia, enquanto o seu desejo os pressionava para uma forma diferente de estar juntos. Os jovens dos Círculos, por exemplo, queriam que além do feriado de Primeiro de Maio, o primeiro dia da primavera também se tornasse festa nacional, porque odiavam a metrópole e amavam imaginar a libertação dos bairros para fazer deles as suas pradarias.

No mesmo período, os bairros mais centrais de Milão de composição popular, como o Ticinese, tinham sido lentamente apropriados por estruturas políticas autônomas, e muitíssimos

indiani metropolitani, mas apenas refletir sobre as possibilidades semântico-políticas de sua recuperação dentro do quadro atual, na especificidade política regional, optou-se no correr desta edição por referenciá-los sempre como *"indiani metropolitani"* (em itálico e entre aspas), enfatizando o estranhamento frente à expressão, diferentemente da edição original italiana que, após as duas primeiras ocorrências, dispensa as aspas – e, eventualmente, o próprio adjetivo *metropolitani*, naturalizando indevidamente o uso daquela aproximação.

44 N. da E.: No original, *"giacche blu"*, em referência direta ao líder indígena estadunidense Blue Jacket (ou Weyapiersenwah, c. 1743-1810), do povo Shawnee, e referência indireta aos *"tuta blu"* (macacões azuis), ou seja, ao "colarinho azul", índice de identidade e orgulho de classe entre trabalhadores manuais da indústria (em oposição ao "colarinho branco" dos funcionários de escritório).

eram os jovens que ocupavam as velhas casas comunitárias nas quais tinham vivido os proletários do século XIX, criando assim verdadeiros "bairros vermelhos". A velha classe operária, ao contrário, fugia dessas casas para ir para os novos bairros-gueto, onde os apartamentos talvez tivessem banheiros privativos e uma vaga de estacionamento para o carro. Habitações projetadas para o isolamento da família mononuclear, imersas numa solidão gigante, construídas dentro de bairros horríveis onde os laços de solidariedade desapareciam e onde nem sequer existiam bares onde se poderia ir beber um copo de vinho e falar com os amigos depois do trabalho: os seus filhos certamente não tinham carinho por esses novos símbolos de *status* do "bem-estar" operário, construídos no meio do nada e que se tornariam os locais da sua domesticação humana.

As primeiras ações coordenadas dos Círculos foram, no outono de 1976, os sábados dedicados às autorreduções nas estreias dos cinemas e, se no primeiro dia foram poucas centenas de jovens a participar, ao fim de um mês apresentavam-se milhares em cada projeção. Os grupos tinham entendido a nova orientação, e os Comitês Antifascistas ligados ao *Movimento Studentesco* (que se tornou o *Movimento dei Lavoratori per il Socialismo* [Movimento dos Trabalhadores pelo Socialismo]), transformaram-se em Círculos Juvenis, mas foi um "entrismo" que durou poucas semanas, já que as gangues – ampliadas desmesuradamente também com a ajuda dos filhos da burguesia, fatalmente atraídos para as órbitas da plebe –, juntamente com as reduções no cinema, todas as semanas esvaziavam as lojas de frios, de roupas, de discos e supermercados, dinamitavam os bares onde se traficava heroína – a droga que estava começando a destruir a sua geração –, ocupavam casas para viver a "antifamília" e fortaleciam as relações com os "velhos" da Autonomia. Porque, já era claro para todos, os "novos" autônomos eram eles. Eles e as feministas eram a vanguarda das massas da fábrica social metropolitana.

Seguindo o exemplo milanês, também nas periferias de Roma e Turim nascem os primeiros Círculos Juvenis; na capital acontecem expropriações e autorreduções selvagens, na capital do automóvel, esse impulso coletivo dará vida a um importante círculo que, em 1977, dá-se o nome de *Cangaceiros* [originalmente em português], enquanto em Bolonha nasce o coletivo *Jacquerie* [originalmente em francês][45] o qual, tomando o nome a partir do modo depreciativo com que o *Corriere della Sera* tinha definido a revolta dos Círculos milaneses, deu vida a uma campanha de autorreduções nos cinemas e nos restaurantes de luxo (ou seja, tornando-os gratuitos). A onda dos Círculos chegou a toda parte, até as cidades do Sul e as aldeias de província, dando origem a uma nova geração, hiperconflituosa, muito diferente da que tinha vivido 1968 e as lutas do início dos

45 N. da T.: Em referência às importantes insurreições camponesas francesas do século XIV.

anos setenta. Talvez estes jovens proletários não tivessem nenhuma cultura política, mas tinham a memória da dura resistência antifascista transmitida pelos pais, ou talvez a da revolta operária de 1969 e, especialmente, a da violência insurrecional de abril de 1975 – material inflamável quando misturado com a contracultura que consumiam avidamente. Diferentemente dos pais e dos estudantes de 1968, tinham clareza de que não havia outro futuro para eles que não o embrutecimento da pequena fábrica ou do trabalho precário, de uma existência feita de sacrifícios pela sobrevivência. Sua raiva era a medida do ódio de classe que sentiam na pele cada vez que saíam dos bairros para ir ao centro.

As primeiras iniciativas realizadas por *Re Nudo* e pelos Círculos, em Milão, foram festas improvisadas através da ocupação das praças do centro, nas quais participavam muitos jovens proletários provenientes dos bairros-gueto como Quarto Oggiaro, Baggio, Ortica e do *hinterland* [periferia] milanês das vilas-dormitório como Rho, Limbiate ou Sesto San Giovanni. Eram ocasiões para fazer música com instrumentos pobres, estreitar amizades e talvez "visitar" alguma loja de luxo: a *festa* – caras pintadas, animais de papel machê, drogas e grupos musicais – adquiriu, em pouco tempo, uma legitimidade político-existencial que nunca tinha tido, e nunca circularam na Itália tantas cópias dos livros de Bakhtin como durante aquele período.

Ainda em Milão, no domingo de 22 de fevereiro de 1976, dia de carnaval, é organizada uma "festa de baile" na Piazza della Scala. Os jovens dos Círculos estão presentes em grande número, mas, enviados pelo governo de esquerda, chegam também policiais e *carabinieri* que desde o início provocam, batem e prendem. À primeira reação dos jovens dos Círculos, a polícia invade a praça e os "organizadores" tentam deslocar as pessoas para uma praça vizinha para continuar o baile, mas muitos rapazes não concordam, continuam a enfrentar a polícia e organizam uma manifestação improvisada: é o seu modo "alternativo" de fazer festa. Os *carabinieri* atacam por trás da passeata com gás lacrimogêneo e aí começa a guerrilha urbana. Automóveis são usados para bloquear a estrada e para servir de barricada, de onde começam a lançar pedras, enquanto isso, outras gangues quebram vitrines e atacam obstinadamente um Rolls Royce mal estacionado que será incendiado no fim, junto com outros carros de luxo: "A festa começa mal, torna-se finalmente nossa. Sempre tiram tudo de nós: retomemos algo!", será o comentário dos jovens revoltosos. Para a Autonomia, é o sinal de que o proletariado juvenil tinha entrado em seu devir-revolucionário. Então, era necessário ligar estes estratos juvenis aos outros, organizados nos coletivos autônomos que, nesse período, conduziam uma dura campanha contra o trabalho clandestino e mal pago, organizando "rondas" que intimidavam os patrões com ações violentas e davam força aos jovens proletários que lá trabalhavam. Como de costume, alguns quiseram ver no proletariado juvenil "o novo sujeito revolucionário", embarcando nas habituais ruminações sobre a sua capacidade de unificação da frente proletária, mas a sua substância estava mais além, na massificação autônoma de comportamentos de subversão que tinham uma capacidade inédita de contaminação e que opunham à reestruturação da fábrica social uma força na qual o desespero e a criatividade se fundiam, para tornar-se o material incandescente de uma nova solidariedade ofensiva. Foi neste contexto que reemergiu, em particular através de *Puzz*, a influência dos situacionistas italianos e da "crítica radical", também chamada "negacionismo", cujos teóricos eram Giorgio Cesarano, Riccardo d'Este, Joe Fallisi, Piero Coppo e outros, como Gianfranco Faina – que deu vida, em 1976, ao grupo armado libertário *Azione Rivoluzionaria* [Ação Revolucionária] –, que tinham atravessado as experiências de *Ludd-Consigli Proletari* e *Comonstimo* – este último grupo tinha de fato uma forte preferência pela "ralé"[46] – e que, havia tempos, conduziam uma análise impiedosa do capital cibernético, da metrópole capitalista e da esquerda revolucionária em todas as suas declinações. *Puzz* – "não fazemos festivais, criamos situações"[47] – começa a suas publicações em 1971, fazendo quadrinhos

46 N. da T.: No original, *teppa*, termo coloquial para indicar uma camada desprivilegiada, pobre e marginalizada da sociedade, mas sem interesse de "integrar-se" à cultura dominante, manifestando pouco apreço às normas cultas de expressão e comportamento.

47 *Puzz*, n. 9 (Milão, julho/setembro de 1974).

"detournées"[48], animada pelo *designer* Max Capa, mas enriquece-se progressivamente com análises teóricas que tratam de temas como a abolição do trabalho, a crítica da política espetacular dos grupos, a presença do capital *dentro* dos indivíduos, a prática de núcleos informais de organização:

> "já não se trata, para um grupo revolucionário coerente, de criar um condicionamento de tipo novo, mas, ao contrário, de assegurar zonas de proteção em que a intensidade do condicionamento caminhe em direção ao zero".[49]

Todas essas temáticas encontraremos nas folhas e nos jornais da autonomia juvenil que nascem como cogumelos entre 1976 e 1977.

Então era finalmente possível uma recomposição das lutas sob o signo da Autonomia, em Milão e não só: da fábrica ao bairro, das casas nas quais as mulheres trabalhavam por quatro tostões às grutas do trabalho clandestino, dos hospitais às

---

48 N. da T.: A palavra *detournées*, literalmente "desviados", refere-se à prática situacionista chamada *"detournement"*, ou desvio, relacionada à apropriação satírica, por meio de linguagens artísticas paródicas, da colagem e da associação de sentidos, visando a crítica da cultura e da sociedade. Ver o texto de Guy DEBORD e Gil J. WOLMAN, "Mode d'emploi du détournement" [1956], cuja tradução, "Desvio: modo de usar", está disponível em: <https://pt.protopia.at/wiki/Desvio:_modo_de_usar>.

49 *Puzz*, n. 11 (Milão, janeiro/março de 1974).

escolas, corria um desejo comum de fazê-los todos pagar cada vez mais caro. Em 25 de março dá-se uma dura greve em todas as fábricas, mesmo antes da manifestação, queima em Milão a repartição municipal que geria as cobranças dos serviços públicos. A manifestação sindical é abandonada e três mil autônomos marcham em direção aos seus objetivos: um comando armado entra na sede da Associação dos Pequenos Industriais, expulsa os patrões ali reunidos e incendeia-a, como se dá também nos escritórios das seguradoras e, nessa mesma noite, ocorrem confrontos violentíssimos para entrar de graça num concerto de *rock*. Os protagonistas são aqueles a quem *Rosso* chamou "guarda vermelha com tênis".

As expropriações praticadas pelo proletariado juvenil repetiram-se por todo o país, jornais com os mais extravagantes títulos apareceram por toda parte, o modo de vida "*freak*-autônomo" ganhava cada vez mais adeptos entre os mais jovens e, assim, *Re Nudo*, que tinha sido atravessada por várias cisões por causa da vocação empresarial/comercial do seu líder Andrea Valcarenghi, convence-se de que o passo justo, em termos de *marketing*, seria o de organizar o maior festival alternativo da Itália no verão de 1976, no único local disponível em Milão, o Parque Lambro: naturalmente, seria chamado "Festival do Proletariado Juvenil". *Re Nudo* coordenou-se com *Lotta Continua*, com os anarquistas, com os autônomos organizados e com outros grupelhos de extrema-esquerda, lançando assim um apelo nacional para que todos aparecessem no Parque Lambro entre 26 e 30 de junho. O rumor foi eficaz e comparecem cerca de cem mil jovens, com pouco dinheiro no bolso e muita curiosidade no corpo. Procuravam a sua "casa comum", queriam materializar os desejos que haviam até ali permanecido na miséria da necessidade. Os organizadores pareciam, ao contrário, obcecados em "faturar": por um lado, os aprendizes de gestor queriam criar um novo mercado, talvez "alternativo", mas tão lucrativo quanto o normal; por outro, as organizações políticas queriam promover as suas "linhas" e engrossar as fileiras dos seus militantes. Não podiam encontrar-se com os "convidados" senão num terreno de confronto que foi violento e clarificador. Parco Lambro foi talvez o único e verdadeiro Congresso da Autonomia difusa e Toni Negri recorda-o dessa forma nas cartas que escrevia do cárcere de Rebibbia, no início dos anos oitenta:

> "Um gigantesco festival da juventude, organizado por grupos alternativos um pouco frívolos, mas reinventado pelo movimento. Muita gente, aos montes [...] e à medida que os dias passavam, os grupos moviam-se, [...] um contínuo movimento de massas – e cada grupo trazia atrás carruagens e tendas, instrumentos musicais e ferramentas rudimentares [...]. Se você descia do topo, mergulhava numa espécie de novelo colorido, envolvente, tão denso em desejos como imune a tabus. As pessoas fumavam, faziam amor, ouviam música; passava docemente

o tempo no reencontrar-se, no sentir-se unido. Sombras ligeiras à procura de um tempo e de um corpo coletivos, [...] na verdade, era um carnaval dos pobres [...] que conscientemente se queria um carnaval de libertação [...]. Droga e música poderiam ser supérfluos. Começava-se a respirar inquietação, [...] o que surgia era o desenhar de uma tempestade num céu límpido."[50]

E a tempestade chegou rapidamente *dentro* do parque: no segundo dia do festival, diante do fato de que as barracas de comida, geridas pelas organizações, aumentavam os preços de hora a hora – os sanduíches e todo o resto custavam quase tanto quanto nos bares do centro de Milão – começam as contestações. Numerosos jovens, principalmente do Sul, organizam manifestações internas gritando palavras de ordem e imediatamente surgem as primeiras expropriações dos caminhões cheios de sorvete, sanduíches e frangos congelados; seguem-se confrontos com o *servizi d'ordine pago* para conter a "exuberância" do proletariado juvenil. No dia seguinte, gangues saem do parque para assaltar o supermercado vizinho e a polícia lança, de longe, gás lacrimogêneo para fazê-los retornar ao parque. Enquanto isso, tinha começado uma assembleia de massas que durou dois dias e duas noites: discute-se a legitimidade ou não de uma expropriação feita às custas das próprias organizações de esquerda,

---

50 Antonio NEGRI, *Pipe-Line – Lettere da Rebibbia* (Turim, Einaudi, 1983; 2ª ed.: Roma, DeriveApprodi, 2009).

as jovens feministas tomam o palco para denunciar as posturas machistas dos militantes de boa parte dos grupos presentes, os homossexuais, que tinham sido agredidos e a sua barraca destruída por machos frustrados e superexcitados, protestam em voz alta e Mario Mieli convida todos a exilarem-se da sua própria identidade; os cantores mais famosos, patrocinados pelos nascentes selos fonográficos de esquerda, são contestados e também os seus palcos são ocupados por assembleias fluidas nas quais se fala de tudo, do corpo, da mercadoria, da revolução, da condição juvenil, do feminismo, da droga, da loucura e da luta armada. Todo o programa preparado pela organização é arruinado num gigantesco *happening* de desejo, enquanto os organizadores de *Re Nudo* tentam explicar que os preços eram altos para financiar o Movimento, ou seja, que eles próprios já tinham pedido preços exorbitantes para que os grupos políticos pudessem ter os seus *stands* no interior do parque, que foi rapidamente apelidado de "gueto do Lambro". Centenas de mulheres e homens tiram a roupa para dançar e fazer cortejos internos enaltecendo a libertação total, enquanto o *servizi d'ordine* persegue tanto os traficantes de heroína quanto os jovens *junkies*, algo que fará explodir outras discussões sobre o absurdo desta "nova polícia" do movimento, que se arrogava o direito de repressão sobre os "desviantes". Houve também muita música boa, o concerto final dos *Area* tornou-se uma *jam session* que celebrava as dinâmicas criativas do caos e abolia a distância entre músicos e público, enquanto Gianfranco

Manfredi cantava a insurreição por meio de uma doce melodia na qual se dizia que se poderia encontrá-la no "fundo dos teus olhos" como na "metralhadora reluzente", no "calor do teu seio" como "nas porradas dadas em fascistas", na "música na relva" e no "fim da escola", no "dar-se a mão" e no "incêndio de Milão". Fazer a festa no festival, fazer a festa nos grupos, fazer a festa na metrópole, fazer a festa contra a opressão capitalista, tais foram as sequências linguísticas que saíram do Lambro: a "desprogramação" metropolitana planejada pelo proletariado juvenil em libertação.

O parque Lambro não foi uma derrota, como é frequentemente pintado, mas, bem ao contrário, uma gigantesca experimentação coletiva que foi, como deve ser, atravessada por confrontos e recomposições. É verdade que naquele festival se revelou a miséria, a contradição, a pobreza, a violência e a confusão deste jovem proletariado, mas também a sua enorme vontade de comunidade, de revolta, de felicidade partilhada. Os grupos e os gestores passaram vergonha, os únicos organizadores que aprenderam a lição foram os autônomos de *Rosso*, que fizeram publicamente uma autocrítica e recusaram-se justamente a dar um tostão sequer a *Re Nudo*. Serviu também para clarificar o mundo da contracultura e para repensar a questão da política e da libertação, da mercadoria e do corpo. Gianfranco Manfredi escreveu sobre o Parque Lambro – num artigo que merece ser citado por extenso – muitas considerações que de fato não perderam uma vírgula da sua atualidade:

"Desde que a 'esquerda de classe' escolheu como cerne da sua prática (não dizemos 'estratégia') a realidade sociológica do 'proletariado juvenil', que o termo adquiriu validade de 'classe' e as suas ações coincidem com a 'luta de classes' [...]. Dá-se então que, no que toca às várias fases de desenvolvimento da classe, uma das suas frações é periodicamente elevada a 'representante geral': ontem o operário-massa, depois os jovens operários, agora o proletariado juvenil [...]. Daqui à identificação do estrato com a classe, o passo é curto [...] Mas há mais: ao termo setorial assim 'isolado' são atribuídos os valores próprios da classe na sua totalidade, ou seja: ter uma homogeneidade interna que pode expressar uma homogeneidade de comportamento e, portanto, uma direção unitária e no mínimo nacional, uma representação organizada [...]. Procuremos antes [...] empreender um caminho oposto, contrário: não o da agregação revolucionária da classe em torno do seu estrato mais avançado e da sua (sempre esperada) representatividade, mas o da desagregação (o esfumar) da classe através dos seus estratos marginais e além de qualquer representação [...]. A classe enquanto tal [...] é o Partido Operário que se torna Estado Operário. Aqui na Itália, o PCI. A classe que se nega como classe é Sujeito, o operário que se nega como operário é pessoa. Eis a razão de ser do 'Proletariado Juvenil'. É no último grau da sua marginalização em relação à máquina que o operário encontra a sua figura dividida entre a classe e a pessoa. O termo 'proletariado juvenil' exprime esta ambivalência de direções, esta ambiguidade: por um lado, um

termo ('proletariado') que remete para a coloca-
ção num ciclo; por outro, um termo ('juvenil') que
remete para a realidade do corpo, [...] o problema
juvenil estaria todo aqui: Felicidade. A referida
felicidade seria posteriormente dividida em dois
ramos: a) ocupação; b) estar bem juntos ('criatividade'). Em termos antigos, *panem et circensis*. É
um dos casos bem comuns em que a esquerda é
direita: entre *panem et circensis* e *ora e labora* há
apenas uma pequena diferença de ótica [...]. São
traçadas as condições de felicidade, o que se pode
e não pode fazer [...]. Os rituais, nem é preciso
dizer, são rituais de mercadoria. E digo-o sem
escândalo. Quem se escandaliza, normalmente,
é exatamente quem prepara o ritual pela qual a
mercadoria se torna presente, mas fugidia, sendo
ali exorcizada [...]. A mercadoria é a 'relação de
mercadoria': é mercadoria-ideológica (a política),
é mercadoria-cultura (a música), é mercadoria-
-sujeito (o palco). A última máscara da política é
a da Autonomia Operária. A política é aqui apre-
sentada como antagonista da mercadoria [...].
Mas esta negação, quando prescinde do caráter
específico da mercadoria (esta ou aquela, boa ou
má), ou seja, da sua real fruição, nega o seu próprio lado concreto, de uso, para afirmar o seu
lado formal, o valor abstrato [...]. Reapropriam-
-se, com a mercadoria, da relação de mercadoria. Não fogem ao ciclo, divertem-se dentro dele
[...]. A mercadoria está lá, não é necessário ter
medo dela, nem exorcizá-la apenas por convi-
vermos com ela: é necessário frequentá-la, amá-
-la e assumi-la, não como valor, mas sim como
uso, recepção, estímulo, fruição [...]. A música,

qualquer música, dentro de uma relação de troca, é mercadoria [...]. De novo, o problema é a sua recepção, o seu uso. Frequentemente, contrapõe-se à 'música comercial' a 'música coletiva', isto é, a que recria o rito [...]. À música pedia-se que representasse a unidade das pessoas do Lambro, [...] era claríssimo para todos os músicos o fato de que qualquer libertação do pessoal seria confundida com egoísmo e que, portanto, deveria-se recorrer aos truques do ofício, à peça fácil e de efeito seguro [...]. Se no Lambro foi expressa a contradição política, não foi expressa a da cultura-música ou foi expressa apenas nos termos antigos, isto é, identificando como mercadoria apenas a música que não traçava uma ligação explícita com o trabalho-militância-fé, a outra, ao contrário, era 'música nossa', era 'participação' [...]. Se, passando da 'política' à 'cultura', a contradição amolecia e ocultava-se, alcançado aqui o limiar do eu, a contradição escondia-se por completo. A pulga atrás da orelha surgiu-me da habitual banalidade fenomênica: as pessoas tinham tomado o palco e alternavam-se a falar ao microfone 'falo eu, falo eu', 'não, agora sou eu' e arrancavam-no um da mão do outro [...]. Depois, cada um se apresentava: 'sou um companheiro de...' ou 'sou um operário...': que chateação esses cartões de visita. 'Companheiros' daqui, 'companheiros' de lá. Mas que necessidade há... e por fim o *flash*, a última desconcertante observação. Havia, ligados ao microfone, dois enormes autofalantes, de uma superbanda, e toda a gente debaixo do palco ao alcance da voz natural. E, no entanto, quem falava ao microfone gritava [...]. Em relação à expressividade corporal, no grito feito junto ao microfone exprimia-se todo o instinto de potência, o poder sobre os outros. Todos pequenos Carlitos a fazer Hitler. Então, tinham tomado o palco ou tinham sido tomados pelo palco? O que é o palco, senão algo que te põe sobre a cabeça dos outros, e por que a obsessão de tomá-lo senão para se pôr acima da cabeça dos outros? Esse é o jogo do palco. Que é também o jogo do Sujeito. O Sujeito é o que tem poder, e o poder é um palco. Mas os sujeitos mudam e transformam-se, alternam-se a gritar ao microfone, o palco permanece porque o poder é ele. O Sujeito é uma 'Coisa': o palco, e os sujeitos que se definem como tal apenas em virtude da dimensão do palco, são sujeitos fantasmagóricos, personagens em busca de um autor. É o palco o verdadeiro Sujeito, é o Autor, aquele que te empresta a voz e postura e te transmite a gestualidade. Também aqui, o palco, apesar de tudo, une. É a unidade ritual que permite a assembleia, porque falar em pequenos grupos ou a dois, a três ou a quatro, parece não ser uma comunicação interpessoal 'verdadeira': a comunicação é assembleia e o palco é o seu Sujeito, e o sujeito singular pensa-se como tal apenas quando se retira da sua subjetividade real de pessoa e se mostra como 'figura de palco', porque a comunicação não acontece de pessoa a pessoa mas de 'sujeito político'/'coágulo de poder'/'eu gritante ao microfone' a 'massas'/ 'classe'/'companheiros', unidade indistinta de outros 'sujeitos políticos', que também não se exprime em olhares, sensações táteis, palavras claras ou implícitas, mas em gritos, aplausos e assobios [...]. Outros não gritavam: estavam ali usando um microfone, uma estrutura casual porque era ali que se comunicava naquele momento, e comunicavam falando talvez de si mesmos, como tinham chegado ao parque, o que é que lhes tinha acontecido. Esses desceram do palco como tinham subido: falaram ali como tinham falado noutros lugares. Também aqui, alguém conseguiu. E não é pouco. Que haja cada vez mais sujeitos a falar e menos 'sujeitos políticos', mais 'pessoas' e menos 'companheiros'."[51]

Se tentarmos hoje substituir "proletariado juvenil" por "precariado", "imigrantes" ou "jovens da *banlieue*"[52], recordamos rapidamente que os vícios da "esquerda de classe" são sempre os mesmos. Se nos concentramos sobre a questão da mercadoria-cultura, sabemos já que os vários festivais "alternativos", talvez organizados pelos centros sociais, tornaram-se cada vez mais uma feira de falsidades sem igual, e se olharmos para a questão do "sujeito", basta pensar nas assembleias-gerais durante os mais recentes movimentos de massas

51 Gianfranco MANFREDI, "Miti, riti e detriti di Parco Lambro", em *L'Erba Voglio*, n. 27 (Milão, setembro/outubro de 1976). N. da E.: Reproduções de todos os números da revista estão disponíveis em: <https://www.inventati.org/apm/archivio/320/ERB/lerbavoglio.php>.

52 N. da T.: Em francês, *banlieue* refere-se ao subúrbio de uma grande cidade, que conta, por vezes, com uma administração semi-independente da cidade em torno da qual está formada. Em português, o termo pode ser traduzido como "periferia", em sentido análogo.

– contra o CPE na França ou a Onda universitária na Itália – tornaram-se outros tantos "palcos" da mistificação e do abuso por parte dos "sujeitos políticos" organizados para a sua eterna reprodução. A diferença em relação aos eventos do Parque Lambro está no fato, nada insignificante, de a maior parte das pessoas que estiveram ali presentes não terem tido quaisquer escrúpulos em destruir aquilo tudo – ainda que a custo de errar, ainda que a custo de ter de reconstruir tudo, o fundamental estava mais além, fora do parque-gueto, fora da "política", fora também do "sujeito".

O perigo, assinalado por exemplo por *Senza Tregua*, mas também por *A/traverso*, era que o proletariado juvenil se deixasse embalar na admiração do seu próprio ser gueto separado, de se prestar a uma ideologização da "festa", de renunciar à revolução para se contentar com as bugigangas da contracultura, mas as coisas tinham avançado tanto que era agora impossível a redução da forma de vida daquela coletividade a uma simples subcultura; o verdadeiro problema era como fazer durar todo aquele excesso, como se auto-organizar no seu interior, como continuar a expandir-se e a destruir a parte inimiga.

O número de abril de *Rosso* é mais que um manifesto programático: *"Operai contro la metropoli"* [Operários contra a metrópole] é o título do número 8 da nova série, datado de 24 de abril de 1976. Um número que demonstra como é sempre possível estar corretamente *no* movimento, através do registro dos seus comportamentos, para exaltá-los e relançá-los em espaços ainda mais vastos, sem tentar enquadrá-los em estúpidas estruturas omnicompreensivas, mas sim traduzindo-as, por meio das próprias posições, em indicações de luta cada vez mais massificadas. A imagem da capa é belíssima: um autônomo com uma balaclava na cabeça que flutua no ar de uma metrópole em transformação, com os velhos edifícios modernos em baixo e, destacando-se em cima, os novos arranha-céus do poder:

"a multiplicação dos ataques proletários à metrópole já não é só um dado emergente, luta antecipadora, subjetividade de vanguarda. Na apropriação, na manifestação armada, no ataque militar reconhecem-se estratos de classe, comportamentos políticos cada vez mais amplos [..]. Ao lado da loja expropriada, começam a ser fechados os bares de tráfico de heroína, as sedes da CL[53] são invadidas e destruídas [..]. Da pequena fábrica ao bairro, do tecido social recomposto sobre novos termos devem desaparecer todas as formas de controle, todas as formas de poder de organização do trabalho".[54]

---

53 *Comunione e Liberazione* [Comunhão e Liberação], organização católica de direita muito presente nas escolas e universidades.

54 "Un comunismo piú forte della metropoli", em *Rosso – giornale dentro il movimento – n.s.*, n. 8 (Milão, 24 de abril de 1976).

No mesmo número, além das ações milanesas de 25 de março, há a descrição da revolta de 30 de março dos desempregados napolitanos organizados na Autonomia. A batalha desenrola-se furiosa em todo o centro da cidade de Nápoles, paralisada por, ao menos, quatro protestos diferentes que atacam centros de emprego, dispersam a polícia, ocupam a estação e danificam alguns vagões, depois atacam a Bolsa, saqueiam várias lojas e param dois ônibus que são destruídos e servem para uma enorme barricada. Enquanto outros comandos destroem automóveis e quebram os vidros de outros ônibus, os policiais à paisana que tentam se infiltrar são reconhecidos, agredidos e expulsos da manifestação. Em Roma, é invadida a embaixada de Espanha e o Estado começa a responder, cada vez mais, disparando para matar, até que, ainda em Roma, em 7 de abril, é assassinado durante uma manifestação antifascista outro companheiro, Mario Salvi, provocando duríssimos confrontos de rua nos quais, além dos *molotovs* lançados contra os ministérios e a sede da *Democrazia Cristiana*, são ainda disparadas armas de fogo contra a polícia.

Em Bergamo e Varese, na Lombardia, as manifestações sindicais de 25 de março são perturbadas por confrontos com a polícia, expropriações e ataques às sedes da *Democrazia Cristiana*. Nas fábricas jogam-se os últimos cartuchos de resistência às reestruturações: *"gambizzazione"* de chefes, disparos intimidatórios de metralhadora contra as vitrinas da direção e incêndios que se repetem uns após os outros. Em maio, no dia seguinte à morte de Ulrike Meinhof, explodem pequenas bombas contra alvos alemães em diferentes cidades. Não são ações decididas por uma estrutura centralizada qualquer: cada coletivo sintonizado nas "frequências" do Movimento sabia como mover-se em situações semelhantes, talvez incluindo, no calor do momento, também alguns tropeços, como quando, nesta ocasião, um coletivo milanês incendiou uma sede da Gestetner – uma empresa inglesa – pensado, pelo som do nome, que era alemã...

A metrópole é agora uma megafábrica sobre a qual se abate uma tempestade de fogo sem precedentes. O velho *slogan* de 1969 "Queremos tudo!" transforma-se em "Tomemos tudo!", e o programa da autonomia é declinado do seguinte modo: no terreno salarial, imposição de preços políticos contra o aumento dos preços, apropriações, represálias contra as grandes distribuidoras que se recusam a baixar os preços, ocupação das casas vazias, autorredução das contas, taxação à burguesia rica dos bairros em favor dos sem-renda. No terreno da militarização: bairros libertados de polícia e vigilantes armados, represálias contra a prisão e assassinato de companheiros, recusa de espaços nos bairros às organizações de "esquerda" que façam delações, eliminação dos traficantes de heroína. Enfim, sobre as formas de vida: ocupação de centros juvenis onde habitar, fazer reuniões e festas, rondas contra os fura-greves e a exploração nas pequenas fábricas e, por fim, coordenação metropolitana de todas as autonomias. "O território metropolitano deverá ser repercorrido rompendo a guetização dos bairros".[55]

Nesse ínterim, uma cisão no interior de *Senza Tregua* tinha produzido, por um lado, o nascimento dos *Comitati Comunisti Rivoluzionari* [Comitês Comunistas Revolucionários], uma estrutura legal, mas que também agia no terreno armado com outras siglas; e por outro, as organizações clandestinas, as *Unitá Comuniste Combattenti* [Unidades Comunistas de Combate] e *Prima Linea* [Primeira Fileira], enquanto os outros meios da Autonomia, dentro da área de *Rosso*, dão vida às *Brigate Comuniste* [Brigadas Comunistas] das quais, pouco mais tarde, destacam-se as *Formazioni Comuniste Combattenti* [Formações Comunistas de Combate]. Se *Brigate Comuniste* é na verdade a sigla com a qual alguns grupos próximos de *Rosso* reivindicam algumas ações de sabotagem armada – e serão dezenas e dezenas de siglas a realizar ações desse tipo no período –, *Prima Linea* e as *Formazioni Comuniste Combattenti* eram grupos que então se estruturavam como verdadeiras organizações autossuficientes, ainda que, ao menos nesta primeira fase, tivessem relações próximas com o Movimento. A maior parte dos seus militantes continuava a fazer intervenções públicas, ou seja, a militar nas estruturas legais na fábrica ou no bairro: não tinha ainda chegado o momento no

55 "Rompiamo il gueto del quartiere", em *Rosso – giornale dentro il movimento – n.s.*, n. 8 (Milão, 24 de abril de 1976).

qual as frações armadas clandestinas assumiriam a dianteira, era ainda a época em que a Autonomia difusa e organizada "comandava" as ruas.

Depois do verão de 1976, as lutas recomeçam com uma intensidade sempre crescente; no outono, um número notável de ações armadas atinge as fábricas e as cidades: em Turim é assaltada a Singer; em Milão, em 20 de outubro, durante uma manifestação operária, alguns comandos autônomos atacam o Instituto Farmacêutico de Angeli, destruindo o centro informático, incendiando os escritórios da De Angeli Frau (uma fábrica têxtil), fecham uma sede de *Comunione e Liberazione* com cerca de 21 *molotovs*, destroem as vitrines de uma editora de direita e, por fim, expropriam as bebidas de um supermercado; em Gênova, as *Brigate Rosse* incendeiam os automóveis de três dirigentes de três fábricas diferentes, enquanto em Turim reivindicam o incêndio de seis automóveis de "seguranças" da Fiat; ainda em Milão, em 12 de novembro, três militantes armados das *Unitá Comuniste Combattenti* irrompem na Assofarma, removendo os arquivos e a carteira do diretor, e assim por diante.

Mas esse é o momento dos círculos, o *seu* "Outono quente".

Além da estratégia vencedora das autorreduções no cinema, serão incisivas as ocupações de novos círculos e coletivos que surgem em Milão, como o de Romana-Vittoria e o do Corso Garibaldi, ou o Coletivo Autônomo de Barona, que se ocupam principalmente do terreno das rondas proletárias contra o trabalho clandestino, dos "mercados vermelhos", da expropriação e da ocupação de casas. Os coletivos organizam também autorreduções nos transportes públicos: entram nos ônibus, sabotam as catracas e distribuem folhetos, ou então entram em grupo e esperam que o cobrador chegue para lhe arrancar todo o bloco de multas da mão e, descendo, grafitam com *sprays* as paredes laterais do ônibus. Ou então, como ocorre em 3 de dezembro, para depois se repetir dezenas de vezes, apresentam-se em bom número num supermercado e convidam as pessoas presentes a apropriar-se das mercadorias, o que é imediatamente realizado: a expropriação não dura mais de um minuto. É necessária alguma atenção para não confundir a história dos Círculos com a dos Centros Sociais como o Leoncavallo, que foi ocupado em 1975 por militantes de diversas organizações da extrema-esquerda e que, não obstante a carga inovadora, tem na época dos Círculos – como recorda Primo Moroni, o "livreiro do Movimento" – uma postura bastante tradicional na sua prática política e com pouca compreensão das realidades juvenis das metrópoles, diferente de outros, como o Santa Marta.

Hoje, o Leoncavallo, que teve o seu período glorioso na década de 1980-90, ainda existe noutro local da cidade, mas ninguém o considera mais um centro social, é apenas um entre tantos outros locais da *movida*[56] milanesa: assim como

---

56 N. da T.: Termo espanhol usado para descrever uma situação de particular animação, divertimento e vida noturna dentro de uma cidade.

esteve na vanguarda de uma "nova maneira de fazer política" nos anos oitenta, também o esteve nos últimos dez anos, ao assinalar o declínio político e cultural das centenas de Centros Sociais italianos que tinham nascido no seu encalço, muitos dos quais se tornaram agentes da "requalificação urbana" – isto é, da destruição – das zonas populares das cidades ou se reduziram a fábricas de diversão com uma taxa mínima de cultura política que é exibida, no limite, como um estúpido *crachá* de reconhecimento, ou pior: um *logotipo*. Os que ainda resistem com um espírito autônomo e de pesquisa coletiva talvez se possam contar nos dedos.

Em 27 e 28 de novembro de 1976, na Universidade Estatal de Milão, dá-se uma assembleia nacional dos Círculos juvenis, da qual sai um documento em que se diz:

"[...] O Parque Lambro foi um espelho fiel das realidades da marginalização, de solidão e de força para mudar as coisas [...]. A luta pela autorredução dos cinemas tornou-se uma prova de força entre os jovens e o sistema [...], que a força que acumulamos se estenda não apenas aos cinemas, mas também aos teatros, aos espaços de dança e a todo local de violência ideológica que a burguesia imponha. [...] O nosso não à sociedade dos sacrifícios é dirigido à ocupação de edifícios e centros sociais dos quais pedimos o financiamento, é dirigido à ocupação de casas para partilhar em comum, é dirigido à imposição de preços políticos nos restaurantes, nas lojas de roupa, nos grandes armazéns. Precisamos acumular força, força para viver, força para derrubar o patrão..."

A linguagem adotada pelos Círculos é a dos "*indiani*", o manifesto de convocação do *happening* milanês é dominado por duas mãos que se cruzam segurando um *tomahawk*[57] e onde está escrito:

> "é tempo de as tribos dos homens se unirem para expulsar da Terra os falsos amigos do homem. *Desenterramos o machado de guerra.*"

A descoberta essencial era que o proletariado juvenil, a feminista, o desempregado, o "marginal", o operário social, já não tinham a escola ou a fábrica como espaço de agregação, mas faziam-no diretamente no *território*, no qual era impossível qualquer tipo de ideologia: no território as pessoas se organizavam com a luta direta, sem mediações, pela satisfação dos desejos. A recomposição do movimento já não passava pelas estratégias de "reivindicações", mas pela prática direta do objetivo, pela construção de alternativas materiais de vida aqui e agora, pela ocupação capilar e armada do território. Neste sentido, o marco inicial do "Movimento de 77" deve ser antecipado para 1976. Ao mesmo tempo, rompia-se também a aliança entre os autônomos romanos dos Volsci

57 N. da T.: Um machado de cabeça pequena, tradicionalmente utilizado como arma e como ferramenta por indígenas estadunidenses.

e a área de *Rosso*. Os Volsci criticavam nestes um desinteresse crescente pela grande fábrica e pela temática, segundo eles atual, dos "sovietes", para seguir numa campanha unilateral a favor dos estratos "emergentes" (jovens, mulheres, homossexuais), esquecendo rápido demais do operaísmo. Em Milão, onde tinha sido ocupado um velho barracão chamado *Fabbricone*, dá-se incompreensão semelhante entre os militantes da Assembleia Autônoma da Alfa e a maior parte dos de *Rosso*, os primeiros não compreendem os jovens "*freaks*" e as feministas, e querem usar o barracão como sede política tradicional, enquanto os outros sustentam, ao contrário, a linha de abertura às diferenças e aos novos comportamentos juvenis. Paolo Pozzi descreve tudo isto sugestivamente em *Insurrezione*:

> "No *Fabbricone* havia de tudo: um grupo teatral que se chamava *Teatro Emarginato* [Teatro Marginalizado], uma creche autogerida, um palco para representações e dezenas de ex-escritórios para fazer reuniões. Assim, acontecia de chegar ali e encontrar reunidos, ao mesmo tempo, mas em espaços diferentes, os grupos dirigentes de *Rosso, Senza Tregua* e as várias dissidências de *Lotta Continua*. Para não falar dos dias precedentes às manifestações, quando o *Fabbricone* se tornava uma fábrica de *molotovs* [...]. No fim das festas, formavam-se casais sempre diferentes e ali se consumou a crise de centenas de famílias. As mulheres se portavam como especialistas [...]. No mundo fantástico do *Fabbricone*, a vida te agarrava sem sequer fazer esforço. Bastava deixar-se

flutuar como uma rolha na água. Um fio de correnteza e tudo começava a deslizar".[58]

Infelizmente, as tensões entre os "operaístas" e os "metropolitanos" rapidamente fizeram declinar esse "mundo fantástico": discussões significativas de uma ruptura não apenas geracional, mas que tinha as suas razões mais profundas numa cultura política, o operaísmo fabriquista, que não compreendia as transformações antropológicas que estavam sendo afirmadas, ou talvez não: compreendia-as e lia nelas o seu crepúsculo. Todavia, o documento de março dos Coletivos políticos autônomos de *Rosso* fala claro e assume abertamente a *positividade* das contradições entre autonomia organizada e autonomia global dos movimentos e sobre a possibilidade de manter juntas a luta de classes e a luta de libertação:

> "que fique bem claro que não acreditamos na superioridade do projeto de ataque da autonomia operária se essa não se revela, *em primeiro lugar*, como capacidade de síntese política dos desejos de libertação".[59]

Na verdade, a análise revelava como, num contexto de feroz ataque capitalista, o reformismo sindical

58 Paolo POZZI, *Insurrezione* (op. cit., 2007).

59 "Agire collettivo e autonomo nella fase attuale", em *Rosso – giornale dentro il movimento – n.s.*, n. 7 (Milão, 13 de março de 1976).

e partidário apontava para a separação, violenta e guetizante, entre as "lutas pelo emprego" e as realizadas por jovens e feministas – o objetivo era claramente dividir o proletariado entre uma classe operária "garantida" e um estrato de "marginalização" improdutiva: corporativismo contra comunismo. Claro, a "síntese" dos movimentos era, na verdade, uma operação impossível enquanto permanecia em aberto o *como fazer* de uma organização metropolitana das autonomias, que evitasse estrangular a expansividade do desejo de libertação na ainda necessária recomposição das lutas e dos estratos proletários. Se até então a recomposição tinha ocorrido "espontaneamente", ressurgia agora, de forma cada vez mais aguda, o problema da sua organização, embora estando conscientes de que a *informalidade* da autonomia social e proletária representava já em si um forte limite às operações repressivas levadas adiante pelo capital coletivo.

Enquanto os autônomos organizados discutiam furiosamente as linhas políticas e de recomposição de classe, os Círculos do Proletariado Juvenil lançam "o ultimato à metrópole": ou a Câmara Municipal "vermelha"[60] de Milão aceita os seus pedidos de autorredução e ocupação dos edifícios vazios ou darão vida, em 7 de dezembro, ao boicote à estreia da temporada lírica do *Teatro Della Scala*,

60 N. da E.: Referência ao fato de que, então, a coalizão parlamentar "vermelha", formada pelo PCI, pelo *Partito Socialista Italiano* e pela *Democracia Proletaria*, era majoritária em Milão e em inúmeras outras metrópoles italianas.

tradicional ponto de encontro mundano da burguesia milanesa. O manifesto afixado em todos os muros da cidade mostra um *tomahawk* que caía ameaçador sobre a plateia do teatro: os dados estavam lançados. A autonomia organizada participou com relutância e pouca convicção nesta convocatória que, para os jovens proletários, ao contrário, tinha o caráter de um momento fundamental, mas o fez de modo diferente de todos os outros grupos que até então tinham cortejado os Círculos. Porque era claro como o sol que não seria uma repetição do protesto contra o Scala que aconteceu em 68, quando voaram inocentes ovos sobre os casacos de peles da burguesia.

O jornal dos Círculos, *Viola*, escreveu uma declaração de guerra:

> "O 7 de dezembro em Milão é Sant'ambrogio, a festa do santo padroeiro da cidade: a burguesia milanesa inaugura nesta data, com a estreia do Scala, um novo ano de exploração e domínio, ostentando a sua própria riqueza, os seus privilégios [...]. A estreia do Scala é hoje um limite político. O proletariado juvenil põe-se, juntamente com as mulheres, como detonador e como vanguarda cultural da explosão dos atuais equilíbrios de forças entre as classes, mas há algo a mais do que em 1968. A lógica dos sacrifícios é a lógica burguesa que diz: para os proletários o macarrão sem molho, para os burgueses o caviar. Reivindicamos o direito ao caviar: porque somos arrogantes (talvez porque seja característica dos jovens) [...]. Não obstante a Câmara vermelha, o

privilégio da estreia continua a ser dado à burguesia milanesa, por isso nos mobilizaremos para impedir os burgueses de entrarem no Scala: visto que a entrada nos foi negada, faremos tudo para negá-la a vocês. Se não conseguirmos as autorreduções, vamos autorreduzir os espectadores."[61]

Na tarde de 7 de dezembro, o centro de Milão está totalmente militarizado, mas cerca de três manifestações dirigem-se para o Scala: uma está, mais do que conduzida, defendida pelos militantes de *Rosso*, uma outra por *Manifesto* e pelos marxistas-leninistas, uma outra ainda pelo célebre *servizi d'ordine* de Casoretto, uma gangue de bairro que vinha das lutas antifascistas do início dos anos setenta. Foi um desastre: a maior parte dos rapazes não estava preparada para uma batalha campal. Os dois primeiros protestos foram rapidamente dispersados após uma série de confrontos desesperados e, assim, a polícia se concentra inteiramente na terceira, deixando-a sem via de fuga. Os companheiros lançam *molotovs* às dezenas para conquistar uma via de saída, mas alguns escorregam na gasolina inflamada, outros deixam cair os *molotovs* de gatilho químico nos pés enquanto correm: registram-se várias queimaduras graves, dezenas de prisões e centenas de detidos. Foi uma dura lição que ninguém esquecerá e aquele 7 de dezembro põe, substancialmente, fim

61 Circoli del Proletariato Giovanile, "Questa prima non s'ha da fare", em *Viola*, n. 1 (Milão, 7 de dezembro de 1976).

à história dos Círculos milaneses, cujos militantes convergiram nos vários coletivos da Autonomia ou desapareceram nas névoas da heroína.

Todavia, permanece forte a impressão de que se a Autonomia organizada milanesa tivesse realmente *acreditado* na insurgência dos Círculos tudo poderia ter corrido de maneira diferente e talvez, nos meses seguintes, as coisas em Milão também tivessem sido diferentes do modo como, todavia, elas fatalmente se apresentaram. Há que atentar, também, que do outro lado, nas fileiras da burguesia, o assalto ao Scala tinha causado uma enorme consternação e o seu jornal, o *Corriere della Sera*, tinha consciência de estar diante de algo bastante diferente de 68, algo de que se tinha medo porque era irreconhecível, *monstruoso*, e foi assim que eles recuperaram, de um modo totalmente mistificado, a imagem da *jacquerie*, inaugurando aquela contraposição entre um 68 positivo, fonte de modernização, e um 77 visto como *annus horribilis*, fonte de todos os males, uma contraposição que terá tanta fortuna na pseudo-historiografia dos anos posteriores:

"Milão assiste à insurgência de uma forma de *jacquerie* urbana estéril, privada de objetivos como eram, nos séculos antigos, as *jacqueries* dos campos [...]. Os protagonistas desta *jacquerie* são algo bem diferente e bem distante das manifestações de 1968. Nem a política, nem o sistema legal, nem os objetivos ou as estratégias lhes interessam. Do mesmo modo que as minúsculas gangues de camponeses das terras francesas incendeiam o castelo, estes gritam 'tomemos a cidade', que reluz, que tem os seus esplendores e as suas contradições. Se também o instinto e o sentimento de frustração impulsionam a alguma direção, erram os objetivos e a estratégia: estão fora de tudo, dos partidos, dos pequenos grupos, das próprias periferias de onde vêm".[62]

A *intelligentsia* burguesa via lucidamente algumas das características da fenomenologia insurrecional que se lhe apresentava perante os olhos, mas não conseguia vislumbrar uma "estratégia" porque esta estava *finalmente* fora de qualquer coordenada da política que pudessem compreender ou recuperar.

O ano termina, em dezembro, com outra impressionante série de ações. Para dar uma ideia: em Pádua, um comando de autônomos armados faz um bloqueio de estrada com automóveis e pneus incendiados, para permitir a um outro grupo a expropriação de um supermercado; em Turim e Milão, *Prima Linea* realiza duas ações contra associações patronais e contra as sedes da *Democrazia Cristiana*; em Florença, os *Reparti Comunisti de Combattimento* [Departamentos Comunistas de Combate] explodem seis agências imobiliárias; em Roma, alguns grupos autônomos explodem quinze pequenas centrais telefônicas em protesto contra o aumento das tarifas; em Milão atingem com

---

62 "Editoriale", *Corriere della Sera* (Milão, Quarta-feira, 8 de dezembro de 1976).

coquetéis *molotovs* uma loja envolvida na organização de trabalho clandestino.

Os Círculos juvenis romanos saúdam assim o último dia do ano:

> "Não permaneceremos nas nossas 'reservas'!! Desta vez, o fim de ano será uma noite de festa e de guerra! *De festa*: porque temos necessidade de estar juntos, de sentir o nosso calor, de encontrar coletivamente a vontade de lutar para transformarmos a nós mesmos e ao mundo, para vencer o desespero e organizar o sonho. *De guerra*: porque não estamos dispostos a sacrificar a nossa vida, a nossa fantasia, para os patrões. E queremos gritar isso nos cérebros deles, com todo o nosso desespero, com toda a nossa alegria de viver!"

Autonomia e delírio do sujeito: mil grupos em multiplic/ações

> "O poder não está só onde se tomam decisões horrendas, mas onde quer que o discurso remova o corpo, a raiva, o grito, o gesto de viver."
> Collettivo A/traverso, *Alice é il Diavolo — Sulla strada di Majakovskij: testi per una pratica di comunicazione sovversiva* (Bolonha, Ed. L'Erba Voglio, 1976)[63]

---

63 N. da E.: Republicado como *Alice è il Diavolo — Storia di una radio sovversiva*, a cura di Franco "Bifo" Berardi e Gomma (Milão, Shake, 2002).

De grande importância, por sua proximidade em relação às práticas do proletariado juvenil e por causa de alguns desenvolvimentos de 77, é a atividade dos pequenos grupos autônomos que se criam nesse período ao redor de revistas como *A/traverso – giornale dell'autonomia* e *Zut – foglio di agitazione dadaista*, experimentações de escrita e de vida radicadas entre Bolonha e Roma. A primeira, entre outras coisas, funcionou como o laboratório no qual se viria a inspirar a *Radio Alice*, a rádio livre de Bolonha e, por antonomásia, a rádio do Movimento. Claro, existiam na Itália outras experiências radiofônicas movimentistas, como a *Radio Sherwood* em Pádua, a *Radio Cittá Futura* [Cidade Futura] em Roma e a *Radio Popolare* em Milão, mas a *Radio Alice* tem, nessa história, uma importância e especificidade particulares, recentemente celebrada num belo filme de Guido Chiesa, *Lavorare con lentezza*.[64] A confirmação da sua importância no imaginário coletivo é o número impressionante de crianças nascidas em 77, e anos posteriores, que receberam o nome Alice. Essa experiência excepcional não teve continuidade – ao contrário de algumas das outras rádios citadas que continuam ainda hoje a transmitir – simplesmente porque *aquela rádio não era senão o Movimento* e, portanto, perseguições policiais à parte, ela termina quando este termina. Quando se fala de

---

64 N. da E.: Guido CHIESA, *Lavorare con lentezza*, 2004 (111 min).

coletividade e de movimentos, a continuidade não demonstra nada de revolucionário, apenas o oportunismo e o espírito empreendedor dos que continuam a qualquer custo. Contudo, a *Radio Alice* ainda vive, permanece na memória comum como um dos episódios mais significativos da nossa história revolucionária.

A/traverso começa a ser publicada em maio de 1975, feita inicialmente com uma máquina de escrever e um marcador e, depois, reproduzida em *offset*; o título é composto por letras recortadas de jornais como o *L'unitá*, *Il Manifesto* e *Rosso*. Nesses anos, Bolonha é um território particularmente adaptado a este tipo de experiências "criativas": muitos dos 70 mil estudantes universitários daquele período chegavam para estudar no DAMS (Departamento de arte, mídias e espetáculo), uma nova licenciatura na qual trabalhavam diversos professores libertários e abertos às contaminações do Movimento, que contava com estudantes provenientes de toda a Itália, especialmente do Sul, mas também estrangeiros como, por exemplo, alguns alemães que fizeram parte das experiências de que falamos. Bifo e os outros que faziam a revista eram quase todos ex-militantes de *Potere Operaio* e de *Linea di Condotta*, mas adeptos das linhas "espontaneístas"; naquele período, tinham lido *O Anti-Édipo*,[65] e vivido, ainda que entre mil

65 N. da E.: Gilles DELEUZE e Félix GUATTARI, *O Anti-Édipo – Capitalismo e esquizofrenia 1* [1972], trad. Luiz Orlandi (São Paulo, Ed. 34, 2010).

contradições e com muita felicidade, o movimento feminista e gay, colocando-se imediatamente num terreno no qual a auto-organização não é, e nunca se tornará, uma "subjetividade política": o pequeno grupo, a revista e a rádio tornam-se o instrumento e nunca a direção de algo ou alguém; a sua proposta é a coletivização do cotidiano e a organização micropolítica. Aliás, não se tratava de instrumentos, escreve Bifo, mas de "agentes comunicativos": "A *Radio Alice* não estava a serviço do proletariado ou do movimento, mas era uma subjetividade do movimento".[66] Tratava-se de valorizar a experiência das casas coletivas, dos círculos, dos grupos de autoconsciência, dos coletivos de fábrica, de escola, de universidade e assim por diante, fazendo deles uma rede capaz de aumentar o conflito e de sustentar a possibilidade de autonomia em todos os sentidos, da física à mental. Valorizando as experiências recentes, não pensam apenas na fábrica como centro de irradiação da intervenção, mas também na vida cotidiana na sua complexidade e na relação crítica que se estava criando entre proletariado juvenil e metrópole.

Desde o início, *A/traverso* esclarece que considera defensiva a luta praticada nas fábricas nesse momento, e parte daí uma necessidade de ruptura, de um salto no vazio que era pré-anunciado como sendo rico em possibilidades. Mas lia também os

---

66 Franco "Bifo" BERARDI, "La specificitá desiderante nel movimento dell'autonomia", em Sergio BIANCHI e Lanfranco CAMINITI, *Gli Autonomi – Le storie, le lotte, le teorie*, vol. 1 (op. cit., 2008).

sinais de angústia e de autodestruição que se vislumbravam no Movimento, resultantes da incapacidade de lidar com a desagregação do passado recente, junto às suas seguranças políticas e existenciais. Dessa angústia, na sua perspectiva, derivavam tanto as tentações mistificantes e o hábito de usar heroína como as pulsões militaristas e ultrabolcheviques que reproduziam espetacularmente a máquina estatal na fantasmagoria do Partido, repropondo a política como dimensão cindida e alienada do movimento: a política, escrevia, era e é medir-se somente em função dos tempos do Estado. Ao contrário, era necessário interceptar os microcomportamentos, os *sintomas* de uma subjetividade latente que não podia senão emergir no terreno da autonomia, na recusa do trabalho, no estranhamento, na apropriação, ou seja, na separ/ação (é *A/traverso* que inventa, obviamente, esta maneira despedaçada de escrever). A política se dá e cresce na "supressão do sujeito"; assim faz também aquela política que, reivindicando-se revolucionária, no dia seguinte à insurreição, como demonstram as experiências passadas, sempre recriou o domínio da máquina governamental de separ/ação, o da burocracia reformista sobre a autonomia, o do socialismo do capital sobre o comunismo da libertação. A possibilidade que *A/traverso* via na autonomia difusa estava no fato de o Estado não conseguir verdadeiramente atingir os microcomportamentos desviantes na sua profundidade, mas apenas de os reprimir, mas era daqui que surgia a nova importância adquirida pelos psiquiatras, os sociólogos, os criminólogos, os sindicalistas, os jornalistas como agentes da sociedade de controle. O encontro com o trabalho de Michel Foucault, da mesma época, teve uma enorme importância para compreender essa transformação das dinâmicas governamentais.

Emergia, portanto, a contradição irredutível entre política e Movimento, entre a primeira como momento da supressão, da institucionalização, do espetáculo e do interclassismo, e o segundo como estranhamento, desejo, autonomia. Então a classe teve que ser redefinida como o

> "processo de recomposição de um sistema de unidades desejantes, pequenos grupos em multiplicação, movimentos de libertação que reconhecem a sua unidade prática na libertação do tempo de trabalho, da forma de existência do desempenho [...]. Na separ/AÇÃO o capital vê o seu fim".[67]

A/traverso dá também um passo importante em direção à discussão definitiva sobre a noção de sujeito. De fato, diziam os bolonheses, o sujeito reemergia sempre como supressão da multiplicidade esquizoide dos transtornos e dos desejos vividos pela singularidade, impondo-lhes uma hierarquia interna e uma centralização exterior, exatamente como a política. O sujeito, como a política, descentra e totaliza, separa e centraliza, diferencia e hierarquiza, reproduzindo continuamente uma Norma à qual é

---

67 *A/traverso – le repressione* (Bolonha, março de 1976).

necessário adequar-se. O leninismo foi uma expressão muito particular desse processo que, partindo de linhas de fuga revolucionárias, acabou por produzir a Classe Operária como sujeito do Partido-Estado e a política socialista como Norma da impossibilidade da libertação do trabalho, no fundo da impossibilidade de viver sem o Capital. A autonomia operária, os movimentos feministas, dos homossexuais, dos transexuais, dos proletários metropolitanos, ao contrário, unificam na multiplicidade aquilo que está aparentemente separado, destroem a dialética público/privado, desnaturalizam o comportamento sexual: o problema é a invenção de uma máquina de guerra capaz de utilizar todas as fugas da Norma sem ser uma máquina centralizada, sem sintetizar todas as singularidades num sujeito político. Então, é evidente que *também* o marxismo-leninismo é uma estrutura do desejo, ou melhor, que todos os debates sobre a organização são, na realidade, discussões em torno do desejo, mas a verdade é que a sua presença explícita nunca foi permitida nos Partidos Comunistas e nas caricaturas que lhes seguiram, o que foi ainda mais determinante para direcioná-los à reterritorialização doentia do reformismo e/ou do militarismo, em direção à sublimação do sujeito no Partido e à destruição científica de qualquer linha de fuga. O desejo, dizia Guattari, é um "desprogramador": é por isso que no Grande Partido, em que tudo é Programa para levar até o fim, tudo é Plano Quinquenal ou milenar, torna-se algo a *neutralizar.*

A/traverso não identificava no proletariado juvenil um sujeito, mas um estrato social em movimento que deslocava o eixo do conflito da fábrica para o território, e que substituía uma vanguarda de fábrica ou de partido por uma vanguarda de massas metropolitana, que era *operária* não devido a sua posição no ciclo produtivo, mas devido a sua forma de vida. Era um novo terreno de conflito e de organização que não tinha qualquer necessidade de "programas", mas sim de perceber o *como* do movimento, sem se afogar novamente nas visões "globais", mas partindo das exigências singulares, a partir do próprio movimento. A ocupação de centros juvenis, por exemplo, fazia parte deste *como*. Mas deveria também terminar a lista das lutas *por* algo: pelo salário, pela casa, no final das contas, *pelo* poder – porque naquele *pelo* estava o sacrifício do presente:

> "O problema não é a defesa do posto de trabalho. O militante que se disfarça de carbonário,[68] o partido da esquerda revolucionária que pede preços políticos, os coletivos feministas que exigem um salário para o trabalho doméstico arriscam, uma vez mais, a se tornar subalternos de um projeto social-democrata de separação entre salário e desejo, ativam ainda o mecanismo da delegação através do qual um grupo se encarrega de negociar os desejos das massas. [...] O programa das massas não caberia numa biblioteca, o partido revolucionário tem as

68 N. da E.: "Carbonário", do italiano *carbonaro* (carvoeiro), em referência à sociedade secreta de matriz liberal e anticlerical, fundada no Reino de Nápoles, no início do século xix, e que teve grande importância no *Risorgimento* (o processo de Unificação Italiana).

suas sedes em cada casa, em cada local de trabalho, de estudo, de diversão onde se lute pela realização dos próprios desejos, a revolução nunca parou".[69]

A/traverso propõe o "pequeno grupo" de companheiras e companheiros como local de transformação da vida e instrumento de libertação do trabalho, como célula de organização do movimento das separações: não um enésimo *partitino*, mas uma organização molecular que nasce "das relações da vida cotidiana, de amor e amizade, da recusa do trabalho e do prazer de estar juntos". Mas contra o risco de que o pequeno grupo, para se defender da desagregação, recrie hierarquias, exclusões e isolamentos, era necessário criar os tempos de um debate sempre aberto com o Movimento, compartilhar as experiências que se viviam e acumulavam no pequeno grupo com todos os outros e, por sua vez, fazer-se a/travessar e deixar-se a/travessar pelo presente com todas as suas contradições. Essas reflexões nasciam também de uma situação de dificuldade do pequeno grupo que redigia *A/traverso*, mas, em vez de guardar o mal-estar no interior do grupo, de esconder a crise, como geralmente fazem as organizações, levá-las para fora e deixá-las abertas a exame:

> "O problema da recomposição é, portanto, o da passagem de um estranhamento difuso e desconexo à reconstrução de comportamentos ofensivos. O problema da construção de novos instrumentos de

69 *A/traverso – le repressione* (Bolonha, março de 1976).

agregação e de coletivização do desejo. Ora, semelhante problema não se resolve no local fechado de uma organização e, ainda menos, com discursos abstratos sobre a unidade: a recomposição não pode efetuar-se senão sobre o terreno das práticas de transformação (a partilha, o estudo coletivo, a prática da autoconsciência, a apropriação, a escrita coletiva, a comunicação); no terreno de uma prática que percorre *transversalmente* toda a laceração da existência, todas as figuras nas quais o sujeito-classe se especifica."[70]

A recomposição do movimento, naquele momento, dava-se como sintoma, como delírio, mas era daí, fazendo delirar o sujeito, que seria possível fazer emergir o *como*. Enquanto isso, era necessário começar a operar uma descontinuidade na linguagem e nos espaços. É assim que nasce a *Radio Alice* e que se ocupa um local em Bolonha, que se chamará *Altrove* [Outro Lugar]:

"Alice era o megafone da supressão, dos desejos, da esquizofrenia do cotidiano. *Altrove* deveria ser o local liberado/liberador onde cuidar da transformação das relações presentes".[71]

Mas enquanto o projeto de *Altrove* se debatia com as habituais dificuldades produzidas pelo vanguardismo e pelo voluntarismo – as dificuldades

70 *A/traverso – le repressioni* (Bolonha, março de 1976)

71 *A/traverso – numero proposta. Giornale per l'autonomia* (Bolonha, julho de 1976)

habituais nas tentativas de transformar o pessoal, as dificuldades nas dinâmicas de dependência dos muitos em relação aos poucos, e as de não conseguir negar-se a si como sujeito, –, Alice, ao contrário, derrubava todos os muros da indiferença, enfiava a faca da ironia na banha da burguesia vermelha bolonhesa e exaltava o desejo de qualquer um, dos jovens da periferia aos estudantes deslocados, do operário à dona de casa. A *Radio Alice* golpeava duramente porque tinha metabolizado a lição de que deveria ser o terreno do cotidiano a determinar a qualidade do movimento, a de nunca se posicionar como "instituição", mas antes como multiplicadora de desejos e destruidora da ordem linguística e semiótica dominante, e a lição de que era somente a partir daí que também a fábrica, reconectada à vida comum, poderia novamente tornar-se terreno revolucionário. A *Radio Alice* mostrava que tinha terminado o tempo da "contrainformação", que mantinha inalteradas as relações tradicionais entre código e mensagem, entre emissor e receptor, e que havia chegado o tempo da *guerrilha informativa*. Entre a informação e a contrainformação "normal" e aquela praticada pela *Radio Alice*, dizia-se, existia uma separação "tão grande quanto a vida": a produção de informação podia finalmente ser feita de modo coletivo.

No primeiro manifesto escrito publicado pela rádio – que começa as emissões em 9 de fevereiro de 1976, só para que se compreenda o "contexto" –, há um guindaste do qual se projeta um Lenin orador e, por baixo, uma parede com os dizeres *"poter... operaio"* e, do espaço da letra que falta, emerge um grupo de músicos psicodélicos. No início, a rádio era feita por uma dezena de pessoas, às quais prontamente se juntaram estudantes, feministas, jovens operários e gente bizarra. Naquela época, as rádios livres eram uma raridade e ninguém nunca havia pensado no que a *Radio Alice* fez desde o início: em vez de utilizar o microfone como megafone da sua "própria" organização, colocou-o à disposição de qualquer um. Todos podiam telefonar e opinar, cada "coletivo em multiplic/ação" podia fazer a sua própria transmissão:

> "As mais diversas vozes cruzavam-se e contagiavam-se, num contínuo fluxo verbal. E como se sabe, falar é uma forma de autoerotismo e, portanto, de gozo, o que se percebia perfeitamente escutando as emissões. [...] As vozes sem imagens, as vozes que se intensificavam no escuro".[72]

A polícia detém imediatamente Bifo, sob a acusação de pertencer a uma gangue armada. Como resposta, 10 mil proletários foram para a rua fazer uma "festa para a repressão"; pouco depois Bifo seria solto. *Radio Alice*: como "ritual coletivo contra a solidão" e, portanto, como catalisadora da revolta contra o terrorismo de Estado.

Até então, a questão da linguagem e da escrita tinha sido tratada, quando o era, pela velha e pela

---

72 Klemens Gruber em "Intervista a Klemens Gruber di Alessandro Marucci", em Franco "Bifo" BERARDI e Veronica BRIDI, *1977 – L'anno in cui il futuro cominció* (Roma, Fandango Libri, 2002).

nova esquerda, como algo puramente instrumental; *A/traverso* rompe esta frustrante tradição propondo uma prática da linguagem como delírio coletivo e transversal da classe, ou seja, como fuga da ordem, do previsível, do significado, que é também a interrupção da comunicação, sabotagem da circulação de informação, isto é, o assalto ao centro nevrálgico da máquina capitalista contemporânea. Dizem, por exemplo, sobre a escrita:

> "Tentemos no terreno da escrita. Uma escrita que não seja uma síntese externa, nem um reflexo; mas que se preste a sustentar o processo na sua curva, fazendo-se sujeito prático da tendência: através de um trabalho teórico que trate da composição de classe tanto nos dados fatuais como na tendência: através de uma escrita que seja uma prática transversal capaz de fazer crescer a tendência nos fatos: uma escrita capaz de dar, em si mesma, um corpo à tendência, de encarnar a tendência como desejo, de escrever na vida coletiva as possibilidades de libertação."[73]

Mas isso também queria dizer interrupção da linguagem organizada da política, das assembleias sempre iguais, sempre cheias de moções e nunca de emoções. Tudo isso determinou que *A/traverso* fosse a revista com maior difusão no Movimento nesse período e que dela, do seu delírio e da sua profanação de todas as temáticas caras à esquerda, tenham colhido inspiração dezenas e dezenas de outras publicações.

73 *A/traverso – percorsi della ricomposizione. Quaderno n.1* (Bolonha, outubro de 1975).

As suas referências culturais iam de Rimbaud a Lautréamont, de Artaud a Debord, dos *Quaderni Rossi* a Deleuze e Guattari, mas são as vanguardas históricas a tomar a dianteira: formalistas russos, futuristas revolucionários e especialmente dadaístas. Com *Zut*, *A/traverso* inventa o mao-dadaísmo e sustenta que, no ponto em que Dada tinha falhado, na abolição da separação entre signo e vida na arte, o mao-dadaísmo terá sucesso porque irá realizá-lo na prática:

> "O dadaísmo queria romper a separação entre linguagem e revolução, entre arte e vida. Permanece uma intenção porque Dada não estava dentro do movimento proletário e o movimento proletário não estava em Dada [...]. O maoísmo indica-nos o percurso da organização, não como reificação do sujeito-vanguarda, mas como capacidade de sintetizar os desejos e as tendências presentes na realidade material."[74]

Claro, o seu maoísmo pouco ou nada tinha a ver com aquele "real", mimetizado pelos micropartidos marxistas-leninistas na Europa: Bifo afirmará anos depois que, para eles, Mao era o velho-criança que aconselhava a neta a não ir às assembleias, que elogiava a revolta contra as boas maneiras e contra a política-dever; e que, para eles, a guarda vermelha parecia formada por tipos bizarros e libertários.

74 *A/traverso – che cento fi ori sboccino/che cento radio trasmettano/che cento fogli preparino/un altro '68 con altre armi* (Bolonha, fevereiro de 1977).

De Mao, na verdade, gostavam de citar uma frase que, segundo consta, ele tinha dito durante a Revolução Cultural: "As minorias tem que ser respeitadas porque frequentemente a verdade está do seu lado". Em suma, era um Mao que vivia numa casa coletiva, que tinha estado no Parque Lambro e tinha ido às aulas de Deleuze e Guattari.

Permaneceu, para todos, a necessidade de atravessar, em termos práticos, aquela barra que estava visivelmente inscrita no nome da revista e em todos os jogos linguísticos que seus redatores se divertiam em inventar. O sinal é repetido no gesto, o gesto no sinal: um evento. Eventualmente quebrando o espelho, se não houvesse outra maneira de passar para o outro lado. E foi Maiakovski – ressuscitado na Itália dos anos setenta pelo romance de Bifo, *Chi ha ucciso Majakovskij?* [Quem matou Maiakovski][75] – quem indicou o caminho da supressão da separação espetacular entre movimento e partido, arte e vida, quando a exceção se torna cotidiano e o cotidiano se torna extraordinário: poesia é *fazer* a revolução. A crítica sem a insurreição é nada. Até o fim:

"....desta vez Maiakovski não se matará, a sua pequena *Browning* tem mais o que fazer."[76]

75 Franco "Bifo" BERARDI, *Chi ha ucciso Majakovskij? Romanzo rivoluzionario* (Milão, Squi/libri, 1977)

76 *A/traverso* (Bolonha, março/abril de 1977).

UM PIANO NAS BARRICADAS:

(1977)
O MOVIMENTO,
A INSURREIÇÃO,
AS GANGUES, A DISPERSÃO

capítulo III

Destruir o tempo dos patrões

> "Que 'tudo continue assim', isto é a catástrofe."
> Walter Benjamin, *Zentralpark* (Paris, 1938-39)[1]

O "Movimento de Setenta e Sete" tem este nome porque aqueles que o constituíram lhe nomearam no preciso momento em que ocorria. Uma raridade nos dias de hoje: estamos realmente habituados a que sejam sempre os *outros* – os jornalistas, os juízes, os policiais, os intelectuais – a exercitar a faculdade mágica de "dar nome" aos eventos revolucionários dos quais são inimigos ou sobre os quais se estende a grande sombra da história dos vencedores. Eles, os vencedores, preferem chamar àquele período "anos de chumbo" e o 77 é um projétil de tempo que ainda não conseguem racionalizar.

Sabemos bem como as palavras, os nomes e as imagens são um campo de batalha não menos importante que os outros, muitas vezes são até mesmo os decisivos, e o fato de aquele evento continuar a ser chamado *também* assim – Movimento de Setenta e Sete – indica que os *outros* ainda não venceram totalmente. Assim como "o Maio"

---

1 N. da. T.: Ed. bras.: Walter BENJAMIN, "Parque Central", em *Obras Escolhidas III: Baudelaire, um lírico no auge do capitalismo*, trad. José C. M. Barbosa e Hemerson A. Baptista (São Paulo, Brasiliense, 1995), § 35.

de dez anos antes permanece, apesar de tudo, o nome próprio do comunismo jovem do século XX. Mas o 77 nunca foi recuperado pela grande narrativa democrática e progressista, como aconteceu com o 68, e isso testemunha, mais uma vez, não só a sua radicalidade, mas o fato de ser algo que ainda nos interpela.

1977 foi, de fato, o ano no qual a luta pela e no interior da linguagem, de uma parte e de outra, viu-se a desempenhar um papel que nunca tinha assumido tão explicitamente. Se para o Estado e as mídias tudo se jogava na mistificação semântica e na redução das ações de conflito a atos criminosos – ao tentar ler os jornais da época, será difícil perceber que alguns dos episódios apresentados num registro sombrio de "crônica policial" são, ao contrário, expressões de luta –, para o Movimento, escrevia *A/traverso*, o problema não era tanto denunciar a falsidade da linguagem do poder, mas mostrar, e depois quebrar, a sua verdade, a sua ordem de realidade, fazer emergir o seu "delírio". Eis a razão pela qual se começou a sabotar a sua validade, falando com a sua voz e com as suas palavras, mas produzindo *signos falsos* que revelavam, assim, a verdade escondida do poder, aquela contra a qual lançar a revolta: "Informações falsas que produzam eventos verdadeiros; [...] a realidade transforma a linguagem, a linguagem pode transformar a realidade".[2] Foi sintomático, a esse respeito,

---

2 *A/traverso – che cento fi ori sboccino...* (Bolonha, fevereiro de 1977).

um episódio ocorrido em Bolonha em janeiro, quando uma célula mao-dadaísta distribui um falso panfleto da Cofindustria (a associação nacional de patrões) numa assembleia pública do PCI, no qual se louvavam com hipérboles as políticas comunistas para o trabalho: todos os burocratas o consideraram verdadeiro e concordaram, contentes, enquanto o liam; os operários, a quem foi distribuído no dia seguinte, decifraram imediatamente o jogo com o seu infalível instinto de classe. Dezenas e dezenas de "fraudes" foram produzidas pelas edições do movimento em 1977, justamente para demonstrar, por meio de um aparente exagero ou inversão, o que efetivamente desejava o poder.

Houve também outras tentativas de nomear a insurgência de 77. Houve, por exemplo, quem a tenha chamado internamente de "movimento dos sem-garantia", referindo-se a sua composição social, formada majoritariamente por estudantes, trabalhadores precários, desempregados, mulheres, homossexuais, a plebe em geral, opostos em bloco aos "garantidos" que, em primeiro lugar, identificava-se nas "aristocracias operárias", defendidas pelas organizações sindicais e pelo PCI e, em segundo, portanto, no resto da sociedade integrada. Houve ainda a tentativa, desta vez exterior, de Asor Rosa – professor de Literatura Italiana na Universidade *La Sapienza* de Roma, um ex-operaísta que se tornou intelectual de ponta do PCI –, que chegou a conceber a teoria que deu o título ao célebre volume editado pela Einaudi, *Le due società* [As duas sociedades], no qual sutilmente desenhava o cenário de uma Itália devastada pela "crise" na qual se confrontavam dois modelos sociais e mesmo antropológicos: o da "classe operária organizada" (por eles), que representava a "primeira sociedade", a dos produtores, contra a do "movimento dos marginais", que seria a "segunda sociedade", um gueto não-produtivo e ainda por cima acusado de ser a base material e ideológica de um novo anticomunismo. A consequência da sua teoria era que "a luta já não é mais por impor uma hipótese política *diferente* para as *mesmas* massas, mas sim entre duas sociedades distintas".[3]

Na sua premeditada provocação, a tese do professor social-democrata trazia alguns elementos de verdade: não era falso afirmar que aquilo que se confrontava nas ruas de 77 era, bem mais do que duas políticas, duas "visões do mundo" diferentes – enquanto a dos "sem-garantia" parece banal, na sua pobre dialética entre empregados e desempregados, entre quem tem e quem não tem representação política, entre os que têm e os que não têm acesso aos direitos; além disso, definir-se negativamente é sempre perder por vários motivos, o menor dos quais não será, como neste caso, o de aparecer como alguém que luta para conquistar as mesmas "garantias" que o seu adversário. Sobre o pretenso anticomunismo dos "marginais", é melhor estender um véu piedoso sobre aqueles comerciantes

3 Alberto Asor ROSA, *Le Due Societá* (Turim, Einaudi, 1977).

de histórias alheias, sobre esses Noske[4] que, ainda uma vez na Europa, autonomearam-se polícia política do capital coletivo.

Para além disso, Asor Rosa e o PCI enganavam-se completamente na análise de um ponto fundamental: os "marginais" sobre os quais tagarelavam eram, na verdade, um conjunto de estratos proletários que compunham já a maioria virtual dessa composição de classe altamente escolarizada e que, em breve, seriam inteiramente precipitados no novo modo de produção, enquanto verdadeiramente marginais estavam se tornando precisamente aquelas velhas figuras operárias que tinham votado no PCI, às quais, inclusive, o partido não foi capaz de garantir nada, nem sequer uma derrota honrosa, para além do "governo" e do "salário justo"!

4 N. da E.: Gustav Noske (1968-1946), membro do Partido Social-Democrata Alemão (SPD), primeiro ocupante do cargo de Ministro da Defesa da República de Weimar entre 1919-1920, incentivador de primeira hora e, logo em seguida, comandante direto das *Freikorps* – as milícias da extrema-direita alemã constituídas para reprimir, por via do extermínio, a revolução de Novembro (de 1918) e os levantes spartaquistas (de janeiro de 1919). Em 1914, havia apoiado a entrada na guerra e, em Weimar, foi um dos protagonistas – junto a Friedrich Ebert (1871-1925), primeiro Presidente da Alemanha (1919-1925), também do SPD – da integração definitiva do partido às forças da Ordem, cooptando para a nova república burguesa, erguida sobre o sangue dos revolucionários, a legitimidade de classe do partido junto a suas bases no movimento operário. Para o funesto retrato da figura de Noske, ver: Sebastian HAFFNER, *A Revolução Alemã (1918-1919)* [1969], trad. Bianca Tavolari (São Paulo, Expressão Popular, 2018).

Em 77, a verdade é que as grandes fábricas já não contavam quase nada, porque a produção fugia, era levada para o exterior, fragmentada, informatizada. Como recorda um velho dirigente das *Brigate Rosse*:

> "Uma greve, mesmo que pequena, em Mirafiori em 1972, queria dizer agredir o domínio capitalista na fábrica, prefigurava um confronto de poder que se alargaria, [...] queria dizer estar na ofensiva [...]. Uma greve, mesmo grande, na mesma fábrica, em 77 [...], queria dizer, ao contrário, defender com unhas e dentes, e talvez com o próprio desespero, aquilo que Agnelli [dono da Fiat] tinha já subtraído, ao deslocar a produção para um outro local."[5]

Efetivamente, o Movimento de 77 encontra maior extensão em cidades como Roma, Bolonha ou Pádua, ou seja, territórios onde não existia uma classe operária industrial massificada e socialmente hegemônica, como em Milão ou Turim, mas um proletariado difuso nos serviços, nas universidades, nas periferias, nas pequenas empresas. Ainda que seja inegável que nesses territórios houve uma intensificação do conflito, eu pessoalmente não faria uma leitura totalizante deste dado "geográfico", porque a força desse movimento foi, na realidade, a de se *molecularizar* para penetrar em toda parte, contaminando cada estrato social

---

5 Entrevista de Mario MORETTI, em *Una Sparatoria Tranquilla – Per una storia orale del 77* (Roma, Odradek, 1997).

e chegando com os seus "farrapos" até as menores aldeias. Parece óbvio que, qualquer que seja o ponto de vista, se identificarmos a "segunda sociedade" com os sem-garantia, os precarizados e os marginalizados, esta "segunda" sociedade se tornou, hoje, a primeira e a única disponível.

Assim, caso se quisesse fazer uma leitura quase "economicista" de 77, seria necessário enquadrá-la como insurreição dos estratos proletários que tiveram consciência de que a crise do valor-trabalho estava sendo despejada em cima deles pelos patrões, que o precariado viria a ser não um parêntesis no desenvolvimento vindouro, mas sim a sua essência, e que tudo isso significaria o fim de toda e qualquer solidariedade de classe, tornando-se alvo de um individualismo exuberante que começava a emergir nas dobras de um novo modo de produção. A tudo isso, opuseram uma insurgência de massas, tentando, entre o entusiasmo e o desespero, contrariar os acontecimentos, acelerar um processo revolucionário antes que a premissa neoliberal se tornasse uma avalanche. Talvez seja parcial como leitura geral, mas não é errada. Francamente, pensando agora, antes "marginais" em revolta que tornar-se cidadãos de um império capitalista que induz ao suicídio, cem mil vezes melhor (auto)marginais felizes do que tristes "trabalhadores *freelance*", escravos de empresas destinados ao moedor, espectadores passivos da sua própria solidão infinita. As interpretações pós-operaístas que se seguiram, sobre uma suposta "classe cognitiva" que reclamava em

77 o seu lugar na hierarquia social, surgem mais como *desiderato* dos teóricos do pós-qualquer--coisa do que como algo relacionado com os desejos do Movimento: troca-se, assim, o resultado da reestruturação capitalista por uma paralisação do processo revolucionário. Uma coisa, efetivamente, é dizer que a reestruturação se traduziu num novo modo de produção capitalista hegemonizado pelo trabalho imaterial, ou melhor, pelo biopoder e pela cibernética, outra é sustentar que o ciber-trabalho teria sido o principal resultado do movimento das autonomias e que seria hoje necessário, consequentemente, reivindicar como positivos o valor deste trabalho e a sua produção de subjetividades e que, talvez, armadilhas policiais como o *Facebook* devam ser tomadas como novos instrumentos de libertação coletiva. Com efeito, a ideia principal é sempre a mesma, ou seja, deduzir do modo de produção o "novo sujeito" que deve liderar a transformação coletiva por meio de uma forma regulada de conflito que se reduz a uma contratualização da intensidade da exploração e à porção de *governabilidade* a gerir "autonomamente".

A esse respeito, bastaria ler algumas intervenções nas assembleias de 1977, ou qualquer uma das que foram recolhidas no livro-discussão *I non garantiti*,[6] que é um texto "moderado" para a época, para compreender que aquilo que esses

6 Diego BENECCHI e outros, *I non garantiti* (Roma, Savelli, 1977).

"estranhos estudantes" tinham no corpo era algo completamente diferente. O fato de tudo explodir, como veremos, em torno e no interior da universidade não significa que se estivesse perante o enésimo movimento estudantil que reclamava a sua entrada na sociedade do trabalho: o movimento de 77 não foi um movimento *pelo* trabalho, mas sim por sua *destruição*. A atitude mais habitual em relação ao trabalho era bem visível nas anedotas irônicas, mas sérias, do tipo *"trabalhemos todos, mas pouquíssimo e sem qualquer esforço"*, ou, nas manifestações, quando começavam a gritar "35 horas!", referindo-se a exigência operária de diminuição do horário de trabalho, para depois continuar "34 horas! 33 horas...", até chegar a "Uma hora!". Os cenários construídos em relação à esfera da atividade produtiva eram todos eles, também nas suas diferenças, unificados pela ideia de uma cooperação social comunista baseada não no valor de troca e na produção de valor da força-trabalho, mas no valor de uso da força-invenção e na solidariedade entre os mundos da experiência proletária, uma vez quebrada a própria relação de produção. Ou seja: a ruptura revolucionária *no presente* permanecia, de qualquer modo, o pré-requisito de qualquer projeto, qualquer programa, qualquer planejamento do futuro (planejamento que, por outro lado, nunca apaixonou muita gente). O *comum*, que aparece volta e meia, ontem como hoje, dá-se nos movimentos revolucionários, aquilo a partir do qual tudo pode ter princípio e fim, não parece residir em qualquer mistério da natureza ou da economia, mas naquilo que faz com que se recomponha, nas lutas, o que o capital separa, e isso acontece sempre através do exercício de uma violência *partigiana* [guerrilheira] que visa aniquilar o ambiente hostil dentro do qual o governo capitalista aprisiona a própria vida.

Antonio Negri sustentou recentemente em Paris, em uma conferência sobre "terrorismo" – realizada em março de 2009 no *Théâtre La Colline*, paralelamente ao espetáculo de Michel Deutsch, *La Décennie rouge* –, que os movimentos italianos dos anos setenta falharam naquele que deveria ter sido o seu objetivo, qual seja, "regular o capitalismo" através da força. Objetivo que deveria, na sua opinião, ser também o mesmo dos movimentos sociais atuais, mas que não foi entendido nem pelo capital nem pelos movimentos, e que teria sido exatamente esta "incompreensão" que gerou a "violência extremista" e a do Estado. Por dedução, concluía, é exatamente o mesmo risco que se correria hoje se não se encontrasse um modo de tomar posse desta famosa "regulação". Mas afirmar isso é como dizer que os anos setenta na Itália foram, afinal, um enorme mal-entendido entre quem geria o Estado e quem "deveria" ter dirigido o Movimento: é como dizer que se tivesse sido encontrada uma boa mediação, tudo teria corrido bem e talvez tivéssemos tido a "sorte" de também ter na Itália ministros e políticos de governo provenientes das fileiras do Movimento, como Joschka Fischer na Alemanha e Daniel Cohn-Bendit na França. Se tomássemos como correta a explicação do longo e violento Maio italiano que Negri deu nessa conferência, seria uma daquelas explicações que mais confundem do que esclarecem, precisamente porque parece a enésima tentativa de racionalizar, de governamentalizar, algo que na verdade escapou à economia política e também à sua crítica. *O comunismo não é um socialismo* – e continuamos afeiçoados a esta lição da Autonomia – e, por isso, não pode consistir numa gestão do capital diferente, progressista e democrática, mas apenas na sua progressiva destruição. Essa explicação realmente não esclarece, além disso, porque é que durante os anos setenta não tenha existido nenhuma inclinação nos movimentos autônomos para uma mediação desse gênero. Mas, mais do que isso, interrogo-me: quem teria colocado toda a sua vida em jogo por uma mísera regulação da exploração, talvez no modelo alemão? Quem teria dado toda a sua existência à luta por um grau menos intenso de infelicidade, ainda que gerida de modo "autônomo"? É uma ideia de fato bizarra pensar que o jovem proletariado que desafiava todos os dias as tropas armadas do Estado, que os operários que destruíam a si próprios como força-trabalho, que os estudantes que desagregavam a universidade, que as mulheres que entravam em greve humana contra a sociedade, que as milhares de pessoas que acabaram encarceradas ou as centenas que perderam a vida na tentativa de *fazer a revolução*, pudessem alguma vez ter em mente que do capitalismo não se sai e que se tratasse apenas de lhe dar uma "regulada". Tudo o que fizeram leva a pensar o contrário. Talvez fossem todos loucos, mas é a sua verdade: uma verdade que é vitoriosa para além de qualquer derrota, eu acrescentaria.

Também se pode morrer de loucura, o que se deu frequentemente nos anos posteriores ao Movimento, mas quem se alimenta de um saudável reformismo também pode morrer em vida, como ocorreu a algumas experiências italianas pós-autônomas. Não se trata de retórica: retórica é explicar esse Movimento tentando, *a posteriori*, fazê-lo "regressar à razão" (e, *a priori*, fazer o mesmo com os presentes e futuros). Em contrapartida, nada de novo sob o sol:

> "este ponto de vista poderia restituir o sabor de outras experiências revolucionárias do proletariado, experiências vencedoras e, portanto, irremediavelmente traídas".[7]

Em relação à universidade, à parte o impulso oficial dado por um ministro desajeitado, basta dizer que durante 1977 não houve nenhuma reivindicação por uma universidade "melhor", nem sequer por uma "universidade crítica" no modelo de 68: nenhum tipo de "reformismo radical" esteve presente na Autonomia e no Movimento de 77. *Rosso* esclarece, precisamente nesse ano, que, diferente de outros como as *Brigate Rosse*, não considerava

---

7 Antonio NEGRI, *Il dominio e il Sabotaggio* (Milão, Feltrinelli, 1978).

o PCI e o movimento sindical como "traidores": para trair o comunismo era necessário ser comunista, enquanto a verdade é que eram socialistas, funcionários do capital coletivo, "heróis do trabalho assalariado". Além disso, continuando na questão da universidade e da autopercepção de si, muitos argumentaram que aquilo que era comum ao proletariado juvenil não era a condição de estudante, nem de aprendiz, nem de trabalhador precário, nem de desempregado, mas a destruição de qualquer papel e a recomposição *altrove* [em outro lugar].

A ruptura de 77 está no fato de, pela primeira vez, um movimento revolucionário moderno não se definir a partir das categorias da economia política, nem enquanto Sujeito: por isto era incapturável. E o fato de terem decidido desidentificar a si mesmos enquanto "estrato social que se move" nos algarismos do ano em curso [77] mostra bem que estavam longe de qualquer mania identitária. Diz um certo Franco em *I non garantiti*, que foi "casual que [o Movimento] tenha encontrado o seu ponto de agregação dentro da universidade: teria podido encontrá-lo – digamos – em qualquer outro espaço liberado", ou seja, em qualquer ponto em que a ordem do real tivesse sido quebrada. A subsunção da inteligência coletiva no neocapitalismo, a sua humilhante subordinação, resultou mais do desaparecimento do Movimento do que da sua realização, ao contrário do que alguns bem-pensantes gostariam de fazer crer. O Movimento, como disseram alguns, venceu porque destruiu o compromisso histórico[8] ainda antes deste ter sido formalmente sancionado, venceu porque a recusa ao trabalho obrigou o capital à desindustrialização, venceu porque não entregou a ninguém a sua representação política. Perdeu porque a autonomia se tornou exaltação do autoempreendedorismo, porque, em vez da redução drástica da jornada de trabalho, passamos a ter o conjunto da vida subordinado ao valor, porque à sua crítica destrutiva da Cultura sucedeu-se uma pseudocultura de telenovelas e *reality shows*. Perdeu porque não soube ou não conseguiu se tornar opção de poder, de um poder imanente, difuso nas redes de auto-organização social, continuamente posto em discussão pela sabotagem e que por isso mesmo se extinguisse como "relação social". É necessário admitir, contudo, que raciocinar nos termos de vencer/perder quando se fala de fatos dessa natureza, deixa sempre uma ligeira sensação de estupidez.

Porém, se quisermos dar uma leitura "subjetiva" a 77, então devemos procurar compreender que todas as experiências, as palavras, os gestos, os afetos, as imaginações, as armas e as verdades dos anos precedentes chegaram nesse ano, todas juntas, ao ponto de fusão – que não significa confusão –, ou seja, encontrando-se e recompondo-se com todas as suas diferenças no Movimento. Até agora, escrevemos esta palavra sempre em maiúsculas, Movimento, intencionalmente sem qualquer

---

8 N. da E.: Sobre o *compromesso storico*, ver detalhes no cap. 1.

preocupação em explicar o motivo, porque esse significado chegou apenas em 77: um animal prodigioso e belo, um enorme corpo monstruoso composto por órgãos e partes totalmente heterogêneas. Um monstro que se *movia* atravessando ruas, fábricas, casas, corpos, universidades, sexos, bairros e que, movendo-se, crescia, conhecia, destruía e construía: *um monstro sem sujeito*. Se quisermos nos referir às figuras clássicas da mitologia política devemos recorrer a *Behemot*, o monstro da guerra civil que na cosmogonia hobbesiana se ergue contra *Leviatã*, a feroz besta estatal. Mas esta é, no fundo, uma literatura dos patrões.

Foi nesse ano, em Bolonha, que apareceu uma grande faixa montada sobre três hastes que acompanhou todos os momentos da insurreição; tendo como fundo um dragão que cuspia fogo e chamas, estava escrito "Pela Autonomia e pelo Comunismo" e, em letras menores à esquerda, uma assinatura que diz muito sobre esse Movimento: *Comitato Autonomo "Ridi che la mamma ha fatto i gnocchi"* [Comitê Autônomo "Ria, que mamãe fez nhoque"]. Na mesma cidade, em várias manifestações, levava-se um enorme dragão de pano sob o qual se escondiam os estudantes que o animavam, construído na Universidade, no laboratório de Giuliano Scabia, um diretor e dramaturgo singular que olhava mais para as tradições carnavalescas populares do que para os clássicos da Ciência Política. Era, em suma, um monstro combatente, popular, com uma capacidade que nunca foi muito difundida nos ambientes "esquerdistas", a de rir, inclusive de si próprio.

Outras leituras parciais eram possíveis, por exemplo, aquela trágica que se pode ver num ensaio de Agamben que remonta a este mesmo ano, publicado em *Infanzia e Storia*[9], no qual se refletia sobre essa "perda de experiência" dos homens e mulheres contemporâneos, que indicava uma crise de civilização, e dos modos desesperados de remediá-la. Ou ainda, há quem dissesse que 77 era o *último* conflito social tal como fora conhecido no século XX e quem, pelo contrário, afirmasse que aquele ano *iniciou* o futuro. Cada uma destas leituras restitui talvez um fragmento, se não do monstro, então do *Stimmung* [estado de ânimo] no qual ele se movia.

Mas nenhuma leitura parcial reconstrói melhor o sentido de um tal *mover-se* do que olhar para o que efetivamente *aconteceu* e assim apreciar o que dele permanece de vivo. *Movimento-de-77* talvez não queira dizer, nesse sentido, mais do que o movimento que produz paradoxalmente um *bloco temporal*, uma condensação de *experiências* que, num determinado momento, decidiram enfrentar o tempo inimigo, interrompendo-o e fazendo irromper uma outra temporalidade, da qual emanava um cheiro inconfundível de comunismo: "o *verdadeiro* estado de exceção". Uma sensação que não estava ausente entre os combatentes de então, como mostra esta inscrição de um muro de 77 que afortunadamente chegou a nós:

9 Giorgio AGAMBEN, *Infanzia e Storia* (Turim, Einaudi, 1978); ed. bras.: *Infância e história: destruição da experiência e origem da história*, trad. Henrique Burigo (Belo Horizonte, Editora UFMG, 2005).

> "Durante a Comuna de Paris os *communards*, antes de dispararem contra as pessoas, dispararam contra todos os relógios e destruíram-nos. Queriam parar o tempo dos outros, o dos patrões. Hoje à minha frente além das caras de vocês eu vejo uma maré de relógios quebrados. Creio que este seja o nosso tempo."

Foi apenas pelo conjunto destes motivos que a Autonomia percorreu, nesse ano, um caminho no qual estava presente uma multiplicidade exagerada de *estados alterados de consciência* e no qual a inflação de momentos insurrecionais preencheu esse "nosso tempo", alcançando o que na linguagem pálida da Ciência Política é denominado *hegemonia*. Mas hegemonia não nos diz nada, nada sobre as gargalhadas, nada sobre a dor, nada das correrias urbanas, nada das festas e dos incêndios que aconteciam nesse ano e do qual, ainda hoje, os patrões, a pequena-burguesia e os governantes conservam uma lembrança de pesadelo. E o pesadelo consiste em saber que aquele não era o seu tempo e que há sempre, a todo instante, a possibilidade de um tempo no qual eles não existam mais.

"Uma barbárie inteligente"

> "Barões, patrões, bombeiros, aspirantes a dirigente, ratos de seção, obscuros burocratas, gente com bordado no bolso, partiremos talvez em

alguns dias e vocês tentarão esquecer regressando com: painéis de mensagens, circulares, processos democráticos, jornais, livros-caixa, enfeites, espelhinhos, propostas construtivas, ações positivas, delegados e moções (mas não nos encham o saco).../dirão: era fogo de palha, uma ralé obscura sem propostas (mas não nos encham o saco)/mas tudo isto não foi em vão, nós não esquecemos.../pelo seu poder fundado sobre a merda, pela sua miséria, odiosa, suja e feia.../Pagarão caro, pagarão tudo"
Collettivo Resa dei Conti [Coletivo Ajuste de Contas] (Piazza Bologna), Murais na *Universita la Sapienza di Roma*, fevereiro de 1977

Na véspera de Natal de 1976, em Palermo, a Faculdade de Letras é ocupada contra a aplicação de uma ordem do Ministro da Educação Malfatti, que procurava pôr fim ao "caos" nas universidades e expulsar um pouco daquela plebe que se tinha mostrado excessivamente contente ao participar na universidade de massas, uma universidade que as lutas de 68 tinham arrancado da República "nascida da Resistência". O ataque do governo destinava-se a apagar um conjunto de conquistas do movimento estudantil, como os planos de estudos liberalizados, que permitiam aos estudantes construir um itinerário intelectual autônomo, e as inscrições mensais nos exames que, segundo o ministro, favoreciam demais essa faixa de estudantes proletários – os quais, de fato, mediante o simultâneo aumento das taxas, pretendia-se expulsar da universidade, até porque eram os que mais causavam problemas de "ordem e disciplina". Em resposta, os estudantes sicilianos não só rejeitam essas medidas como também exigem um salário garantido para todos os maiores de 18 anos, a diminuição do horário de trabalho nas fábricas e o aumento, para quem trabalhava, das horas pagas para dedicar ao estudo (nessa época existia uma conquista que previa que pudessem ser dedicadas 150 horas anuais pagas aos operários para estudar). Além disso, querem ainda que os professores passem a bater cartão, como fazem os operários. As coisas ficam temporariamente por aí, com um armistício devido às festas natalinas.

Entretanto, aquele que foi chamado o "governo das abstenções" – isto é, o governo democrata-cristão que se mantinha vivo com a abstenção do PCI e que antecedeu o compromisso histórico –, mergulhado numa inflação econômica nunca antes vista, marchava por cima das populações, exigindo lágrimas e sacrifícios. O Partido Comunista, com o seu secretário-geral à frente, distingue-se pelo zelo com que pregava a *austeridade* e, para sustentar a sua política, agrupou em 14 e 15 de janeiro de 1977, no Teatro dell'Eliseo em Roma, os intelectuais próximos do Partido, o quais foram instados a colocar todas as suas energias na obra de convencimento das massas e no isolamento desses "bárbaros" que estavam a contrariar as *necessárias* medidas econômicas e políticas. Foi claramente afirmado que o único papel dos intelectuais nesse momento deveria ser o de funcionários do consenso e de transmissores de ordens governamentais: não se poderia permitir, em tempos de austeridade, coisas tão fúteis como a "liberdade de pensamento e de pesquisa". Asor Rosa, o deputado-jornalista Antonello Trombadori, o poeta Edoardo Sanguineti, só para citar alguns, entregaram-se a essa empreitada infame com uma inflexibilidade e um ardor de fazer inveja às piores burocracias soviéticas. Duas semanas depois, Berlinguer, o secretário-geral do Partido, repete o sermão perante uma assembleia de operários do PCI na Lombardia (evitava encontrar os outros cara a cara). A substância do seu discurso dizia que a austeridade não era, para eles, apenas uma medida de política econômica, mas algo que tinha a ver com o "rigor", a "eficiência", a "seriedade", a "moralidade", uma espécie de martírio de massas pelo socialismo. É então sugerido aos operários, aos desempregados, às mulheres e aos estudantes, como prova de virtude, que trabalhem mais e consumam menos. Ora, especialmente estas três últimas categorias se perguntavam como poderiam diminuir algo a que nem sequer tinham tido acesso, enquanto os operários não compreendiam bem porque é que enquanto a eles era pedido que se esforçassem na política dos sacrifícios, a burguesia continuava a festejar e a ir tranquilamente às estreias no Scala, onde uma entrada custava quase o mesmo valor de um salário de operário.

A partir de 1º de fevereiro, as universidades retomam a palavra e uma rajada de ocupações de faculdades atravessa a Itália: Palermo, Turim, Pisa, Sassari, Cagliari ou Salerno. Em Milão, Bolonha, Pádua e Florença, os estudantes proclamam o estado de agitação permanente.

Nesse mesmo dia de fevereiro, uma gangue de fascistas entra na cidade universitária de Roma e irrompe em três faculdades – Estatística, Direito e Letras – onde estava acontecendo uma reunião do Comitê de Luta contra a Circular Malfatti. Começam os espancamentos, os gritos e finalmente os fascistas disparam, atingindo um estudante na cabeça, Guido Bellachioma, que ficará em coma por vários dias. A ocupação da primeira faculdade romana começa assim, nessa tarde, como primeira resposta à agressão fascista. Enquanto isso, todas as sedes do movimento autônomo, as casas ocupadas, os apartamentos de companheiros, tornam-se locais de organização; em particular, o bairro de San Lorenzo, onde a população protegia os coletivos e era considerada uma espécie de "zona liberada" de polícia, de traficantes de heroína e também do PCI.

No dia seguinte, uma manifestação de 50 mil pessoas parte da Faculdade de Letras e, enquanto os grupos realizam um comício, alguns milhares se separam e saem com o objetivo de fechar uma sede fascista. Durante o percurso, na Via Sommacampagna, é atacada e incendiada uma seção do *Movimento Sociale Italiano – Destra Nazionale* (MSI-DN), mas enquanto a manifestação passa pela Piazza Indipendenza, tentando alcançar uma faculdade ocupada, um automóvel civil atira-se a toda a velocidade contra os manifestantes. Inicialmente acredita-se que sejam os fascistas, até porque os ocupantes do carro começam imediatamente a atirar. A manifestação responde ao fogo. Ao mesmo tempo em que um dos agressores – policiais das recém-criadas "equipes especiais", como se saberá depois – é ferido, dois dos companheiros da Autonomia que defendiam a manifestação, Paolo e Daddo, são atingidos por uma rajada de tiros; o primeiro é ferido numa perna e nas costas, o outro, num braço. Há uma sequência de fotos publicada apenas anos depois – tiradas por Tano D'Amico, o "fotógrafo do Movimento" – nas quais se vê Daddo socorrendo o amigo gravemente ferido, segurando-o num ombro e arrastando-o consigo, enquanto recolhe com a outra mão as duas pistolas: é uma imagem extraordinária de guerra e de amizade. Por fim, foram presos. À tarde, é incendiada uma outra seção do MSI-DN, enquanto na universidade se dá uma assembleia que reclama não apenas a revogação da circular Malfatti, mas também a autogestão dos seminários, o bloqueio das aulas dos "barões" (eram assim chamados os professores que geriam o poder universitário de modo "feudal") e a garantia de que a polícia não poderia intervir dentro da universidade. No dia seguinte, quase todas as faculdades são ocupadas, como acontece também em Milão, em Bolonha, em Bari, em Catânia, em Pádua e em Trieste. São dias em que se vê desfilar, em todas as cidades, enormes manifestações juvenis que apresentam características muito diferentes das "habituais". Os modos de fazer e de falar dos Círculos juvenis, das feministas, dos "transversalistas", tinham contagiado toda essa geração e isso era visto e sentido: respirava-se nas manifestações aquele clima *de festa e de guerra, de erotismo e de criatividade*, com o qual os diversos movimentos autônomos de libertação tinham feito a sua irrupção na metrópole no ano precedente. Em 5 de fevereiro de 1977, *todas* as faculdades romanas são ocupadas, enquanto à noite são incendiados inúmeros automóveis da polícia e dos fascistas. Nesse dia, pela primeira vez, a prefeitura romana veta qualquer manifestação e cerca a universidade com milhares de policiais. *O 77* tinha começado.

O PCI responde, por meio do seu "Ministro do Interior", Ugo Pecchioli, equiparando os fascistas aos autônomos, taxando ambos de *"squadrismo"*[10] e terrorismo, e pede o fechamento dos "esconderijos" da Autonomia. Um dos escritores comunistas mais importantes, Leonardo Sciascia, que à época integrava o Conselho Municipal de Palermo pelo PCI, em protesto, renuncia tanto ao Conselho como ao Partido.

Nesses dias, em Roma e noutras cidades, acontece algo que decidirá as características do Movimento. Às faculdades ocupadas começa a afluir um grande número de jovens proletários

10 N. da T.: De *"squadra"* ("equipe"). Termo empregado para designar os ataques das milícias fascistas contra o movimento operário e a esquerda italiana entre 1918 e 1924, momento de consolidação do regime fascista liderado por Mussolini.

e de outras pessoas que não tinham nada a ver com a universidade, mas sim com todo o resto e, entre eles, aparecem pela primeira vez de modo, por assim dizer, organizado, os *"indiani metropolitani"*. O proletariado juvenil e, em geral, todos os "marginais", reconhecem na universidade em luta um território *seu*:

> "as ocupações das universidades foram um pretexto: as instituições acadêmicas eram o local de concentração não apenas dos estudantes, mas dos jovens proletários que trabalhavam em pequenas fábricas e que não tinham qualquer possibilidade de se organizar e encontrar; havia também os desempregados, os rapazes dos bairros. As faculdades tornaram-se o quartel-general de uma onda de luta social que tinha como tema fundamental a recusa da organização capitalista do território e do trabalho, a recusa desse sistema que gera exploração e desemprego como as duas faces do trabalho social".[11]

Os *"indiani metropolitani"* eram compostos por pessoas muito variadas: ex-militantes de *Lotta Continua* e dos grupos, artistas revolucionários, jovens dos Círculos, feministas, estudantes pouco dispostos ao sacrifício da militância, ou que tinham percorrido essa experiência e queriam fazê-la ir pelos ares. Surge uma explosão de revistas ligadas ao que será chamado de "autonomia criativa",

---

11 Franco "Bifo" BERARDI, *Dell'innocenza – Interpretazione del Settantasette* (Bolonha, Agalev, 1989).

como *Wow* em Milão e *Oask?!* em Roma, as quais, pondo em circulação as intuições situacionistas e recuperando o surrealismo e o dadaísmo, invadiram as paredes e as consciências do Movimento. Na Faculdade de Letras ocupada, após uma divisão em "comissões" bastante tradicionais (trabalho, mulheres, universidade, etc...), os *"indiani metropolitani"* criaram uma chamada "Comissão de Marginais". Alguns membros provenientes do Círculo do Proletariado Juvenil romano tinham anteriormente formado os *Nuclei Sconvolti Clandestini* [Núcleos Dementes Clandestinos], que semeavam o caos nas iniciativas sérias de extrema-esquerda. Outros vieram de uma comuna que se chamava... "a Comuna", que tinha funcionado como local de referência numa zona periférica de Roma desde 1974 e que, no final de 1976, começou uma luta contra a reurbanização do bairro assinando *Risate Rosse* [Risadas Vermelhas] e *gruppo Geronimo.*[12] Assim, começam a participar nas manifestações autônomas gritando *slogans* como "Orgasmo livre" ou "Apaches, Cheyennes, Sioux, Moicanos, somos os *'indiani metropolitani'"*, mas os Volsci inicialmente não os compreendiam, considerando-os provocadores, e os agrediram na primeira manifestação em que apareceram, arrancando-lhes a faixa colorida que imortalizava um Gerônimo com uma espingarda na mão. Gandalf, o Violeta, que era em parte

---

12 N. da E.: Em referência jocosa ao termo "peles-vermelhas" e ao líder indígena apache Goyaałé (1829-1909), popularizados pelos filmes de faroeste.

o chefe dos *"indiani metropolitani"*, conta que se salvaram do pior quando um amigo de ambos conseguiu explicar aos Volsci que também eles eram "companheiros".

Os *"indiani metropolitani"* "certamente não eram proletários no sentido clássico e marxista do termo, eram mais... metropolitanos... algo parecido com o operário social, com a proletarização difusa e coisas do gênero".[13] Finalmente, acabam por se encontrar todos na ocupação da universidade e ocorre a primeira manifestação do Movimento:

> "Discussão, o que fazer? 'Ufa, que saco, as manifestações de sempre, todas enquadradas'. Em síntese, com muitos temores, decidimos dar a nossa contribuição com um *servizi d'ordine* brincalhão e mascarado, [...] entramos na manifestação posicionando-nos nas laterais, [...] indo e vindo, do início às últimas fileiras da passeata, cantando e fazendo cirandas, lançando *slogans* dementes [...], mas o que nos dá mais força é isso dos *'indiani metropolitani'*. Evidentemente, se tanta gente grita é porque respondíamos um pouco a algo, mas com certeza não estávamos fundando nenhum grupo novo. [...] O mais incrível é que também se formam grupos em outras cidades."[14]

13 Maurizio "Fanale" GABBIANELLI, "Che fare? Niente!", em *DeriveApprodi*, n. 15, edição especial: *Lingue & linguaggi. Gli indiani metropolotani* (Roma, inverno de 1997).

14 Entrevista com Olivier TURQUET, "Intervista all'indiano – Olivier Turquet in arte, all'epoca, Gandalf il Viola", em *DeriveApprodi*, n. 15 (op. cit.).

Na enorme fachada cinzenta de estilo fascista da Universidade de Roma, surge uma inscrição gigantesca em duas colunas: *"La fantasia distruggerà il potere e una risata vi seppellirà"* [A fantasia destruirá o poder e uma gargalhada vos sepultará].

Todas as críticas à política, à militância, às cisões entre o pessoal e o político, entre aparência e subjetividade, entre sexo e gênero, entre linguagem e poder, que tinham circulado nos dois anos anteriores, explodem nas assembleias das faculdades em luta, submetendo os militantes das organizações e dos grupos a uma linha de fogo devastadora, misto de ironia e dura contestação. Esses militantes, que tinham aprendido a política como profissão, que se sentiam "representantes" de uma linha política, da mesma forma que se representa uma mercadoria qualquer, estavam completamente desfasados, deslocados dos comportamentos do Movimento e foram obrigados a ceder ou, pelo menos, a reaprender o que queria dizer estar num movimento revolucionário em 1977. Sempre que um deles iniciava uma intervenção clássica de grupelho, daquelas abstratas, previsíveis e, portanto, *inúteis,* frequentemente gritava-se "fale sobre você primeiro!" ou começavam coros irônicos: "Burro, burro!" Muitos recordam essas assembleias como violentíssimas, não tanto no sentido concreto de agressões entre grupos opostos, as quais também aconteceram, mas na percepção de uma negatividade que até então tinha sido comprimida e que circulava agora sempre mais intensamente, expressando-se nas palavras, nos modos de se relacionar e de compreender; tudo isso foi vivido, não penosamente, mas como algo que tinha de ser expresso, ali, assim como na rua, com outros meios e objetivos diferentes. Também porque ocorria simultaneamente o desencadear da alegria, do prazer que se derramava nas festas que, pelo menos no início, não eram "decididas" por ninguém, mas surgiam por si mesmas, como modo de expressão espontâneo da felicidade, de estar juntos e não mais separados, não mais sós, não mais impotentes. E, assim, dançava-se nos pátios da universidade, cantava-se nas assembleias, tocavam-se instrumentos e bailava-se nas ruas da cidade, colocavam-se em cena os dramas e os destinos das pessoas, os corpos se enroscavam, as palavras se seguiam: o Movimento delirava. Em Bolonha, não era raro que, dos pórticos ao redor da Piazza Verdi, surgissem minimanifestações de pessoas mascaradas de palhaço, com trompas e tambores, a declamar o fim da moral, da religião, da política e da economia. Acontecia por vezes de, enquanto uma pequena, mas seríssima assembleia continuava por horas a discutir "estratégias" movimentistas, um cortejo de pessoas ali perto partir, noite adentro, fazendo barulho e os que discutiam compreendiam imediatamente que a estratégia estava ali, perto deles e em *movimento*. As manifestações de massas eram frequentemente interrompidas por cirandas e já não apenas aquelas das feministas: cirandas em toda parte, talvez à volta do companheiro "macho" de turno ou do professor universitário que escrevia artigos estúpidos sobre o Movimento, ou só porque sim, sem outra motivação que não a de brincar. Foi tudo isso, junto à sua determinação guerreira, que expulsou verdadeiramente a "política" e o "socialismo" do Movimento. Por outro lado, Marx não tinha dito que "cada passo do movimento real é mais importante do que uma dezena de programas"?

E o movimento real estava dando muitos passos. Nas universidades, mais do que organizar seminários autogeridos reconhecidos como disciplinas – coisa que nunca chega a transformar realmente a estrutura do poder universitário –, prefere-se interromper os cursos principais e transformá-los em instrumentos do Movimento: em Direito, estudava-se a repressão e os modos de tirar os companheiros das prisões; em Filosofia, já não interessava a ninguém, como tinha acontecido em 68, desafiar o professor sobre as sua interpretações de Hegel ou de Marx, mas antes sobre a transformação do quotidiano; em Economia, era possível estudar os métodos de sabotagem do orçamento público e da indústria; em Estética, a comunicação do Movimento; em Eletrônica, como construir uma rádio. Formavam-se coletivos de estudantes que decidiam os conteúdos e as contribuições de cada um para as provas, e patrulhas internas asseguravam que elas se realizassem coletivamente, com uma nota de base garantida a todos. Emergia com uma extraordinária extensão todo esse funcionamento de pequenos coletivos de escola e de universidade que, ao longo dos anos, tinham criado e transmitido um saber coletivo e, especialmente, independente, tanto da alta cultura oficial quanto daquela propagandeada pela TV e pelos jornais. Enquanto isso, os comandos autônomos realizavam um ataque intenso e extenso a todo o horizonte da metrópole, pondo literalmente a ferro e fogo os centros de exploração juvenil, os de controle policial e os dirigentes do Estado--empresa. A ciência da destruição e a ciência da criação caminhavam juntas.

Os dias da ocupação de fevereiro foram dias de uma comunização arrebatadora, cheia de alegria e de força:

> "Talvez ainda não exista uma barbárie inteligente, uma sensualidade irônica, uma ingenuidade sábia, mas já existe razão para pensar que são possíveis. Por esta pequena esperança, vale a pena combater os tristes, os aborrecidos, os etiquetados, os miserabilistas, *o ascetismo vermelho*".[15]

Neste artigo, Lea Melandri atacava, em particular, os professores da ultraesquerda e os militantes puros e duros que, procurando apropriar-se das linguagens e dos gestos do Movimento, o reconduziam à ideologia, à economia, à "operaização" forçada. Mas também critica os "desejólogos",

---

15 Lea MELANDRI, "Una barbarie intelligente", em *L'Infamia Originaria – Facciamola finita col cuore e la política* (Bolonha, Edizioni L'Erba Voglio, 1977; 2ª ed.: Roma, Manifestolibri, 1997).

aqueles da sexualidade que ultrapassa as diferenças de classe, os da *humanidade* reunida pacificamente na "sociedade da festa". E, todavia, concluía com uma nota de otimismo, porque os "resíduos" de todos esses discursos estavam ali, diante de todos: "uma festa contra a austeridade de classe". A luta dos estudantes sem escola, das mulheres sem família, dos operários sem fábrica, dos homossexuais sem vergonha, dos jovens sem poder, era este aprofundamento comum e contínuo das diferenças lançadas contra a cotidianidade monocórdica da exploração e da repressão, da moral e da governabilidade, era o revelar-se do "pessoal" no "político", uma vez atravessado o coletivo.

Um testemunho precioso da atmosfera que reinava nas universidades vem de um livro coletivo, *Alice disambienta – Materiali collettivi (su Alice) per un manuale di sopravvivenza* [Alice deslocada – Materiais coletivos (sobre Alice) para um manual de sobrevivência],[16] publicado em 1978 por *L'Erba Voglio* e que recolhe os materiais, as intervenções, os delírios e as apostas de um seminário organizado na Universidade de Bolonha, onde à época dava aulas o escritor Gianni Celati, entre o inverno de 1976 e o do ano seguinte, portanto, atravessando toda a estação insurrecional. Segundo Celati, que assinou uma nova introdução à reedição mais recente,

---

16 Gianni CELATI (org.), *Alice disambienta – Materiali collettivi (su Alice) per un manuale di sopravvivenza* (Bolonha, L'Erba Voglio, 1978; 2ª ed.: Florença, Le Lettere, 2007).

"a figura central das novas visões já não era o herói das classes populares, o herói de um confronto com o poder dos patrões, mas o indivíduo sem qualidades, disperso no desenraizamento de todas as classes, exilado dos deprimentes bairros de uma pequena-burguesia universal".[17]

Será difícil não perceber a assonância com a figura do *Bloom* desenhada por *Tiqqun* e a de singularidade qualquer, de Agamben. Todavia, a coisa mais importante, assinalada logo a seguir por Celati, é que essa figura do desenraizamento, de um lado a outro do Movimento, encarnava o espírito do tempo e essa consciência entrava em cada um dos discursos feitos durante esse seminário – o qual se desenvolvia em parte na aula, em parte na rua, em parte na cantina, onde quer que o fluxo dos eventos permitisse o seu desenrolar – e o que permanece de tudo isso, registrado nesse livro, não são apenas os discursos (aliás, bastante interessantes) sobre a infância, a escrita coletiva, o corpo, os grupos fechados e os abertos, as tribos em movimento e outras coisas mais, mas também e especialmente o

"regresso incendiário de uma alegria especial, alegria por razão nenhuma, exceto o encontro com os outros [...]. A coisa mais importante é que o movimento se realiza como impulso corpóreo, esforço desejante, sem mediação psicológica, sem estados de consciência vigilantes [...]. Porque a

17 Da introdução de Gianni CELATI para a edição de 2007 de *Alice disambienta* (op. cit.).

positividade é sempre uma questão de momentos: é a atmosfera, a entonação do momento exaltante ou angustiado no qual se anuncia uma abertura mental. A adesão ao momento transcende qualquer tipo de saber, qualquer forma de interioridade, porque nos reenvia a um porvir para além de nós; e, enquanto suspende os anseios competitivos, ajuda a pensar numa comunidade possível, sem 'mensagens'".[18]

O céu começou a escurecer a partir da metade de fevereiro. O PCI já não conseguia controlar o crescimento exponencial do Movimento e, dada a situação geral do país, decide dar um sinal forte: uma restauração da ordem na Universidade de Roma, cidade que, ainda por cima, naquele ano era governada por eles – era o que faltava.[19] Além disso, era bastante lógico que os desafios do compromisso histórico não podiam senão desenvolver-se na gestão da ordem pública, na sinergia entre PCI e DC em relação à repressão do Movimento, na normalização totalitária da vida quotidiana. Mas eles se deram muito, muito mal.

Em 16 de fevereiro descobre-se que Luciano Lama em pessoa – o secretário-geral da *Confederazione Generale Italiana del Lavoro* (CGIL), a

18 Idem.

19 N. da E.: Cabe notar que o prefeito de Roma, à época, o primeiro a não pertencer à *Democrazia Cristiana*, era o célebre historiador da arte Giulio Carlo Argan, eleito em 1976, ligado ao movimento da *Sinistra Indipendente* [Esquerda Independente] em coligação com o PCI.

confederação sindical comunista, com um *servizi d'ordine* formado por sindicalistas, militantes e jovens do PCI – tem intenções de ir à cidade universitária ocupada para "debater com os estudantes". O PCI de Roma erra os cálculos, pensa que vai desocupar a universidade dando dois tapinhas amigáveis na bochecha dos jovens que, duas semanas antes, tinham construído ali a sua base vermelha. Da Assembleia da Faculdade de Química é imediatamente difundido um comunicado que afirma "enfrentaremos com as armas da ironia o Lama que vem do Tibete"; um outro, da Faculdade de Letras, é mais duro, ainda que mantenha aberto um espaço de interlocução:

> "Se Lama acredita que vem à Universidade para fazer uma operação policial, o movimento saberá dar uma resposta adequada. Caso contrário, desafiamos o Lama a apresentar as contas da linha de compromisso sindical com os estudantes em luta".

Na manhã seguinte, quinta-feira gorda do carnaval de 1977, às sete da manhã, sindicalistas e militantes do PCI apresentam-se frente à Universidade e, em provocação, começam a apagar os escritos nas paredes, alguns serralheiros quebram as correntes que os ocupantes tinham posto nos portões, alguns insultam os estudantes que entram nas faculdades ocupadas, outros montam um palco no centro da Piazza della Minerva, com enormes alto-falantes do lado. De manhã cedo, deveria ocorrer um encontro entre funcionários da CGIL e estudantes, para combinar uma intervenção deles no comício, mas os funcionários faltam ao compromisso: é a prova de que desejam o confronto. Às dez da manhã, Lama chega escoltado por um grande *servizi d'ordine*, sobe ao palco e começa a falar, ou melhor, a gritar. Os alto-falantes repetem a voz do sindicalista num volume exageradamente alto, não é sequer possível entender o que está falando, o que no fundo não era o mais importante, o importante era emitir as "palavras de ordem". O *delírio* do poder queria mostrar-se em toda a sua arrogância.

Enquanto isso, a "segunda sociedade" tinha chegado às ruas, aos milhares: à frente, estão os *"indiani metropolitani"*, que arrastam um palco falso com um fantoche que representa o secretário-geral da CGIL e começam a ritmar *slogans* irônicos, do tipo "sa-cri-fí-cios, sa-cri-fí-cios, sa-cri-fí-cios", "mais trabalho, menos salário", "é hora, é hora, miséria a quem trabalha", "os Lamas estão no Tibete". Mas há também os Comitês autônomos dos operários de algumas fábricas, os *FUORI*, os estudantes dos coletivos interfaculdades, todo o mundo dos "marginais". Os sindicalistas se enervam, atrás deles estão três mil militantes do PCI que não veem a hora de punir os "vândalos". Em determinado momento, os *"indiani metropolitani"* jogam sobre parte da praça ocupada pelo PCI balões cheios de água colorida – afinal é carnaval – e o *servizi d'ordine*, de cabeça baixa, retira os balões. Mas atrás dos *"indiani metropolitani"*, todos os outros estão prontos para o confronto, e começam a atirar pedras e tudo o que houvesse à mão para empurrar os stalinistas para trás. Não basta, começa uma briga enorme. Finalmente, parte dos autônomos abre uma investida com paus, barras e chaves-inglesas, enquanto gritam "fora, fora a nova polícia", que varre o *servizi d'ordine* e os sindicalistas: Lama é obrigado a fugir. Os autônomos entram debaixo do palco, que é destruído junto ao carro de som sindical. Os *"indiani metropolitani"*, com penas entre os cabelos, as caras pintadas e machados de plástico nas mãos, leem nas escadas da Faculdade de Letras um comunicado: "Hoje o povo dos homens desenterrou os machados de guerra para responder ao ataque do cara-pálida Lama e declara aberto o estado de felicidade permanente".

Enquanto os stalinistas abandonam a zona, os estudantes reentram nas faculdades e improvisam uma enfermaria para cuidar dos feridos: felizmente em Roma havia muitos autônomos entre os estudantes de Enfermagem e Medicina. Os do PCI vão ao hospital público: não têm qualquer temor de serem detidos ou presos. O reitor da Universidade pede, à tarde, uma intervenção da polícia para despejar a ocupação e acorrem, imediatamente, furgões com milhares de policiais e *carabinieri*. Evidentemente, já estavam preparados. De fato, no dia seguinte, serão aprovadas pelo parlamento normas "especiais" que permitem fechar as sedes dos coletivos autônomos.

Os ocupantes decidem resistir o suficiente para permitir a todos abandonar a Universidade, a relação de forças era desfavorável demais nesse momento. A polícia lança dezenas de bombas de gás lacrimogêneo na Universidade e derruba as barricadas em chamas, mas dentro já não há ninguém. A *Sapienza*, como é conhecida a Universidade de Roma, será fechada até ao início de março, enquanto o Movimento reconstrói as suas bases na Casa do Estudante da Via de Lollis e noutras faculdades fora do centro.

É um dia histórico, numa escala que ultrapassa a especificidade italiana. Pela primeira vez confrontaram-se, também "militarmente", *as duas sociedades*; pela primeira vez um dirigente sindical, que fazia parte do Comitê Central do mais forte Partido Comunista ocidental, foi obrigado a fugir perseguido por milhares de proletários enfurecidos. Pela primeira vez surge, com toda a clareza, a divisão profundíssima, insanável, irreversível, entre a burocracia stalinista da esquerda institucional e o movimento real, ou, se se preferir, entre o Movimento Operário paladino de integração e o das autonomias, entre o socialismo dos sacrifícios e o comunismo dos desejos. Lama foi derrotado, o ecoar da sua voz foi submerso pelo escárnio dos "*indiani metropolitani*", o "mítico" *servizi d'ordine* do PCI, desbaratado pelos famigerados autônomos. Nenhum conselho de fábrica toma posição para defender a operação policial do sindicato e do PCI. É um choque da História. Uma interrupção do tempo contínuo e homogêneo. Os "*indiani metropolitani*" venceram novamente o general Custer.[20]

20 N. da E.: George Armstrong Custer (1839-1876), herói da Guerra Civil Americana, foi morto em batalha

Lama, Berlinguer e os seus bajuladores começam então a dizer "são fascistas", "*diciannovisti*"[21], "*squadristi*", mas essa reação sublinha apenas a pobreza de ideias dessa miserável direção "comunista" que pensava poder transformar a universidade ocupada num *gulag*. Dois dias depois, uma manifestação de 50 mil estudantes atravessou Roma, gritando que iam retomar não apenas a universidade, mas toda a cidade, a faixa de abertura afirmava: "Paolo e Daddo livres. Liberdade para todos os companheiros detidos." Na verdade, não existiam *duas sociedades*, uma de frente para a outra, mas sim *dois partidos*.

Foi assim que em 17 de fevereiro, em vez da normalização, começou a insurreição.

"Finalmente o céu caiu sobre a terra"

> "*Olhem, companheiros*: a revolução é provável."
> *La Rivoluzione* (Roma, fevereiro de 1977)

junto a sua divisão, que foi dizimada por um exército indígena nas assim chamadas "Guerras Indígenas", levadas a cabo pelos EUA contra uma ampla coalizão de nativos estadunidenses.

21 N. do T.: Referência praticamente sinônima de "*squadrista*", relativa ao ano de 1919, no qual as agressões das milícias fascistas a militantes da esquerda e do movimento operário atingiram o auge.

Com a expulsão de Lama, a explosão da metrópole e a emergência de centenas de coletivos autônomos dos quais ninguém sabia bem a proveniência, a Autonomia tomou subitamente consciência de que existia uma grande desordem sob o céu, que se poderia finalmente realizar um ataque ao conjunto do existente – e da existência –, que a crise dos grupos e da esquerda tinha terminado ao mesmo tempo que a longa marcha da Autonomia tinha começado, quatro anos antes, conduzindo-a da fábrica à sociedade: se na fábrica a social-democracia estava agora operando com um esforço enorme para acertar as contas com a separação operária e, portanto, o conflito se tornava cada vez mais difícil, na metrópole, ao contrário, as partes derrubavam-se, a luta era total, capilar, intensa. *As lutas, os comportamentos, a rigidez do operário-massa tinham atravessado todo o espectro da sociedade e desaguado no território, derretendo-se em mil fluxos de subversão que sintetizavam na derrota pública do grande chefe sindical uma década de história da autonomia operária.* Ao mesmo tempo, o Movimento Operário clássico terminava a sua história, demonstrando explicitamente o que estava implícito nas suas premissas originais, ou seja, a sua progressiva e inevitável subsunção à governabilidade capitalista. O Movimento-de-77 põe fim, de uma vez por todas, ao mal-entendido que durante décadas tinha bloqueado o devir-revolucionário dos próprios operários.

Um basta, então, às panfletagens em frente aos portões das fábricas, à procura de quem sabe qual legitimação, era preciso atacar maciçamente a direção social onde ela efetivamente estava, ou seja, nas sedes de concepção e planejamento, de automatização e de decisão que estavam dispersas na metrópole; era necessário atingir a reestruturação a partir da sua base produtiva real, enraizada na "fábrica difusa". Era necessário também atacar e vencer, pelo menos um dos pontos vitais da gestão das despesas públicas, como a universidade e a escola, para tentar minar todo o sistema de consenso que regia o "pacto social" sustentado pelo PCI e pela DC. Era especialmente necessário que o Movimento exprimisse toda a sua potência de separ/ação do Estado. Numa palavra: *era necessário insurgir-se.*

Assim, algumas seções da Autonomia percebem que o tempo do operaísmo tinha realmente terminado, as assembleias autônomas operárias que não quiseram dobrar-se ao novo vento que varria a Itália foram asperamente criticadas e até expostas ao ridículo em jornais como *Rosso*: "Centralidade operária" significava, naquele momento, intensificação do conflito e o seu atravessar por todos os estratos proletários, para uma recomposição num único plano de consistência revolucionário, no qual já não haveria diferenças entre operários de fábrica, proletariado juvenil, mulheres em luta, minorias oprimidas, subproletariado urbano e assim por diante. Centralidade operária = centralidade da luta, ponto final. O problema da organização só poderia ser resolvido aceitando a complexidade do Movimento, fazendo deslizar as vanguardas por todos os canais da luta, mas sobretudo exaltando as diferenças que o Movimento impunha ao real como determinações e, do mesmo modo, no que toca aos saltos lógicos e emocionais, armando-os e concebendo a recomposição nos termos de um avanço coletivo *no* conflito, em vez de um nivelamento num compartimento único ou rígido ao redor de um sujeito milagroso qualquer. *Senza Tregua* fica perplexa perante o que lhe parecia ser uma ruptura justa nas suas linhas gerais, mas que se arriscava a levar consigo a riqueza representada por milhares de operários que haviam lutado durante todos aqueles anos. Escrevia que era necessário sair de um mal-entendido, segundo o qual existia na Autonomia quem quisesse a centralização e quem, ao contrário, apoiasse a generalização de comportamentos espontâneos, entre quem quisesse a "centralização operária" e quem pretendesse a dos estratos proletários emergentes. Para *Senza Tregua* tratava-se de valorizar a rede de vanguardas de fábricas que se encontravam nesse momento sob ataque, ainda que considerasse correto não subordinar a capacidade de ataque do Movimento à resistência fábrica a fábrica. Isso não queria dizer que a organização revolucionária devesse ser *fisicamente* composta por operários:

> "A nossa ideia da 'centralização operária' parte, ao contrário, da consideração de que, se a crise e a reestruturação deram passos de gigante em relação às clivagens e separações que provocaram na classe operária tal como a conhecemos ao longo

dos últimos anos, o que importa salvar e requalificar é o nível subjetivo, a rede comunista, a figura do militante operário, o *patrimônio político e organizativo do ciclo de lutas dos anos sessenta.*"[22]

A sua proposta era, portanto, a de organizar territorialmente as relações de força, a partir da direção de núcleos operários comunistas capazes de recompor os diferentes estratos proletários.

Enquanto isso, a revista *Rosso* olhava febrilmente para os acontecimentos romanos, para a difusão incontrolável dos atos de subversão no país e, assim, para a mudança de velocidade que a situação exigia. Parece ter perfeita consciência disso quando afirma que, naquele ponto, organização só podia querer dizer

> "a ciência do diferente e a prática da descontinuidade, [...] a contínua (descontínua) articulação de ações de massas e ações de vanguarda; [...] impossível distinguir um elemento do outro, assim como subordinar um ao outro, [...] a organização política avança [...] por saltos das massas".[23]

---

22 *Senza Tregua – Giornale degli operai comunisti,* numero in attesa di auto-rizzazione [numero aguardando auto/rização], publicado como suplemento da *Linea di Condotta*, n.1 (Turim, maio de 1977). Republicado como "Quelle organisation faut-il pour l'autonomie ouvrière?", em Fabrizio CALVI (org.), *Italie 1977 – Le "Mouvement" – Les intellectuels* (Paris, Seuil, 1977).

23 *Rosso – giornale dentro il movimento – n.s.*, n. 15-16 (Milão, fevereiro de 1977).

Mas lhes parecia evidente, ao mesmo tempo, que essa passagem organizativa deveria ser percorrida também por um fator *subjetivo* e de *vanguarda*, de modo que isso significasse não apenas capacidade de exprimir uma linha política sobre a qual se pudessem articular as múltiplas autonomias, mas especialmente poder centralizar, ou seja, *decidir* "os momentos de confronto, até a decisão da insurreição". Por último, mas não menos importante, estava a capacidade militante de *quebrar os bloqueios impostos pelo adversário*, "abrindo-os à força, atingindo o inimigo uma, duas, três vezes, aterrorizando-o, desarmando-o, fazendo-o ouvir o ruído retumbante da impaciência dos desejos proletários"; traduzido, isso significava pôr em campo estruturas de vanguardas armadas capazes de destruir esses "bloqueios". Mas não nos enganemos, nenhuma ilusão sobre repropor velhas teorias do partido:

> "Importa dizer que não queremos construir nem um partido picaresco, nem um núcleo de aço: são ambos desumanos, ainda que o primeiro possa parecer mais simpático a quem, numa idade eletrônica, deseja tirar o aço de cima de si".[24]

E, por isso, a única proposta praticável era que o *partido*, isto é, a organização transversal das autonomias, se construísse por meio de uma "*coordenação progressiva* das iniciativas [...]. Não temos outra teoria que não aquela que expusemos. Só a

24 Idem.

prática é critério de verdade".[25] Isto escrevia *Rosso* em fevereiro de 77: não surgem apelos à mediação com as instituições e muito menos a uma "regulação do capitalismo". O apelo, se havia algum, era explicitamente dirigido à construção de linhas internas ao Movimento que conduzissem à abertura de uma multiplicidade de frentes de confronto que conseguissem, por sua vez, desencadear um processo insurrecional.

O conflito "subjetivo" – a guerrilha difusa – colocado em marcha nesse período por dezenas e dezenas de agremiações autônomas responde a duas linhas de ataque: a primeira, contra a fábrica difusa, está simultaneamente ligada à luta contra a reestruturação e o controle social; a outra, que se exprime, por exemplo, através das rondas, busca um enraizamento de vanguardas sociais no território, como embriões de contrapoder, e relaciona-se diretamente com a expressão imediata dos desejos proletários contra a metrópole. Por um lado, em Milão, por exemplo, siglas como as *Brigate Comuniste* reivindicam um ataque destrutivo à nova sede da Face Standard, que tentava desmembrar a produção para diminuir a potência conflitual dos operários; por outro, a *Ronda armata giovani proletari* [Ronda armada da juventude proletária] irrompe em pleno dia na Electrowaren, identificada como centro do trabalho clandestino no bairro (muitos estudantes e jovens precários tinham de fato trabalhado ali, na

25 *Rosso – giornale dentro il movimento – n.s.*, n. 15-16 (Milão, fevereiro de 1977).

distribuição de eletrodomésticos): tiram os empregados do edifício e depois o incendeiam, não antes de limparem a caixa registradora. Esse tipo de ação se difunde também em Roma, em Turim, em Pádua, em Bolonha e na província, onde quer que existam coletivos autônomos de bairro ou de vilarejos. O número de expropriações nas grandes lojas aumenta vertiginosamente, de modo proporcional à densidade da ilegalidade política que se espalha como uma mancha de óleo, e elas são cada vez mais frequentemente realizadas durante as manifestações. São dezenas de ataques às casernas dos *carabinieri* e aos comissariados militares, reivindicados pelas mais variadas e fantasiosas siglas autônomas por volta de 1977. Nascem ainda patrulhas e comandos compostos por mulheres, que atacam lojas e empresas especializadas na exploração do trabalho feminino ou estruturas sanitárias envolvidas na repressão biopolítica das mulheres. Em Pádua, a Autonomia ligada aos Coletivos Políticos do Vêneto e aos *Comitati Comunisti Rivoluzionari* consegue um crescimento exponencial a partir de 1977, e novas formas de ataque metropolitano são experimentadas, como os bloqueios armados dos principais nós viários da cidade, de modo a isolar algumas zonas nas quais se desenvolviam, simultaneamente, uma multiplicidade de ações de expropriação e de ataque, ou então as famosas "noites de fogo", durante as quais se realizavam coordenadamente dezenas de ataques armados em toda a região. Sem contar a miríade de ações de expropriação bancária e de conflito armado com os patrões e barões universitários.

A questão da luta armada em 77 torna-se um tema de discussão "normal" não só entre os militantes, mas também no Movimento. É necessário pensar que nas assembleias universitárias e de fábrica não era raro que militantes das *Brigate Rosse* ou de outras formações clandestinas interviessem no debate, sabendo que eram reconhecidos como tal. Como gosta de dizer um velho militante brigadista, Prospero Gallinari: "Éramos clandestinos para o Estado, não para as massas." Mas para os coletivos autônomos e os grupos armados como a *Prima Linea*, ao contrário das BR, a estratégia não era a luta armada *em si*, mas o Movimento, no interior do qual era necessária, segundo eles, uma batalha política que conseguisse impor uma legitimidade cada vez mais ampla das práticas guerrilheiras: não se tratava, para eles, de construir o enésimo grupo com ambição de se tornar o "novo e verdadeiro Partido Comunista", mas sim de desencadear um processo de polarização à volta das escolhas táticas que se apresentavam como incontornáveis:

> "*Prima Linea* não é a emanação de outras organizações armadas como as BR e os NAP (*Nuclei Armati Proletari* [Núcleos Armados Proletários]). A única direção que reconhecemos são as manifestações internas, as greves selvagens, a invalidação dos agentes inimigos, a exuberância espontânea, a conflitualidade extralegal".[26]

26 Do primeiro comunicado de *Prima Linea*, citado em Sergio SEGIO, *Una Vita in Prima Linea* (Milão, Rizzoli, 2006).

Há uma reflexão de Lucio Castellano relativa ao 77 que consegue expor de modo convincente as "motivações" e os "modos" com os quais e nos quais uma geração inteira "viveu com a guerrilha":

"O processo de liberação não é primeiro 'político' e depois 'militar'; ele aprende o uso das armas ao longo de todo o seu percurso; dissolve o exército nas mil funções da luta política; mistura, na vida de cada um, o civil e o combatente; impõe, a cada um, a aprendizagem tanto da arte da guerra como da paz. Não se pode pretender viver o processo de libertação comunista e ter a mesma relação com a violência, a mesma ideia de belo e de bom, justo e desejável, a mesma ideia de normalidade, os mesmos hábitos que um gestor bancário turinense de meia-idade: viver com o terremoto é sempre – também – viver com o terrorismo e para não ter uma ideia 'heroica' da guerra é necessário, acima de tudo, evitar uma ideia miserabilista da paz. Pacifistas como Lama recorrem a polícias, aqueles 'mais à esquerda' reivindicam a legitimação da 'violência de massas', do 'proletariado em armas'. O movimento real foi mais realista e menos belicoso, mais humano e menos heroico: foi porque criticou a guerra que colocou em discussão a paz e, porque recusou o exército, rejeitou o critério da delegação e da legitimação, com erros e aproximações e desvios terríveis, cultivando mitos absurdos no interior de uma história contraditória, mas aprendendo e melhorando num processo que modificou a realidade muito mais do que qualquer insurreição. [...] Crítica da política é, por isso, também a crítica da dicotomia guerra/paz. A paz de que falamos é a paz da democracia, e a violência que emprega é a 'violência legítima', que a maioria delegou às instituições do Estado: criticar essa violência quer dizer criticar o princípio mais desenvolvido da legitimação política, a democracia. [...] É por isso que, em toda parte, o movimento de libertação comunista se coloca fora da lei: porque se coloca fora do código democrático, e esse código define de modo exclusivo o universo da política. A crítica radical marxista da democracia identifica as categorias que fundam a luta de morte entre democracia e comunismo, entre poder democrático e libertação comunista."[27]

Entretanto, em Roma, em 26 de fevereiro, reúne--se uma assembleia nacional universitária muito tensa e caótica. O primeiro dia decorre num conflito permanente entre "linhas políticas"; os autônomos dos Volsci distinguem-se por uma agressiva gestão da presidência da assembleia, procurando não só contrariar os militantes dos grupos e do PCI, mas também todos os não "enquadrados" (por eles), como as feministas e os *"indiani metropolitani"* que, de fato, separam-se polemicamente da assembleia geral no segundo dia para reunirem-se noutro local. De qualquer modo, ao fim dos dois dias, é decidida uma manifestação nacional em Roma para 12 de março

---

27 Lucio CASTELLANO, "Vivere con la guerriglia", em *Preprint*, n. 1/4, suplemento ao n.º 0 da revista *Metropoli* (Roma, dezembro de 1978).

contra o regime do trabalho assalariado e pela organização autônoma dos estudantes, operários e desempregados. Durante os primeiros dias de março, as mobilizações e as ocupações nas universidades continuam em toda a Itália e ocorrem, quase em toda parte, confrontos entre o Movimento e o PCI, com expressões muito violentas em Turim. O PCI chega, nesse período, a preparar relatórios detalhados sobre os autônomos e fichas pessoais sobre militantes que, quase sempre, irão parar diretamente nos ficheiros da polícia, que os utilizará abundantemente nas operações de repressão.

Também nas prisões, nesse período, existem tensões, evasões e revoltas, e as *Brigate Comuniste* explodem uma nova prisão "modelo" que estava sendo construída em Bérgamo. Em 8 de março, por toda a Itália, as feministas organizam manifestações aguerridas: em Milão atacam durante uma manifestação o escritório dos serviços sanitários; atacam uma clínica privada onde, antes, realizavam-se abortos clandestinos e onde, agora, depois da legalização, recusavam-se; atacam também a loja de Luisa Spagnoli, uma cadeia de moda que explorava o trabalho de mulheres detidas; e por fim, os escritórios do governo regional, considerado responsável pela difusão da dioxina de Seveso (nessa região lombarda tinha explodido, alguns meses antes, uma fábrica química que tinha envenenado os habitantes). Um comando armado feminista pune também um dos médicos-policiais que se ocupava das mulheres grávidas intoxicadas com dioxinas e a quem era negado o aborto terapêutico. Em Roma, depois de uma enorme manifestação de 50 mil mulheres, as participantes dos coletivos organizam outra com cerca de 20 mil pessoas, enquanto ali perto se concentram aquelas próximas da *Unione Donne Italiane* [União das Mulheres Italianas], uma organização de mulheres do PCI, que são apenas 8 mil.

A coordenadora feminista de Via dell'Orso, em Milão, distribui um panfleto no qual se lê:

> "Não é pelo desenvolvimento capitalista que lutamos, não é por qualquer pseudorreforma que passa sobre as nossas cabeças que descemos às ruas, mas para *destruir o nosso papel de mulheres,* tal como nos é cotidianamente imposto no 'privado' e no 'social' [...]. *Recusamos ser mandadas de volta para as nossas casas* [...]. *Recusamos a libertação por meio do trabalho* [...]. *Recusamos a tentativa de planificar a nossa sexualidade* [...]. *Recusamos a violência do macho sobre nós* [...]. *Organizemo-nos autonomamente para transformar a nossa raiva em programa de libertação."*

Em Roma, em 5 de março, é proibida uma manifestação universitária que acaba por ser realizada de qualquer modo. A manifestação é imediatamente atacada pela polícia, mas consegue avançar com algumas manobras, livrando-se de dois carros blindados e alcançando o centro da cidade, onde se dão confrontos violentíssimos até a noite, incluindo trocas de tiros. O reitor fecha novamente a Universidade de Roma até a segunda quinzena de março. É significativo que os *"indiani metropolitani"* escrevam no dia seguinte um comunicado, aliás bastante divertido, no qual reivindicam o "caráter de massas" da resposta da manifestação. Isso para que exploda a lenda que se criará nos anos posteriores, acerca dos *"indiani metropolitani"* "bons", talvez até pacifistas, e dos autônomos "maus": as coisas não se colocavam nesses termos ridículos, e as diferenças na área autônoma, que evidentemente existiam, seguiam linhas totalmente estranhas às visões maniqueístas que alguns quiseram depois contrabandear. Uma das diferenças mais significativas era a que separava os que subscreviam uma organização de estilo leninista e os que recusavam o regresso da política, como escrevia *A/traverso* em fevereiro de 77. Havia quem tendesse a medir as passagens revolucionárias por meio da crítica da economia política e quem, pelo contrário, o fizesse por meio da mutação antropológica visível nos gestos, na linguagem e nos comportamentos irredutíveis "da luta quotidiana e incessante contra a sociabilidade da atuação e da exploração". Mas existiam também outras diferenças, como entre os que pretendiam que as manifestações se transformassem em ocasiões insurrecionais e os que, pelo contrário, queriam manter um nível de conflito menos agressivo, mas socialmente mais amplo. Em todo caso, só depois, no fim da revolta, é que essas questões vão emergir como fatos significativos de ruptura, mas, no seu desenvolvimento, não pareceram a ninguém que se tratasse de distinções absolutas. Foi a mídia, na verdade, que construiu num curtíssimo espaço de tempo uma narrativa que reduzia os *"indiani metropolitani"* a um simpático e inócuo folclore, e os autônomos ao temível fantasma da violência urbana; e isso porque a mídia e os jornalistas são ignorantes, não sabem ler, não têm imaginação, senão teriam percebido que o *slogan "indiani"* pintado na fachada da *Sapienza* dizia que, dessa vez, a imaginação não queria tomar o poder, mas sim *destruí-lo*, e que o riso *sepultará* alguém, ou seja, que é uma arma capaz de neutralizar qualquer poder constituído. Os *"indiani metropolitani"*, os "palhaços", não estavam ali para desdramatizar a guerra contra o capital, pelo contrário, exatamente porque desejavam o fim de toda essa civilização, estavam ali para encenar o seu funeral. A alegria que abrangia quase todos no Movimento devia-se também, e acima de tudo, à sensação, talvez irreal (mas isso não é o mais importante), que se poderia pôr fim a esse sistema, que o capitalismo poderia verdadeiramente morrer.

E agora, para nos aproximarmos do epicentro da insurreição, devemos falar do que representava Bolonha nesses anos. Se na escala nacional o PCI se apresentava como a força política "representante" da classe operária organizada que, enquanto tal, se encarregava da repressão do Movimento e de fazer aceitar a política dos sacrifícios na fábrica, era também o gestor direto do poder econômico e político em Bolonha e na região da Emília-Romanha desde o pós-guerra. Pasolini dizia que Bolonha era uma cidade anômala, já que era uma cidade simultaneamente hiperconsumista e comunista, o que, certamente, não configurava um elogio por parte do poeta friulano.[28] No período do compromisso histórico, Bolonha é mostrada a todo o mundo como a capital do "eurocomunismo", com um modelo de Estado de bem-estar social semiperfeito que convivia com uma alta taxa de lucro capitalista; os operários togliattianos[29] e os lojistas do centro estavam unidos na grande família social-democrata, e a Igreja também não passava mal, uma vez que até os cidadãos "comunistas" emilianos casavam-se dentro do ritual católico, e os bolonheses continuavam a ser, de qualquer modo, moralistas que viam no trabalho e no Partido a fórmula salvadora do gênero humano. Assim, o PCI governou Bolonha desde 1946, mantendo-a afastada dos grandes choques telúricos dos conflitos sociais desses anos, sem que qualquer evento traumático alguma vez a atingisse, até março de 1977.

28 N. da E.: Referência ao fato de que Pasolini escrevia poemas em língua friulana – originária da região Friul-Veneza Júlia.

29 N. da E.: Palmiro Togliatti (1893-1964) foi, juntamente com Antonio Gramsci e Amadeo Bordiga, referido anteriormente, um dos fundadores do Partido Comunista Italiano, do qual foi secretário-geral desde 1927 até o ano de sua morte. Foi o principal inspirador da política do PCI no pós-guerra, caracterizada pela integração nas instituições e pela renúncia à via insurrecional para a tomada do poder.

Todavia, em Bolonha, existia também a mais antiga universidade da Europa, com 70 mil estudantes, a maior parte dos quais eram forasteiros que viviam mal, em quartos coletivos, onde uma cama custava os olhos da cara, e tinham que enfrentar todos os dias quilômetros de fila para comer numa cantina decadente. Os estudantes são obrigados a fazer mil trabalhinhos precários para conseguir manter-se estudando numa cidade que os espreme e os despreza, e é dentro dessa condição, explorados e postos à margem da vida citadina, que organizam entre 1975 e 1977 uma cidade paralela, que cresce desmesuradamente, até porque é cada vez mais frequentada por todo aquele estrato proletário urbano e suburbano que sofria o mesmo tratamento da autarquia social--comunista aliada aos comerciantes e aos proprietários imobiliários. Uma cidade paralela que começa a expressar uma cultura própria, uma visão do mundo própria, uma forma de vida própria que virá, por força das coisas, a confrontar-se frontalmente com a cinzenta casta de burocratas comunistas e com a voluptuosa burguesia vermelha dos comerciantes e dos patrões bolonheses. São jovens pobres, mas muitíssimo mais inteligentes, sensíveis e *felizes* do que os habitantes da outra cidade, a oficial. Enrico Palandri, nesse tempo estudante do departamento de artes bolonhês, escreve um romance no qual a separ/ação entre as duas cidades é bem delineada no fluxo de consciência do protagonista:

"A minha máquina de desejos não está sincronizada com a máquina do trabalho, não está sincronizada com a máquina dos bilhetes de ônibus, não está sincronizada com a máquina social do correto e do ilegal, produz dez mil comportamentos por dia, dez mil perguntas; é a única máquina pela qual tenho respeito, a única à qual peço para viver melhor, a minha sincronização é incontrolável, a minha complementaridade, o meu apaixonar-me, tudo o que faço e vivo vai além da regra, te espero mesmo quando sei que não virá, e isso é extremamente irrazoável, contemplo o pôr do sol e o céu, e isso me faz pensar que a minha vida e a minha cidade me pertencem, que não sou hóspede do vosso sistema, mas que sou roubado ao meu, e que este vosso modo de morrer cada dia, cientificamente, à frente e atrás da máquina da tristeza e da repressão, não tem possuidores, apenas possuídos, que não venderei a vida por uma fatia de pão, que destruirei as vossas máquinas, atravessarei a estrada fora das faixas de pedestres, inventarei a cerveja e a erva e vou me deixar inventar por elas; vou inventar a mim mesmo, vou te inventar também maria pia,[30] do jeito que posso, na linguagem que ainda nos pertence, que não é a da troca, o desejo não conhece troca, conhece apenas o roubo e a dádiva; dez crimes por dia, amor meu, e seremos nossos."[31]

30 N. da E.: Em vista da época, provável alusão a Maria Pia Di Meo (1939-), atriz e dubladora italiana.

31 Enrico PALANDRI, *Boccalone: storia vera piena di bugie* (Milão, L'Erba Voglio, 1979; 2ª ed.: Milão, Feltrinelli, 1988).

O Movimento bolonhês chega ao "limite 77" já bastante forte, enraizado nas mil casas coletivas, com uma prática de reapropriação de massas e uma forma cultural autônoma singular, dotada de uma enorme potência de expansão: não apenas as revistas das quais já falamos, mas os quadrinhos rizomáticos de Andrea Pazienza, a poesia cantada de outro grande *chansonnier* [compositor de canções] do Movimento que era Claudio Lolli, a experimentação coletivizante da *Radio Alice*, os seminários do escritor Gianni Celati no DAMS [departamento de artes], a música punk-demencial dos Skiantos, o coletivo operário da Ducati Mecanica, o dos dependentes da assistência social que fazem o jornal *Contropotere*, o coletivo *Jacquerie*, um forte movimento feminista, e milhares de estudantes proletarizados que atravessam todas essas experiências:

> "Nesta casa vivemos muitos. Viver juntos, de modo coletivo, com quartos que se comunicam uns com os outros, numa coabitação superlotada que serve para dividir o custo do aluguel, é a única possibilidade de intimidade não ridícula. Somos todos comunistas, quarto a quarto.
> Levanto-me de manhã, tomo o café, depois estudo, às vezes saio. Continuo a não ter dinheiro; vou às compras ao supermercado; com a bolsa aberta no carrinho, encho a bolsa; depois passo na caixa com a bolsa fechada e com poucas coisas no carrinho. Pago mais ou menos um terço daquilo que roubo."[32]

32 Franco "Bifo" BERARDI, *Chi ha ucciso Majakovskij? Romanzo rivoluzionario* (Milão, Squi/libri, 1977).

Os primeiros confrontos ocorrem em janeiro, quando a polícia investe sobre uma manifestação de autorredução de um espectáculo no Teatro Duse. Logo depois, em 22 de janeiro, uma manifestação autônoma de 30 mil pessoas (à qual, de fato, não aderem sequer os grupos de extrema--esquerda) invade Bolonha, contra a militarização da cidade e pelos preços políticos dos bens de primeira necessidade e dos serviços sociais, acusando o PCI e o movimento sindical de serem "colaboracionistas". Em fevereiro, a famosa circular Malfatti faz explodir a universidade, no interior da qual estudantes, desempregados e vanguardas de fábrica constroem as suas bases vermelhas. A partir de 10 de fevereiro, Bolonha é varrida todos os dias por manifestações que partem das diversas faculdades ocupadas, enquanto as assembleias já não se parecem com as dos anos anteriores, já não há tempo para se chatear, discute-se tudo com paixão, e as pessoas também se divertem:

> "Em Bolonha, uma gigantesca assembleia transforma-se num *happening* graças a uma célula de ação *mao-dada* no DAMS. Aos gritos de 'Não somos mais estudantes!', são postas em cena as condições de vida dos deslocados obrigados a pagar aluguéis exorbitantes por uma cama. Tudo isso em forma de *happening*, ação teatral e gritos, gestualidades que se desencadeiam. A ordem clássica da assembleia é completamente destruída. Os burocratas da política universitária que procuram reconduzir a situação à ordem

encontram-se em minoria, sendo ridicularizados e, por fim, expulsos."[33]

Em poucas semanas, o Movimento bolonhês assume ainda, na sua totalidade, as tarefas de auto-defesa e de ofensiva nas manifestações: em 7 de março, uma manifestação contra a repressão

> "transforma-se numa enorme onda que varre a cidade: mais apartamentos são ocupados [...], é reocupado o pequeno edifício da *Porta Saragozza.* Uma 'patrulha proletária' atinge os escritórios da Opera Pia Gualandi, proprietária do edifício e res-ponsável pelas intervenções policiais. Após a dis-solução da manifestação, grupos de manifestantes apropriam-se de gêneros alimentares em alguns restaurantes de luxo [...]. Durante a noite, ocor-rem atentados incendiários a três sedes da DC, e fogo é ateado a três automóveis pertencentes a um industrial. Um grupo, assinando *Brigate Comu-niste,* irrompe na sede da imobiliária Gabetti".[34]

No dia seguinte, 8 de março, as feministas tentam entrar em massa no edifício ocupado para fazer um centro para mulheres, mas são duramente ata-cadas pela polícia; ainda assim, o edifício se tor-nará a sede do movimento feminista, bem como mais um local ocupado, chamado *Traumfabrik,*

33 Collettivo A/traverso, *Alice è il Diavolo* (op. cit., 1976).

34 Valerio MONTEVENTI, "Ci chiamavano i 'soliti autonomi'", em Sergio BIANCHI e Lanfranco CAMINITI, *Gli Autonomi* (op. cit., 2008).

que se tornará o centro de irradiação de todos os fermentos criativos da "segunda cidade". Preparava-se, numa excitação crescente, a participação em massa na manifestação nacional de Roma em 12 de março, quando ocorre algo que abala Bolonha e que repercute selvagemente por toda a Itália. O Movimento bolonhês, que tinha até então tentado furtar-se a um confronto direto com o Estado, preferindo aprofundar e estender o estranhamento, a libertação do corpo, a libertinagem coletiva, a transformação das relações pessoais, as práticas de reapropriação, a distorção dos códigos comunicativos, é arrastado para o terreno da guerra. Não é possível furtar--se quando assassinam um companheiro diante de seus próprios olhos.

Poucas semanas antes, os redatores de *Zut* e de *A/traverso* tinham se reunido em Roma para discutir a publicação de uma nova revista comum, *La rivoluzione*, uma espécie de boletim mao-dadaísta cujo primeiro número sai em fevereiro com o título *"Finalmente o céu caiu sobre a terra. A revolução é justa possível necessária"*, enquanto o segundo, de março, aludindo à manifestação nacional em preparação, se intitulava *"12 de março um belo dia para começar"*, que surge posteriormente como uma profecia que se autorrealiza (pareceu algo mais à polícia, que emitiu mandados de prisão para todos os redatores, acusando-os de conspiração e de terem organizado a insurreição de 11/12 de março). Nesse ínterim, o PCI e os partidos bolonheses pedem em uníssono ao Estado, à polícia e à magistratura que intervenham contra os "vândalos", depois de terem tentado construir, ao longo de todo o ano precedente, um clima de intimidação e de caça às bruxas com o fim de isolar o "tumor" que, aos seus olhos, representava o Movimento.

Às 10 horas da manhã de 11 de março, reuniram-se na Faculdade de Anatomia os militantes católicos da *Comunione e Liberazione*, autores de diversas provocações nos dias anteriores. Um pequeno grupo de companheiros tenta entrar na assembleia, mas é expulso e empurrado pelas escadas. Chegam outras dezenas de pessoas que, fora da Faculdade, começam a gritar palavras de ordem, mas nada mais do que isso. É o pretexto para que os *carabinieri* e a polícia entrem na cidade universitária e, mal chegando ao local, comecem a atacar os estudantes e a lançar gás lacrimogêneo sem qualquer motivo. Os poucos companheiros presentes respondem como podem, um coquetel molotov é atirado em um blindado como defesa. Nesse momento, chega ao local um estudante de Medicina, um militante bastante conhecido da *Lotta Continua*, Francesco Lorusso, que tem de se retirar imediatamente com os outros porque as forças da ordem continuam a atacar ferozmente. Nesse momento, um militar dos *carabinieri* ajoelha-se, aponta e dispara: Francesco Lorusso é atingido mortalmente. Às 13h30, a *Radio Alice* difunde a notícia. Uma multidão começa a chegar à zona universitária: em cada faculdade, em cada praça, em cada rua, na cantina, há uma assembleia.

São levantadas barricadas ao redor de toda a zona universitária. Um telefonema para a *Radio Alice* grita: "Desçam todos à rua, companheiros, esta é a guerrilha, puta merda!" A livraria da *Comunione e Liberazione* é arrombada a golpes de picareta e imediatamente incendiada. Um ataque incendiário também é realizado em duas esquadras próximas. Todas as assembleias se organizam para uma manifestação que *deve* partir imediatamente. Uma enorme bacia da cantina é utilizada para despejar gasolina em centenas de garrafas: o objetivo é a sede regional da DC, acusada de ser a mandante do homicídio. À tarde, uma manifestação com 10 mil companheiros sai da universidade, *todos* mascarados e armados com pedras, bastões, barras e molotov. O PCI organiza uma guarnição de "defesa" do memorial dos mortos da resistência. Durante o percurso, são destruídas as vitrines de todas as lojas de luxo. Quando chegam à rua onde estava a sede da DC, encontram-se diante de um enorme aglomerado de *carabinieri* e de policiais, seguram o impacto, mas a manifestação sofre um ataque por trás. Começa a guerrilha rua a rua. Uma parte da manifestação se dirige para a estação ferroviária, onde ocupam algumas plataformas, desencadeando-se confrontos duríssimos ao redor e dentro da estação. Uma outra percorre o centro, confrontando-se com a polícia na Piazza Maggiore e depois ataca lojas e bancos. Os escritórios da Fiat e do jornal local *Il Resto del Carlino* são atacados com coquetéis molotov. Um tronco da manifestação alcança a estação ferroviária, abrindo à força uma via de fuga para os que combatiam lá dentro. A polícia dispara, os companheiros respondem ao fogo. Finalmente, dirigem-se todos para a zona universitária, onde são montadas grandes barricadas ao redor da Piazza Verdi; é aberta a despensa da cantina universitária, mas também a do restaurante preferido da burguesia vermelha, o Cantunzein, para que sejam distribuídos vinho e comida a todos os presentes na praça revoltosa (esse *todos* inclui também as pessoas do bairro, e é significativo que, no processo por essa expropriação, viesse a ser condenada uma aposentada de 66 anos). Um piano é retirado de um bar e colocado ao lado de uma barricada, um jovem pianista poliomielítico senta-se e começa a tocar *Chicago*, de Crosby, Stills, Nash and Young, e depois Chopin, por entre as balas, as chamas e o fumo de gás lacrimogêneo: "Bêbados. Hoje ninguém comanda. Amanhã? Amanhã chegarão com os tanques. Seremos novamente expulsos. Mas hoje, por algumas horas, esta terra é livre. Chopin. Vinho. Raiva e gozo".[35] A polícia se retira depois de dois ataques violentíssimos que não conseguem quebrar a resistência, a cidade é libertada por algumas horas, uma grande assembleia se reúne no cinema Odeon.

A *Radio Alice* nunca deixa de transmitir e de informar sobre os deslocamentos dos companheiros e da polícia. À noite, será lido um comunicado,

---

35 De autoria de diversos companheiros em *Bologna marzo 1977... fatti nostri...* (Verona, Bertani, 1977).

em provocação, no qual o Movimento inteiro reivindicava para si a "responsabilidade" pela violência expressa naquele dia:

> "Todos faziam parte desse gigantesco *servizi d'ordine* que se decidiu fazer, coletivo, equipando-se com coquetéis molotov preparados na universidade, todos juntos, hoje ao início da tarde; todos juntos, preparamos as garrafas, todos juntos, desfizemos o pavimento da universidade para conseguir pedras; todos juntos, estivemos com as pedras e os *molotov* nos bolsos, porque a manifestação de hoje era manifestação violenta, era uma manifestação que todos decidimos tornar violenta, sem um *servizi d'ordine*, sem grupinhos isolados de provocadores, de autônomos, que realizavam as ações, porque todos os companheiros participaram em todas as ações que ocorreram hoje..."[36]

O Movimento de 77 distingue-se pelo seu forte desejo de estar junto até ao fim, de compartilhar tudo e de assumir a responsabilidade coletiva por tudo aquilo que o próprio Movimento determinava: o que poderá ser a prática de uma *ética comunista* senão isso? Esse documento de reivindicação coletiva é, assim, muito importante, já que assinala um dos pontos de chegada das práticas autônomas e indica a possibilidade real, demonstrada, de poder compartilhar uma decisão complexa, *incluindo a insurreição*. Não há chefes, líderes ou porta-vozes em Bolonha, há apenas a presença em si de um

36 Idem.

Movimento. De outro modo, não se perceberia que sentido poderia ter a crítica à representação que, ao longo dos anos anteriores, tinha funcionado como catalisadora dos diversos movimentos de libertação. A Autonomia tinha se tornado, então, o nome de um *ethos* coletivo. E foi essa repetida prática de comunização que funcionou como condutora dessa espécie particular de entusiasmo que fazia com que todos, até mesmo os que estavam de fora, compreendessem que se estava no meio de uma revolução. E, portanto, palavra, escrita, existência, produção, comunicação, amor e guerra deviam todos, sem exceção, fazer parte de um único encadeamento coletivo de enunciação: essa é a única e verdadeira *centralização* da qual o movimento tinha necessidade. O poder rapidamente compreenderá que é exatamente esse encadeamento que deverá atingir duramente para derrotar a insurreição: fragmentando, destruindo, isolando algumas das suas formas, sobretudo as da comunicação e da guerra.

Com efeito, em Bolonha, mais do que em outros lugares, amadureceu um amplo e significativo percurso de partilha, talvez por ser o local onde foram mais aprofundadas as práticas que permitiam não separar a subversão contra o Estado da do quotidiano, a desestabilização do capital-Estado da desestruturação da sua sociedade:

"O poder não calculou que maravilhosa indicação deu ao movimento, no momento em que se pôs à caça dos esconderijos; todos os companheiros têm um esconderijo, que partilham com outros companheiros, onde há a possibilidade de viver com menos dificuldade um debate sobre o que é pessoal, de praticar com maior sucesso a comunicação em que haja pessoal/político, e isso graças às experiências de tantos anos de palavras, de lutas e de amor, que se desenvolveu com um pouco de método na oposição ao 'sistema' [...]. Este é o lugar natural da nossa vida, onde crescemos, dia após dia, onde aprendemos a comunicar, a partilhar a alegria, o divertimento, a fome, o amor, a palavra [...]. Será bastante importante definir o papel dos momentos de massa como a manifestação e a assembleia, porque é ali que se vence no uso da nossa força; mas será possível que diante de um prato por lavar, em torno de um beijo, não existam relações de força, não existam relações de poder a defender ou conquistar para cada um de nós? A nossa força exige 24 horas por dia, mas contra o poder, o Estado, temos momentos de massas e momentos individuais, nos quais a nossa força se mistura e nos quais medimos o grau de ingerência da lei no nosso quotidiano [...]. A arma que o movimento está usando é a mais terrível, a da transformação do cotidiano."[37]

Estamos em 12 de março, ao nascer do dia, em Bolonha, as barricadas são retiradas, e o PCI acredita que tudo está terminado. Engana-se. As manifestações estudantis, que chegam de manhã das diversas escolas secundárias da cidade,

37 Collettivo redazionale Radio Alice (Coletivo de redação da Radio Alice) em *Bologna marzo 1977... fatti nostri...* (op. cit., 1977).

encontram a zona universitária novamente protegida por dezenas de barricadas. Às 10 horas da manhã, parte uma nova manifestação de milhares de pessoas em direção à Piazza Maggiore, onde os sindicatos convocaram um comício "contra a violência". A tensão é alta quando a manifestação chega aos limites da praça e o *servizi d'ordine* do PCI chega a impedir o irmão de Francesco Lorusso de entrar e ler do palco uma intervenção. Acabará por lê-la, com um megafone, de costas para o palco, dirigindo-se a milhares de companheiros que ficaram na Via Rizzoli. A fratura entre as "duas cidades" se alarga. Muitos companheiros partiram de manhã para Roma, mas na Piazza Verdi, à tarde, ainda há uns milhares, aos quais se junta, pouco a pouco, muitíssima gente de todo tipo, gente que *viu* e que tem vontade de sair à rua para defender a "sua cidade". Às 16 horas, cerca de mil policiais, divididos em três pelotões, assaltam a cidade universitária, e as barricadas são incendiadas para impedir a sua passagem. Resiste-se, até mesmo com tiros. Na prisão bolonhesa, onde foram detidas algumas dezenas de companheiros no dia anterior, ocorre uma revolta, e também os detidos "comuns" se recusam a voltar para as celas, escrevendo juntos um documento em que pedem o fim da militarização de Bolonha. Enquanto isso, continuavam a afluir para a cidade milhares de outros policiais e *carabinieri*, provenientes das mais diversas partes da Itália, que espancam quem quer que encontrem pela rua, enfurecendo os habitantes, que ali permanecem desafiando-os abertamente. Em todo o centro há avanços e recuos dos rebeldes. Depois de cada lançamento de gás lacrimogêneo, um companheiro idoso com um lenço vermelho ao pescoço toca o *Bandiera rossa* [Bandeira vermelha] na gaita, encorajando as pessoas a avançar: "ilegalidade de massas" não é apenas um afortunado lema da Autonomia. Às 20 horas, as forças de ordem tentam lançar um ataque decisivo contra o Movimento, disparando contra as barricadas, mas são novamente repelidos. Uma loja de armas é saqueada por um grupo de companheiros para prevenir os problemas de autodefesa. Às 22 horas, os rebeldes decidem abandonar a zona, considerando impossível resistir por muito mais tempo. Poucos minutos depois, a Via del Pratello, onde está sediada a *Radio Alice*, é ocupada pelas tropas policiais, que a enchem de gás lacrimogêneo antes de irromper nas instalações para deter todos os que se encontram lá dentro e nas imediações. Automóveis com alto-falantes circulam pela cidade, convidando a *população civil* a ficar em casa. É dado um ultimato aos rebeldes da universidade: devem abandonar a zona até ao cair da noite, "depois não brincamos mais". Na manhã seguinte, Bolonha desperta invadida por tanques que controlam todas as zonas centrais – parece Praga.[38] Zangheri, o prefeito da cidade, comunista, afirmou que não podia dizer nada contra a repressão,

38 N. da E.: Em referência à ocupação soviética que pôs fim à Primavera de Praga, Checoslováquia, em 1968.

uma vez que considerava estar em guerra. Parece que quando os *carabinieri* chegaram à Piazza Verdi encontraram muitas das espingardas roubadas do arsenal penduradas como se fossem salames.

A pradaria em chamas

"Estou, portanto, dentro desta separação que me conecta ao mundo como força de destruição [..]. Riqueza antes de miséria, desejo antes da necessidade. Existe separação que é desejada, mas que se expressa em potente vontade de confronto, existe ruptura que lança continuamente pontes de vontade destrutiva contra a realidade, existe desejo que chega a ser desespero [..]. Sinto imediatamente o calor da comunidade operária e proletária a cada vez que visto a balaclava. Essa minha solidão é criativa, esta minha separação é a única coletividade real que conheço."
Antonio Negri, *Il dominio e il sabotaggio* (Milão, Feltrinelli, 1978).

Em 12 de março a insurreição alastra-se por todo o país. A Autonomia sempre esteve consciente de que a mobilidade imposta pelo capital ao trabalho vivo para decompor a sua força estava destinada a arruinar-se em mobilidade de ataque, circulação da ofensiva, difusão do fogo, tanto em cada território específico como em escala geral.

O epicentro da insurreição se transfere, então, para Roma, onde uma manifestação com mais de 100 mil pessoas provenientes de toda a Itália, muitas das quais levando consigo armas de fogo, incendeia a capital. Todos os que tinham ido a Roma sabiam que haveria confrontos e que muito provavelmente estes teriam lugar na *Piazza del Gesù*, onde ficava a sede nacional da *Democrazia Cristiana*. De fato, um grupo de autônomos que havia chegado um pouco antes lança uma quantidade impressionante de molotov; a polícia ataca e desfaz a manifestação. A partir daí, começa uma guerrilha urbana de proporções gigantescas; segundo um cálculo aproximado, estima-se que tenham sido lançados pelo menos quinhentos coquetéis molotov. Todos participaram nos confrontos de modo coordenado, integrados no seu coletivo de escola ou de bairro; moviam-se agilmente em grupos de uma centena de pessoas, com equipes geralmente compostas por dez pessoas providas de todo o necessário para organizar ações de ataque e defesa. Os testemunhos de quem participou da manifestação são unânimes ao recordar a grande capacidade de auto-organização do Movimento e a disciplina de quem estava armado e tinha a tarefa de proteger os vários setores da manifestação. Os ataques da manifestação foram dirigidos a alvos precisos, enquanto as dezenas e dezenas de automóveis e vitrines destruídas por acaso – em relação aos quais muitos viriam rir mais tarde – foram obra de jovens proletários enfurecidos que não pertenciam a nenhum coletivo específico, que desabafaram assim a sua raiva, de modo selvagem e desordenado: os jornais autônomos não se deixaram seduzir por esses episódios, mas sim convidaram o Movimento a compreender esse sentimento e limitaram-se a aconselhar os "companheiros vândalos" a direcionar melhor a sua raiva nas próximas ocasiões.

Na Piazza del Popolo são atacados o Bar "Rosati", um ponto de encontro de fascistas, e um quartel dos *carabinieri*, e depois começam diversos tiroteios. Sofrem a fúria da manifestação: uma esquadra da polícia, a sede do jornal da DC, a embaixada do Chile, uma filial da Fiat, uma caserna da polícia urbana, os escritórios da companhia telefônica, o hotel Palatino (cujo proprietário era um fascista notório) e um número enorme de lojas e bancos. Dezenas de automóveis e ônibus são incendiados para fazer barricadas. Explode uma bomba no comando regional dos *carabinieri*. São saqueados dois depósitos de armas, dos quais tudo é roubado, até varas de pesca. Aventura-se um ataque às instalações do Ministério de Clemência e Justiça, do qual saem tiros em direção aos manifestantes: o Movimento responde ao fogo. Também uma equipe da estação de televisão do Estado é obrigada a fugir e tem seu automóvel incendiado. A batalha dura pelo menos cinco horas, o centro de Roma é pontilhado por incêndios e tiroteios até tarde da noite. Registram-se várias detenções e feridos de ambas as partes, mas nenhuma morte. A potência da insurreição revelou-se por outros parâmetros que não os do número de vítimas, e certamente não por mérito da polícia. Esse é mais um fato que o 12 de março de 1977 depositou no inconsciente revolucionário e que ainda hoje faz refletir os que procuram pensar na pergunta "o que é uma insurreição?".

Aquele 12 de março em Roma precipitou do modo mais violento o confronto que contrapunha o movimento das autonomias, não apenas aos velhos patrões e ao governo, mas a uma hipótese de sociedade do controle da qual, para além do Partido--Estado, representado pela DC, agora faziam parte integrante os sindicatos e os partidos de esquerda, que desempenhavam o papel de fiadores da exploração, de policiais sociais e de *intelligence* contrainsurrecional. Era como se aquela enorme manifestação gritasse "não pertencemos mais à sua civilidade!". Franco Piperno escreveu em seguida que nesse 12 de março romano era reassumido o significado daquilo que havia chamado "movimento do valor de uso": uma imagem de riqueza e de pobreza combinadas, de "malícia sonhadora", um "ensaio geral para uma cena de massas com centenas de milhares de atores", um "blecaute bastante menos populoso do que o de Nova Iorque,[39]

---

39 N. da E.: Em referência ao blecaute que atingiu a cidade de Nova Iorque, em meio à crise aguda das finanças municipais, entre os dias 13 e 14 de julho de 1977, e que disparou uma insurreição espontânea que tomou a cidade, denominada pela imprensa burguesa como uma onda de "saques e vandalismo".

mas de qualquer modo mais repleto de consequências porque construído por uma 'minoria de massas', porque praticado servindo-se da luz". A separação e hostilidade entre a sociedade do valor de troca e a do valor de uso tinha chegado definitivamente, nesse dia, expressando-se de forma complexa, mas não caótica. Piperno concluía:

> "a contraposição de segmentos de trabalho vivo é destinada a acentuar-se, pelo menos na Itália – alimentando um confronto que, envolvendo milhões de homens, pode ser considerado como uma forma, ainda que subterrânea, de guerra civil".[40]

Em Milão, não obstante muitos tenham ido a Roma, a Autonomia desce às ruas em 12 de março para exprimir um nível adequado de subversão violenta. É um período complicado no interior das diversas correntes organizadas da Autonomia; em primeiro lugar *Rosso*, até porque era a mais engajada na autonomia difusa, mas também em *Senza Tregua*, na qual a cisão entre os *Comitati Comunisti* e os que construíam a *Prima Linea* é cada vez mais profunda. No documento dos *Comitati Comunisti Rivoluzionari* intitulado "Realismo della politica rivoluzionaria" [Realismo da política revolucionária], a diversidade das escolhas dos seus companheiros de *Prima Linea*, e portanto a cisão, é sancionada com estas palavras:

40 Franco PIPERNO, "Dal terrorismo alla guerriglia", em *Preprint*, n. 1/4, suplemento ao n.º 0 da revista *Metropoli* (Roma, dezembro de 1978).

"A 'área política' da Autonomia deve tornar-se vanguarda militante, a 'facção dos comunistas' (onde o termo *facção* exprime, ao mesmo tempo, o caráter de 'parte do Movimento'; o *caráter separado e distinto*; o *caráter intencional*, o elemento de vontade política [...].)".[41]

O próprio jornal passa, neste momento, para as mãos da área ligada às *Squadre Armate Proletarie* [Esquadrões Armados Proletários] e, portanto, à direção da *Prima Linea*.

Entre 1976 e 1977, a nova geração de militantes dos diversos coletivos territoriais da área autônoma tinha pouco a pouco se tornado impaciente com o "gradualismo", com o "verticalismo" ou com o "intelectualismo" que era atribuído aos velhos dirigentes autônomos ou a alguns comitês operários. Talvez já não confiassem nos especialistas em manobras políticas ou nos teóricos, ainda que respeitados, ou ainda, de modo mais crível, a situação que havia sido criada não permitia senão um aumento permanente do conflito. Era de qualquer modo inegável que se acentuava um confronto político interno à Autonomia milanesa, entre uma ala marcadamente combatente, sustentada pelos mais jovens, e a que estava ligada, de um lado, ao ânimo operaísta e, de outro lado, a uma estratégia mais prudente de enraizamento social. Na verdade, como conta Chicco Funaro, um dos protagonistas

---

41 Comitati Comunisti Rivoluzionari, "Realismo della politica rivoluzionaria", em *Senza Tregua – Giornale degli operai comunisti* (Turim, 27 de julho de 1976).

da experiência de *Rosso*, a divisão havia aparecido pela primeira vez precisamente nas discussões sobre o assalto ao Scala, no Outono dos Círculos.[42]

Mas *Rosso* não tinha uma estrutura hierárquica de partido, não tinha nenhuma forma de "centralismo democrático" com a qual os velhos dirigentes pudessem impor uma decisão qualquer em 77 e, de qualquer forma, a muitos deles não desagradava poder contar com dezenas de coletivos jovens prontos para desencadear o inferno em qualquer ocasião. Parece muito mais provável que, diante desse alargamento da ilegalidade pelo qual tinham trabalhado tanto tempo, alguns dos militantes mais velhos estivessem perplexos e, no mínimo, não tivessem muito a oferecer quanto à estratégia. Além disso, ao contrário da Autonomia de Pádua, por exemplo, onde até o armamento era fortemente centralizado, em Milão, exatamente por causa das características específicas do movimento autônomo dessa cidade, cada coletivo era semiautônomo também em relação a essa questão e, por isso, a sua utilização não podia corresponder a uma decisão tomada centralmente por um organismo burocrático qualquer, mas sim tinha que passar sempre por uma dura discussão dentro e entre os diferentes coletivos. Mas tais características de horizontalidade, de estrutura em rede, de contínua circulação tanto entre os coletivos como entre a dimensão legal e ilegal, são o

---

42 Chicco FUNARO, "Il comunismo è giovane e nuovo", em: Sergio BIANCHI e Lanfranco CAMINITI, *Gli Autonomi*, vol. I (op. cit., 2008).

que torna original a experiência de *Rosso*, que é de longe, pelo menos no que toca à Autonomia organizada, a mais interessante das também importantes experiências pós-soviéticas romanas, da experiência operaísta dos *Comitati Comunisti* ou da férrea disciplina dos vênetos. Mas para explicar essa crise é necessário, como já se referiu, olhar para a derrota dos Círculos no Scala, em dezembro de 1976, a qual constituiu um grave golpe para o Movimento milanês. Uma derrota que levou ao fato de que, diferente de outras situações como em Roma e em Bolonha, em vez de chegarem a 77 "todos juntos", chegaram de modo fragmentado e frequentemente contraditório. Além do mais, aquela debandada militar determinou que, a partir desse momento, os jovens pensassem apenas em "preparar-se melhor". De qualquer modo, prevalece dentro de *Rosso*, durante a primavera de 1977, uma linha combatente com uma forte veia insurrecionalista e, se a formação das *Brigate Comuniste* é uma clara evidência da primeira, o impulso para transformar todas as datas em ocasiões de conflito aberto e a extensão simultânea do conflito armado são evidências da segunda. Todas as ações levadas adiante durante os meses vertiginosos de 77 reduzem-se a essa escolha de ruptura de qualquer mediação, partilhada, de resto, com outras seções da Autonomia. Portanto, tudo considerado – não obstante os desacordos e o que alguns vieram a afirmar anos depois, procurando "dissociar-se" do que aconteceu – é evidente que, na prática, havia uma linha comum. O que se sente, lendo os documentos e os textos autônomos desses meses, é que estavam pensando algo do tipo "agora ou nunca". Uma especificação: quando se diz "insurreição" a propósito da Autonomia, é necessário não confundir com o anarquismo insurrecionalista dos anos oitenta e noventa: não existia na Autonomia qualquer ilusão a propósito de um processo totalmente espontâneo, que identificasse na acumulação de gestos isolados entre eles a possibilidade de atingir dinâmicas insurrecionais; havia, na verdade, uma ideia, permanentemente reafirmada, de interpenetração contínua entre níveis de insubordinação difusa e de organização que sempre conduziam a uma dinâmica de recomposição de massas, na qual se poderia construir a decisão sobre a insurreição, que era, de qualquer modo, entendida enquanto uma série de pontos altos do conflito, que não resolviam por si só a questão revolucionária. Aliás, eram frequentemente taxados de "insurrecionalismo", por diferentes parcelas da Autonomia, os setores mais movimentistas, como os bolonheses reunidos em torno da experiência de *A/traverso*, pretendendo-se com essa avaliação assinalar que havia nesses setores uma fé excessiva no espontaneísmo e no assemblearismo.

Regressemos, então, a esse 12 de março. Todos os coletivos de bairro de Milão estavam na área da Autonomia, sem carregar faixas, vestidos com sobretudos para esconder as armas. Na primeira linha estava o coletivo de Romana-Vittoria que orbitava na área de *Rosso* e que, junto com os companheiros de *Senza Tregua*, era o mais carregado de "ferro" nesse dia. Logo que viram a polícia, sacaram as pistolas para fazê-los perceber que não haveria uma "Bolonha 2". Nesse momento, tem início uma discussão animada. Contam alguns protagonistas que havia quem considerasse justo assaltar a Prefeitura, que, porém, como notavam outros, estava guardada por *carabinieri* armados de espingardas e metralhadoras: teria sido um massacre. Mas todos concordavam que era necessário fazer alguma coisa: era necessário mostrar à polícia que ela não podia assassinar tranquilamente um companheiro e, ao mesmo tempo, pretendia-se levar o movimento milanês a um nível superior de subversão. Finalmente, chega uma proposta que salva a situação: ir à *Assolombarda*, a associação dos industriais, a "casa dos patrões". Chegando ao edifício, várias dezenas de pistolas e espingardas são retiradas dos casacos e, enquanto voam os molotov, começam todos a disparar contra os vidros até esgotarem os cartuchos: *burn, baby, burn*... Foi uma ação de certo modo "libertadora" e com diversos níveis de significado quando a encaramos hoje. Em todo o caso, as imagens publicadas pelos jornais, com os companheiros armados de Winchester e pistolas abrindo fogo sobre a odiada sede da patronal, transbordaram no imaginário coletivo com uma força disruptiva. Foi talvez um exemplo desse estranho conceito de violência proletária proposto por Benjamin: violência "imediata", "fulminante", "puro meio", que se coloca fora da política clássica e que não tem qualquer necessidade de fazer escorrer sangue para expressar o seu potencial de destruição.

A fragmentação da área autônoma revelava aquela que percorria toda a "composição da classe operária e proletária" milanesa; a Autonomia não conseguia trazer a classe operária tradicional para o seio da opção revolucionária: era novamente minoritária nas fábricas, resistia justamente naquelas em que podia contar com comitês fortalecidos por anos de luta. Esse era o outro dado da crise, de onde vinham as grandes dúvidas dos "velhos" e que impulsionava os mais jovens a correr sem fôlego em direção ao confronto; estes, de fato, viviam dentro dessa decomposição de classe, e nela viam a ocasião para radicalizar a contraposição não entre "duas sociedades", mas entre "dois mundos". E o seu mundo e os desejos que o habitavam, em muitos aspectos, não pareciam mais com os de seus companheiros mais velhos: não paradoxalmente, assemelhava-se ao dos insurgentes da cidade. E, todavia, a circulação subversiva entre as diferentes camadas proletárias continua a imperar, graças precisamente a essa camada juvenil combatente que não perde uma ocasião de ampliar e aprofundar o conflito. O 18 de março é, nesse sentido, um dia importante: dava-se nesse dia uma das habituais manifestações sindicais, mas, como era 1977, eram também os dias em que deveriam ser julgadas pelo Tribunal do Trabalho as vanguardas de fábrica demitidas pela Marelli, ligadas à *Senza Tregua* – algo que se aproximava facilmente da luta contra o trabalho clandestino e contra a reestruturação produtiva, realizados pelas rondas ligadas a *Rosso* nesse período. Com isso, tornam-se claros os alvos da manifestação desse dia: o edifício dos escritórios da Marelli e o da Bassani-Ticino. Esta última era uma empresa na vanguarda da reestruturação e do trabalho clandestino e que, ainda por cima, explorava o trabalho dos presidiários e o dos "malucos", tornando-se assim o símbolo de todo o "trabalho escondido", carcerário, que estava sendo difundido pelo território à velocidade da luz.

Todas as diferentes siglas autônomas milanesas, junto com os anarquistas e uma parte da *Lotta Continua*, encontram-se apoiando uma manifestação alternativa em que participam vários operários combativos. Após uma parada rápida em frente ao Tribunal, formam-se quatro grupos: dois bloqueiam o trânsito e cobrem os outros, um enfia-se onde estão os escritórios da Marelli, e um outro onde está a Bassani-Ticino. Como descreve Paolo Pozzi em *Insurrezione*, o grupo que entra na Marelli, de pistolas na mão, rouba todas as carteiras que encontra lá dentro, destrói todos os móveis e atira alguns molotov ao sair; enquanto na Bassani, os molotov incendeiam o portão, e as pistolas fazem as janelas voar em estilhaços. Para concluir a incursão, enquanto uma densa fumaça negra saía da Marelli, também é incendiada uma agência de publicidade, dado que se começava então a pensar sobre os novos dispositivos de poder que essas empresas estavam construindo rapidamente no interior de uma sociedade do espetáculo que caminhava para a maturidade.

O número de março de *Rosso* sai com a sua mais célebre capa: o título em vermelho e preto afirma *"Pagaram caro... Não pagaram tudo!"* sobre uma grande fotografia de um fragmento da manifestação com pessoas mascaradas que agitam no ar bastões, coquetéis molotov e pistolas. Era uma incitação selvagem a fazê-los pagar também tudo aquilo que permanecia sem solução.

Em Bolonha, a insurreição não terminou com a chegada dos tanques em 13 de março. De manhã, a *Radio Alice* retoma as transmissões sob o nome de *Collettivo 12 marzo* [Coletivo 12 de março], mas o seu sinal é sabotado pela polícia, que emite, na mesma frequência, um apito. Durante todo o dia, as tropas estatais disparam gás lacrimogêneo sobre qualquer grupo com mais de cinco pessoas que se desloque no centro. Contudo, alguns grupos de jovens proletários ainda lutam pelas ruas. À noite, dado que a rádio do Movimento continuava clandestinamente a fazer o seu trabalho, a eletricidade de um bairro inteiro é cortada e, então, a polícia chega, encontrando vazio o apartamento de onde partia a transmissão. No dia seguinte, uma outra rádio livre, a *Radio Ricerca Aperta* [Pesquisa Aberta], hospedará os companheiros da *Radio Alice*, mas as emissões serão novamente interrompidas pela polícia, que prende todos os presentes e silencia também esses microfones. A assembleia do Movimento de 13 de março é realizada na periferia: era necessário decidir como se organizar para o dia seguinte, quando seria realizado o funeral de Francesco Lorusso. Nesse momento, a indicação é evitar os confrontos que a polícia tenta provocar e, em pequenos grupos, ir conversar com as pessoas do bairro.

O PCI, ao contrário, difunde um comunicado em que explica aos cidadãos que não devem fazer reuniões na rua e que devem deixar ao exército e à polícia a tarefa de restaurar a ordem. Não satisfeito, decide que o funeral de Francesco não deve ser feito no centro da cidade, e assim será: o caixão, rodeado por milhares de companheiros com o punho erguido, desfilará na periferia. O prefeito faz uma última provocação, organizando um comício na Piazza Maggiore, no qual falará diante de dezenas de milhares de pessoas, junto com os democratas-cristãos, contra a violência e os destruidores de vitrines, enquanto não é permitido aos estudantes entrar na praça. O Movimento desfila nas ruas vizinhas, milhares a gritar contra o compromisso histórico e contra o Ministro do Interior que então se torna KoSSiga, com o K e os S desenhados como os dos nazistas. O terceiro número de *La Rivoluzione* sai nesse 16 de março, proclamando: *"a revolução está na metade"*.

Começa, então, a batalha do Movimento bolonhês contra a repressão: muitos são os detidos durante os confrontos, entre os quais um policial municipal que se solidarizou com a revolta, companheiros da *Radio Alice* e pessoas comuns processadas pelas expropriações, aos quais em breve será necessário juntar as acusações dirigidas contra os "líderes" da insurreição, como Bifo, que procurará exílio em Paris, e Diego Benecchi, do coletivo *Jacquerie*. A magistratura tentou construir uma teoria do "complô", procurando demonstrar que a insurreição de 11/12 de março entre Bolonha e Roma tinha sido planejada pelos "chefes" da Autonomia, ou seja, por alguns dos mais conhecidos agitadores ou intelectuais militantes, como Bifo, Scalzone, Negri e outros. Simultaneamente, inúmeras operações policiais partem contra dezenas de autônomos em Pádua, Milão e Roma, procurando fechar o cerco que não se quer fechar. Cerco que, por enquanto, está não apenas aberto, mas também em chamas.

Durante o ano de 1977 a Autonomia também se torna o *ethos* hegemônico no Sul da Itália, conseguindo arrastar para o clima insurrecional milhares de pessoas que tinham até então flutuado entre grupelhos marxistas-leninistas e *lottacontinuistas*, quando não nas organizações mais institucionais. Mas o crescimento do conflito devia-se especialmente à resposta proletária à "modernização" que a *Democrazia Cristiana* havia levado a cabo nesse território. Seções inteiras do proletariado, em Bari, em Nápoles e em Palermo tinham sido deportadas dos centros históricos para as novas periferias, terreno de especulação imobiliária onde milhares de famílias eram encerradas dentro de enormes colmeias humanas, imersas num deserto de cimento privado de qualquer atividade comercial, recreativa ou cultural. Além disso, o desemprego era enorme, a única fonte de renda para milhares de famílias era o contrabando de cigarros e outras pequenas atividades extralegais. A raiva que os jovens acumulavam nesses guetos foi direcionada à possibilidade de *destruição* que se abriu nesse ano, mas foi assim também pelo seu desejo de felicidade e de vida em comum que o Movimento tinha conseguido se tornar praticável através da abertura de novos espaços de vida, livres e autônomos. Uma revista de nome simples, *Comunismo*, que começou a sair em Cosenza (na Calábria), onde o *campus* universitário se torna uma enorme "base vermelha", funcionou como rede de ligações entre todas as realidades autônomas meridionais, que fazem da eterna ladainha reformista sobre a "falta de espírito estatal" no Sul um ponto de força sobre o qual construir uma hipótese de autonomia. O não-trabalho ao qual as populações meridionais são "condenadas" torna-se, assim, uma oportunidade para sustentar a hipótese do não--Estado, empurrando em direção a uma ruptura violenta com toda a tradição desenvolvimentista e estatista da esquerda histórica. As lutas nos grandes polos industriais do Sul, entre 1976 e 1977, estarão entre as mais fortes condutas em todo o país, com episódios de sabotagem impressionantes e um altíssimo nível de fogo que se abate sobre as figuras de chefia das fábricas. Há ainda a dura prática do antifascismo que se impõe em muitos territórios, como em Bari, onde, em novembro de 1977, ápice de uma série de agressões, é assassinado por um grupo de fascistas um jovem companheiro da velha cidade, Benedetto Petrone, episódio que deu vida a uma revolta de proporções nunca vistas naquela cidade, ao menos nesses anos, e que determina uma grande expansão do Movimento que preencherá ainda as ruas e os sonhos de tantos durante três anos.

Também foi grande a penetração da Autonomia nas províncias do Norte, ou seja, na Lombardia, no Piemonte (nesse mesmo Vale de Susa que hoje é atravessado por uma grande luta popular contra o trem de alta velocidade) e no Vêneto. As pequenas fábricas que estavam fora do controle sindical e que empregavam grandes quantidades de força de trabalho juvenil, tornando-se a espinha dorsal da reestruturação produtiva, foram atingidas pelo ciclone 77:

> "é neste contexto que foram gerados espontaneamente, no interior do tecido urbano das vilas e aldeias, a anomalia dos 'Coletivos autônomos'. [...] Politicamente 'filhos de ninguém'".[43]

Os testemunhos e os documentos recolhidos neste ensaio e que fazem referência à província de Varese são importantes para perceber as dinâmicas, tanto pessoais quanto estruturais, que determinaram o fenômeno:

> "A temática da recusa do trabalho servia como uma luva no fato de, instintivamente, todos nós sentirmos que o trabalho era algo a recusar fosse de que modo fosse. Descobrir que esse nosso comportamento espontâneo era uma temática teórica revolucionária com mais de dez anos de lutas operárias nas maiores fábricas da Itália teve em nós um efeito disruptivo, no sentido de que, por exemplo, podíamos reivindicar socialmente com orgulho esse comportamento de recusa, e não vivê-lo apenas no interior do nosso grupo marginal, isolado do contexto geral da raiva operária."[44]

43 Sergio BIANCHI, "Figli di nessuno", em *Settantasette – La rivoluzione che viene* (Roma, DeriveApprodi, 1997).

44 Idem.

As organizações autônomas metropolitanas foram muito hábeis ao tecer imediatamente relações com essas microformações de vilarejo e constituíram--se, assim, verdadeiras redes de luta regional com grandes capacidades agregativas e ofensivas. Os Coletivos autônomos de vilarejo procuraram, de um lado, abrir espaços onde fosse possível "socializar os comportamentos" de insubordinação e, de outro, conduziram pesquisas que os levaram a identificar com lucidez o papel estratégico que tinham as pequenas e médias empresas de província em relação à reestruturação geral da produção e da sociedade: as pequenas fábricas constituíam a estrutura de comando difuso sobre uma força de trabalho flexibilizada e precarizada, e os seus pequenos patrões eram os "mediadores" dessa reestruturação. O vilarejo, com a sua estrutura produtiva, não podia ser vista senão como um "gueto" a destruir. Mas, como observa Sergio Bianchi, a relação que se estabeleceu entre as jovens gerações da província e os quadros políticos autônomos não funcionou muito bem, seguramente não tanto quanto as organizações teriam desejado, já que não conseguiram integrar totalmente nos seus modelos organizativos as "práticas das necessidades", como a libertação do corpo, a experimentação das drogas, a vida comunitária, a diferença de gênero, todas coisas que eram parte fundamental da forma de vida desses jovens: "A política da organização, em suma, acabava por ser sempre um cobertor demasiado curto para conseguir cobrir toda a riqueza dos movimentos".[45] Do ponto de vista percentual, no ano de 1977, houve nas províncias, em relação ao resto do país, um aumento do número de ações armadas ou de sabotagem e, talvez precisamente pela falta de um tecido mais complexo e com maiores oportunidades, que poderia existir nas grandes cidades, um grande número de jovens militantes encontrou-se imediatamente diante da escolha entre a heroína ou a entrada nas pequenas ou grandes organizações combatentes, cujas ações, contudo, se concentraram mais em 1978 e 1979.

Ainda que a intensificação do Movimento tenha continuado em toda a Itália, é em Roma que, após o 12 de março e por um longo período, a velocidade de marcha se mantém num nível constantemente alto, não obstante a decisão (e, aliás, precisamente em resposta a ela) tomada pelo Ministro da Polícia, Kossiga, de proibir as manifestações. Em vez disso, em todas as semanas e durante meses, houve pelo menos uma manifestação na capital que se confrontava com as proibições e que sabia sempre identificar os seus objetivos e atingi-los. Claro, a repressão também era dura: o ar se torna cada vez mais incandescente em meio à polícia e aos fascistas que cotidianamente prendiam, espancavam, disparavam, provocavam. As faculdades e as escolas superiores estão quase sempre ocupadas. É preciso dizer que o Movimento romano tenta manter

45 Sergio BIANCHI, "Figli di nessuno", em *Settantasette – La rivoluzione che viene* (Roma, DeriveApprodi, 1997).

uma interlocução com o Movimento Operário, mas todas as aproximações serão secamente recusadas pelo movimento sindical. Na cidade operam muitas siglas de organizações combatentes "nas margens" da Autonomia, que se dedicam em particular aos ataques contras as casernas e os batalhões; entre essas organizações, distinguem-se as *Unità Comuniste Combattenti* pela sua especialização na destruição de centros de cálculo eletrônico, que definiam como "a mais alta concentração da inteligência de comando econômico e político do capital sobre o trabalho". Assim, chega-se em 21 de abril, quando o reitor da universidade pede à polícia para intervir e realizar a reintegração de posse de quatro faculdades que tinham sido ocupadas pela manhã. A reintegração acontece sem incidentes, mas, uma vez lá fora, os ocupantes reagem com a cumplicidade das pequenas ruas de San Lorenzo. Começa a guerrilha, montam-se algumas barricadas: durante um ataque, um grupo reage lançando molotov e disparando tiros em direção à polícia, assassinando então um agente. Nessa mesma noite, a polícia e os *carabinieri* irrompem na sede dos coletivos autônomos na Via dei Volsci, detendo 25 pessoas que serão todas soltas mais tarde, enquanto San Lorenzo permanecerá por vários dias em estado de sítio; os Volsci farão depois uma coletiva de imprensa na qual se declararão alheios à morte do agente policial. Todas as manifestações são, de qualquer modo, novamente proibidas até o fim de maio. Entre 29 e 30 de abril, em Bolonha, ocorre a segunda assembleia nacional do Movimento. A Autonomia pressiona para que se saia às ruas em Bolonha no Primeiro de Maio, com uma manifestação alternativa à sindical, mas a proposta não passa por causa da oposição da área da *Lotta Continua* e de outros grupos, e também pela dissidência de uma grande parte da autonomia bolonhesa que, naquele momento, não considerava apropriado continuar insistindo no embate frontal. Em Milão, na noite anterior à festa do trabalho, *Prima Linea* e *Azione Rivoluzionaria* realizam seis atentados em quatro horas, dirigidos contra centros de emprego, casernas dos *carabinieri* e concessionárias de automóveis. Em Turim, são cinco os ataques, dos quais dois, reivindicados pela sigla feminista *Lilith per il comunismo* (Lilith pelo comunismo), são dirigidas a fábricas que se distinguiam pela intensa exploração da força de trabalho feminina. Em Roma, no Primeiro de Maio, não obstante as proibições, o Movimento tenta partir com uma manifestação própria, mas a polícia efetua operações preventivas e detém quase 300 pessoas. Os autônomos partem mesmo assim, mas acabam se confrontando tanto com a polícia quanto com o *servizi d'ordine* sindical. Os grupos de extrema-esquerda que tinham preferido ir à manifestação oficial – manifestação para a qual o ministério tinha aberto uma exceção – e que tinham ficado só olhando durante a caça humana, serão "expulsos" do Movimento numa assembleia na universidade, algo que se repetirá em todas as outras cidades ao longo das semanas seguintes.

Em 7 de maio, uma operação do serviço de antiterrorismo é realizada em toda a península sob ordem da magistratura de Bolonha, levando a buscas em todas as redações, nas livrarias, nas editoras do Movimento e nas casas das pessoas que nelas trabalhavam; o editor Bertani, que se preparava para publicar o livro coletivo *Bologna marzo 1977... fatti nostri*, é preso, e o número de março da *Rosso* é incriminado por "incitamento à delinquência" (era aquele que mostrava na capa uma manifestação armada). Começa assim uma época de buscas, denúncias e prisões dirigidas à rede nacional de comunicação do Movimento, identificada – e corretamente – como um dos seus gânglios vitais. Como resposta, sairá um panfleto assinado por diversas livrarias e jornais, que termina afirmando: "é bom recordar a todos que *a revolução não se apaga, porque na verdade ela é invisível.*" No meio dessa onda de repressão, o boletim *La Rivoluzione* sai com o título irônico: "*La Rivoluzione è sospesa*" [A Revolução foi suspensa].

Em 12 de maio, o Partido Radical organiza em Roma uma festa de rua para celebrar o aniversário da vitória do referendo sobre o divórcio. O Movimento adere: é uma ocasião para romper a proibição de manifestações, e não há dificuldades em aceitar as regras e limites que os Radicais impõem à participação, ou seja, que seja uma festa e que se evitem confrontos com a polícia. Todavia, o 12 de maio terminou sendo um dos dias mais dramáticos vividos em 1977, reconstruído nos seus mínimos detalhes por diversas pesquisas realizadas tanto pelo Movimento quanto pelo Partido Radical, que fez um relatório oficial – difundido pelo jornal *Prova Radicale* (n.º 2, junho de 1977) – muito importante para compreender o nível de provocação que o governo e a polícia puseram em campo nesse período e, portanto, também os níveis de violência defensiva por parte do Movimento.

A polícia e os *carabinieri* cercam a Piazza Navona por volta da hora do almoço, onde à tarde deveria ocorrer a festa, impedindo as pessoas de entrar e, diante de protestos dos deputados radicais e da nova esquerda, começam a espancar os poucos presentes e a investir contra os pequenos grupos de jovens que tentavam pouco a pouco alcançar a concentração. Estes estavam totalmente desarmados, mas foram alvo de investidas violentíssimas e, sobretudo, como demonstrarão as fotos e os testemunhos, ataques realizados por agentes à paisana, alguns vestidos como "extremistas", armados com bastões e pistolas e que, logo após o disparo de gás lacrimogêneo, avançam pela fumaça disparando tiros na altura do peito. Só haverá uma resposta minimamente organizada do Movimento após três horas de caçada humana por parte da polícia e dos *carabinieri*, que se conclui com uma barricada com um ônibus e vários carros atravessados na Ponte Garibaldi, de trás dos quais são lançados alguns molotov para retardar os ataques dos blindados. Durante um desses ataques, os agentes disparam repetidamente sobre quem fogia e, assim, assassinam Giorgiana Masi, uma jovem feminista de 19 anos, atingindo-a nas costas. O chefe da polícia e os vários responsáveis negarão inicialmente tanto a presença de "equipes especiais" quanto o uso de armas de fogo por parte das forças de ordem, mas alguns jornais publicarão imagens inequívocas. A esse ponto, Kossiga reivindicará substancialmente a legitimidade da violência exercida pelo Estado contra a "corja" que protestava. O homicídio dessa jovem provocou enorme emoção dentro e fora do Movimento, aumentando a tensão, expandindo o já vasto dissenso social e fazendo crescer a raiva e a determinação da revolta. Nessa mesma noite, uma bomba explode em Roma, no estacionamento da polícia, destruindo uma dezena de carros. Nos dias seguintes, em toda a Itália, ocorrem manifestações que se confrontam regularmente com a polícia. Em Milão, no sábado, dia 14, descem às ruas os grupos e a área autônoma para uma manifestação contra a repressão e o assassinato de Giorgiana – a Autonomia também tinha sido atingida nesses dias pela detenção dos seus advogados, que havia aderido ao *Soccorso Rosso* [Socorro Vermelho], um grupo de juristas e de várias personalidades que se ocupavam da defesa do Movimento. A preparação da manifestação é muito agitada, alguns coletivos querem abrir as portas do inferno enquanto muitos outros, de outro modo, depois da história da *Assolombarda*, não querem arriscar que as coisas escapem de suas mãos. A manifestação ocorre tranquilamente, sem que a polícia se mostre, até que o setor dos autônomos se destaca do resto da manifestação e decide marchar até à prisão. Logo em seguida, num cruzamento no final da Via de Amicis, surge a polícia, com a qual há uma troca de pedras e gás lacrimogêneo à distância; alguns companheiros buscam fazer com que a manifestação prossiga mais rápido, inutilmente. O setor controlado pelo coletivo de Romana-Vittoria retira-se, bloqueia um ônibus que é rapidamente transformado em barricada, atrás da qual duas dezenas de companheiros colocam as balaclavas e se armam. Entre o lacrimogêneo e os molotov que voam, alguém perde a cabeça e começa a disparar contra a polícia, desencadeando uma violentíssima batalha, no fim da qual cai morto um agente. Após a fuga, alguns autônomos são "detidos" pelos stalinistas do *Movimento Lavoratori per il Socialismo* [Movimento Trabalhadores pelo Socialismo] nas imediações da universidade, espancados e entregues à polícia. O tiroteio é imortalizado por um fotógrafo "diletante", que vende a foto aos jornais: a imagem do autônomo no centro da rua, pernas ligeiramente dobradas, braços tensos e a intenção de disparar corre o mundo. As fotos, além de serem material sedutor para a mídia e os semiólogos, servirão também para deter três autônomos muito jovens. Muitos dos mais conhecidos militantes da Autonomia são obrigados a entrar na clandestinidade. A imprensa e a mídia lançam-se como nunca contra a "subversão".

Não é inútil parar para refletir sobre o criticável "valor de uso" das imagens dos confrontos, em contextos fortemente dominados pela mídia, como algo que pode ser não só um instrumento de delação, mas também de mistificação: a mídia é definitivamente um campo de batalha. Ainda hoje, diversos protagonistas da época, militantes de primeiro ou segundo plano, atribuem ao episódio da Via de Amicis a responsabilidade pelo fim do Movimento – algo que está evidentemente fora de qualquer racionalidade histórica possível. Mas o que mais impressiona é que nesses discursos nunca surge o fato de *já* se ter disparado nas manifestações, e o fato de que apenas um mês antes, em Roma, um policial ter sido morto numa dinâmica semelhante à de Milão; tanto que, nos documentos então produzidos pela Autonomia, condenam-se, ainda que "compreendendo", os dois episódios como excessos militaristas. Mas nos anos seguintes não se falou mais do caso romano, meramente assinalado nas cronologias, enquanto o da Via de Amicis, em Milão, adquiriu um valor absoluto. Isso deve-se evidentemente ao uso espetacular-policialesco das imagens e da subalternidade em relação à interpretação que lhes deu Umberto Eco, num célebre artigo no semanário *L'Espresso* (29 de Maio de 1977). Sem dúvida, Eco tinha razão ao assinalar a importância das imagens artificiais na constituição da subjetividade contemporânea e, também, a propósito daquela "simbólica": até aí, são banalidades. Começa a trapacear quando apresenta, em primeiro lugar, o episódio da expulsão de Lama da cidade universitária em 17 de fevereiro como um confronto entre duas "estruturas teatrais", entre dois códigos comunicativos, abstratos como tal, e não como um conflito bastante material entre duas formas de vida, atravessado por uma multiplicidade de contradições que mostravam a latência de uma guerra civil. Mas chega à mistificação quando, apontando o olho – e o dedo – para a foto do autônomo que dispara no meio da estrada, deduz que ela é um emblema do "herói individual", o qual, neste caso – ao contrário da iconografia revolucionária clássica na qual seria sempre vítima, morta e vilipendiada (citava como exemplo a foto do Che trucidado e exposto na tábua da caserna) –, estava amaldiçoadamente ativo, *mas* isolado do movimento das massas, simplesmente porque estas não apareciam como fundo na foto. Portanto, dizia Eco, é uma imagem que já não faz parte da tradição proletária (sempre simbolizada através de grandes massas indistintas) e que, além disso – não o dizia, mas dava a entender –, pertence a outros tipos de narrativa, como a terrorista senão, mesmo a fascista. Eco não diz que por trás daquelas balaclavas estavam jovens, pertencentes a coletivos de bairro e de escola, inseridos num Movimento proletário bem concreto e muito vasto: Eco "simboliza", "abstrai", "deduz". Alguns anos depois, no decurso das investigações, surgiram outras fotos que só recentemente foram tornadas públicas. O ângulo é diferente e aparecem os autônomos armados, num número não inferior a duas dezenas de pessoas, com a *manifestação* de onde provinham ao fundo. Nesse meio tempo, porém, aquela foto ia aparecendo em várias publicações dedicadas à "subversão", legitimando a equação Autonomia = terrorismo que será pouco a pouco construída enquanto "verdade histórica" dos vencedores. Num ensaio mais recente, Maurizio

Lazzarato afirma que essa foto impôs determinadas escolhas, quer aos rebeldes quer às instituições, no sentido de impulsionar um dos lados para o delírio da luta armada e o outro para a repressão delirante.[46] Não obstante tudo o que há de perspicaz e compartilhável nos seus aspectos teóricos, nem mesmo este texto se revela convincente nas suas teses de fundo, porque seguindo atentamente os acontecimentos, sabemos que as instituições já tinham começado a sua perseguição militar e judicial e que, no Movimento, as escolhas que dentro em breve seriam feitas provinham de percursos bem determinados, independentes dos processos "simbólicos" aos quais essa maldita fotografia eventualmente dará espaço.

O tiroteio da Via de Amicis provoca, além disso, uma aceleração da fragmentação já em curso na área autônoma milanesa e, indiretamente, em toda área nacional: a história de *Rosso* como rede compartilhada por centenas de coletivos territoriais parece terminar nesse dia, pelo menos se acreditarmos no que contaram alguns dos seus militantes. Ainda serão publicados alguns números do jornal, procurando manter a sua direção, e serão realizadas algumas tentativas de alinhavar os diferentes pensamentos, mas sem sucesso. O último número de *Rosso – Giornale dentro il movimento* sai, significativamente, como uma

---

46 Maurizio LAZZARATO, "Storia di una foto", em Sergio BIANCHI e Lanfranco CAMINITI, *Gli Autonomi*, vol. III (op. cit., 2008).

edição especial sobre o Congresso de setembro em Bolonha, quando as divisões entre as diversas sensibilidades autônomas, e mais especificamente dentro do Movimento, se mostraram em toda a sua dureza. Em seguida, o grupo milanês que continuou ligado ao jornal deverá, para sobreviver, aceitar durante algum tempo a aliança com a ascendente Autonomia de Pádua e, em franca regressão, muda o nome para *Rosso – Per il potere operaio* [Vermelho – Pelo poder operário]: já não podia estar *dentro* de um movimento que havia implodido em Milão, numa diáspora feita de mil gangues e que se mostrava cada vez mais dividido no resto de Itália. O ano de 1978 e as edições publicadas até maio de 1979 mostram, em sintonia com o que acontecia em escala geral, um progressivo empobrecimento dessa experiência: o jornal muda radicalmente, refletindo também no seu aspecto gráfico um declínio que se tornava cada vez mais evidente, já que havia cada vez menos artigos provenientes das diversas situações do Movimento. Não há mais páginas feministas, muito menos dos homossexuais, ou sequer dos vários coletivos ligados a situações de luta na fábrica e no território. Exceto um ou outro bom artigo, grande parte das páginas são ocupadas por crônicas estudantis e por longos documentos políticos frequentemente maçantes, e nos quais existe apenas um reiterado e patético apelo a formar o Grande Partido da Autonomia Operária Organizada. Com efeito, surge ainda o apelo de "rachar o PCI" para fazer sair dele "os verdadeiros comunistas" (sic!); um leninismo cheio de veleidade, estúpido e ignorante tinha tomado a dianteira frente a uma história excepcional, aquela que poderia reivindicar o fato de que os autônomos venciam porque eram não só os mais fortes, mas também os mais inteligentes.

Voltando ao pós-maio de 77, o problema que se apresenta à Autonomia, principalmente em Milão, mas não só, é bastante claro nas suas linhas gerais. A análise compartilhada pela maioria dos coletivos e das estruturas organizadas afirmava que, diante da repressão imposta pelo Estado, era impossível continuar o trabalho político legal da mesma forma que havia sido feito até esse momento e que, por isso, era necessário expandir a ilegalidade, reforçar o nível armado e lançar a palavra de ordem da guerra civil. Além do mais, a ilegalidade tornara-se uma forma de vida comum para os jovens crescidos nas lutas da última fase do Movimento e, portanto, é bastante óbvio que a quase totalidade dos coletivos de bairro tenha se decidido por uma linha marcadamente orientada para o combate. A edição de junho de 1977 de *Rosso* afirma-o claramente: é necessário sacrificar parte dos processos de agregação do Movimento – também porque cada salto adiante neste sentido se confrontava pontualmente com a extensão da repressão – para privilegiar os momentos de organização interna e militante, rompendo assim essa "dialética maligna": "temos necessidade do partido como organizador da guerra civil e como direção do exército proletário".

Na prática, sucede que quem privilegia uma "linha de massas" ancorada nos percursos do Movimento concentra-se nas rondas, na luta contra a heroína, no enraizamento nos bairros proletários e procura manter uma presença permanente nas ruas; de outro lado, multiplicam-se as *gangues* de luta armada, que conduzem um número impressionante de ataques a casernas e centros de direção e, simultaneamente, muitas operações de expropriação para autofinanciamento. Durante alguns meses, essa dupla dinâmica funciona – em Milão, por exemplo, associa-se à luta de massas por transportes em uma intervenção que faz explodir duas bombas que impedem o metrô de funcionar, e contra o trabalho aos sábados na Alfa Romeo, a certa altura, junta-se uma intervenção armada que explode a central elétrica que alimentava a fábrica – e é capaz de se coordenar "invisivelmente" até atingir a máxima expressão de fogo que o *partido da autonomia* italiano jamais conseguiu expressar – com exceção da manifestação de 12 de março – como organização de ilegalidade difusa, ainda por cima num período de internacionalização da luta. Isso ocorrerá em outubro, como resposta raivosa ao massacre dos militantes da RAF alemã [*Rote Armee Fraktion*, Fração do Exército Vermelho, popularmente conhecido como Grupo Baader-Meinhof] na prisão de Stammheim: durante uma semana inteira, de 20 a 27 de outubro, realizam-se ataques aos consulados, bombas com dinamite e ataques incendiários contra alvos alemães (das concessionárias de automóveis a uma enorme variedade empresas, de centros culturais a automóveis e ônibus de marca alemã). Em Roma, cidade onde ocorre percentualmente o maior número de ações, são realizados sete ataques numa única noite, aos quais se segue uma manifestação com embates duríssimos. Mas é em toda a Itália, até nas menores aldeias de província, que a Autonomia desencadeia uma potência de fogo nunca antes vista, em termos de extensão territorial e temporal. E o que é notável, e deve ser sublinhado, é que não foi uma decisão tomada centralmente por qualquer estrutura, mas algo que, tendo partido da emoção partilhada pelo assassinato de companheiros considerados politicamente "irmãos", agia por si, multiplicando-se *autonomamente*. O ocorrido na prisão de Stammheim foi considerado uma derrota do Movimento, mas, de modo igualmente lúcido, a reação foi considerada como a "possibilidade" de uma Autonomia europeia que talvez tenha sido o que mais fez falta para uma definição realmente crível do processo revolucionário, e não porque não fosse compreendida a sua necessidade: de fato, encontramos nas intervenções mais significativas, durante e depois do Congresso Internacional de setembro contra a repressão, em Bolonha, uma forte indicação estratégica que apontava para o aprofundamento das lutas que mais se prestassem a uma organização continental, como aquela contra a energia nuclear e a repressão. O que faltou foi o tempo, a duração adequada à construção de relações políticas e pessoais mais fortes e intensas entre as diversas forças autônomas que naquele fim de década estavam se consolidando em países como a Alemanha, a Espanha e a França:

> "A autonomia precisa que muitos companheiros comecem a viajar pela Europa, como antes faziam os companheiros americanos da I.W.W no seu continente, aceitando a dificuldade desta passagem, mas exaltando a sua fundamental continuidade revolucionária".[47]

O Congresso de Bolonha, a desagregação, o sequestro de Moro, a repressão, o "desaparecimento"

> "Agora falam dele e escrevem sobre
> ele/o psicólogo, o sociólogo, o
> cretino/e falam dele e escrevem sobre
> ele/sim, mas ele permanece sempre
> clandestino"
> Gianfranco Manfredi, "Dagli Appennini alle bande", canção do LP *Zombie di tutto il mondo unitevi* (Milão, 1977)

Se a autonomia continuava a exprimir altos níveis de combatividade, o PCI também não tinha parado por um segundo, mas a sua militância se reduzia às obras de criminalização do Movimento,

---

47 "Dopo Bologna: l'Autonomia", em *Rosso – per il potere operaio*, n. 21-22 (Milão, novembro de 1977)

até chegar à famosa definição de *"untorelli"*[48] que Berlinguer aplicou aos protagonistas da revolta durante a *Festa dell Unità* de Modena, no Verão de 1977. Nos dias seguintes, diante das críticas que lhe foram dirigidas, preocupou-se em especificar que se referia particularmente aos autônomos.

Olhando bem, à parte o desprezo com que o secretário-geral do PCI tinha lançado aos rebeldes a acusação de serem propagadores da peste, a definição do Movimento de 77 como uma *epidemia* não estava totalmente fora de lugar. O grande medo dos reformistas italianos devia-se, realmente, à irrefreável capacidade de contágio que os comportamentos e as temáticas de luta dos movimentos autônomos estavam demonstrando. As cidades, os bairros e as universidades demonstravam-se demasiado porosos e disponíveis aos vírus subversivos e, por isso, eles, os social-democratas, na sua força como maior partido da esquerda italiana, consideravam-se os agentes mais qualificados para isolar, bloquear e queimar na praça pública seus agentes transmissores. Em contrapartida, não era essa atividade – identificar, separar, retirar, isolar – a vocação original de toda *polícia*? Em seguida, também circulou no PCI a ideia de ter falhado em algo na relação com os movimentos, mas durante o ano de 1977

---

48 N. do da T.: Diminutivo de *"untóri"*, pessoas acusadas de terem difundido a peste em Milão, no século XVII, untando portas e mobiliário com líquidos contaminados. *"Untorello"* é usado num sentido figurativo figurado e literário, como alguém inofensivo e impotente.

e até 1979, na fase mais aguda do compromisso histórico, a sua ação foi digna de Gustav Noske: a Autonomia e os movimentos foram o seu inimigo, e não o capitalismo e o Estado democrata-cristão. Tudo isso para, depois, em 1980, encontrarem-se fora dos portões de Mirafiori, tentando recuperar uma situação de gigantesca derrota operária para a qual eles próprios tinham contribuído: capitularam, obviamente, e deram início ao seu declínio.

A máquina estatal da contrainsurreição tinha, enquanto isso, começado a trabalhar, chefiada exatamente por juízes ligados ao PCI, com os quais começavam, em parceria, a encontrar os elementos legais propícios à construção de um teorema judicial que permitisse travar, de uma vez por todas, a subversão rompante. Em Pádua, em 1977, o juiz Calogero, por meio das grandes operações policiais que atingiram as figuras mais visíveis do movimento autônomo local e com a simultânea incriminação do Instituto de Ciências Políticas onde trabalhavam Negri e os seus colaboradores, começou a tecer a trama que se precipitaria dois anos depois, em 7 de abril de 1979, primeiro com a decapitação da autonomia organizada na totalidade do território nacional e depois com a detenção de milhares de companheiros e companheiras. A equipe estatal consegue assim, a partir de 1977, acelerar vertiginosamente o impulso em direção a um confronto político generalizado, no qual as práticas de libertação foram obrigadas a refluir para um "gueto" e as forças organizadas da Autonomia a um combate desesperado.

Nesse meio tempo, Bifo refugiou-se em Paris para escapar dos mandatos de prisão emitidos pelos tribunais bolonheses. Nessa cidade, foi hóspede de Félix Guattari, com o qual estabeleceu imediatamente uma relação de amizade e de cumplicidade política, e com quem conseguirá produzir uma importante tomada de posição pública, contra a repressão e o compromisso histórico na Itália, subscrita por muitos dos intelectuais franceses militantes mais conhecidos, como Gilles Deleuze, Jean-Paul Sartre, Roland Barthes e Michel Foucault, apelo que não deixou de indignar os mais servis escrevinhadores italianos.

A área que tinha se condensado em torno de *A/ traverso* procurou, no último fôlego de 77, conduzir uma batalha contra aquilo que considerava uma deriva "politiqueira" e militarista da Autonomia. Na aceleração e na aceitação, por parte dos autônomos, da espiral repressão/combate/repressão, identificava o fim das possibilidades de expansão do Movimento e, especialmente, de todas as práticas de libertação que tinham constituído a sua riqueza. Além disso, assinalava o risco de que o Estado retomasse a iniciativa e conseguisse impor a sua própria temporalidade aos movimentos. Mesmo que com uma certa ingenuidade e uma excessiva sobrevalorização da potência dos fatores de transformação cultural, os "transversalistas" colocavam problemas e questões reais, sobretudo sobre a estratégia do Movimento e, portanto, sobre a capacidade efetiva da Autonomia de levar a cabo a insurreição e praticar de imediato um terreno de guerra civil.

Portanto, o apelo para realizar um grande Congresso contra a Repressão em Bolonha, que ocorre de 22 a 24 de setembro, servia para mais coisas: 1) reapropriar-se da cidade após os meses de *quadrillage*[49] posteriores à insurreição de Março; 2) compreender o que queria dizer, nesse momento, "repressão" e como o Movimento poderia responder às medidas excepcionais que o Estado havia disposto contra ele; 3) dar uma resposta coletiva à questão "como fazer?" que provinha do Movimento. Numa das suas últimas publicações públicas, *Lotta Continua* ocupou-se da organização dos três dias de Congresso, mas em seguida o jornal permanece só com o mesmo nome, tornando-se um triste receptáculo de todas as temáticas do alegado "refluxo".

Em torno do Congresso de Bolonha, portanto, havia mais disputas em questão. Havia o problema do PCI que, também para reconquistar a confiança de largos estratos da população após a sua *performance* stalinista, ocupou-se de assegurar que Bolonha não só acolhesse o Movimento, como também garantiu que as estruturas públicas estariam à disposição dos milhares de jovens que iriam para lá. Havia também a disputa que deveriam travar os "transversalistas", que podiam contar com

---

49 N. da E.: Termo francês referente à operação de dividir estrategicamente um determinado território em setores, com o objetivo de assegurar o controle – em geral militar ou comercial – sobre ele.

a presença de Guattari no Congresso, e com o que acreditavam ser a capacidade "espontânea" do Movimento de tecer um discurso e uma prática que levasse a Autonomia a aceitar uma espécie de trégua, para aprofundar a forma de vida que nesses anos tinha se formado (este era um dos principais significados do título do último número de *La Rivoluzione*: "*La rivoluzione è finita: abbiamo vinto*" [A revolução acabou: vencemos]). Na realidade, essa área permanece quase silenciosa durante os três dias do Congresso e o número de *A/traverso* que foi distribuído fazia apenas um apelo, ainda que muito significativo: "*Per favore, non prendete il potere*" [Por favor, não tomem o poder]. Havia ainda os retalhos dos grupos que, tendo chegado então a um passo da sua completa institucionalização, procuravam reconquistar alguma credibilidade perante o Movimento. Finalmente, existia a galáxia da Autonomia, organizada ou não, que chegava a Bolonha com a força da hegemonia que tinha sabido conquistar, por meio de suas práticas de combate, o seu forte empenho teórico e a extensão do seu enraizamento territorial. Estes últimos, três elementos que tinham conseguido permanecer ligados entre si até 1977, entre altos e baixos, constituíam a única forma crível de organização das potências à altura dos tempos.

Ao Congresso contra a repressão comparece um pouco de tudo: operários turineses, desempregados napolitanos, intelectuais franceses, militantes autônomos alemães, mas especialmente milhares de jovens com sacos de dormir, acampando em qualquer lugar. Nas praças e nos bares bolonheses era como se houvesse 100 assembleias ao mesmo tempo e muitos velhos militantes do PCI paravam para discutir com os "rebeldes": querem compreender, compreender aquilo que têm à frente, mas também o ponto em que seu Partido está errando. Na Faculdade de Direito reúnem-se as feministas e os homossexuais, na Piazza Maggiore há uma enorme assembleia operária, muitos grupos de teatro de rua davam a tudo isso o sabor de uma antiga feira popular. Jornalistas vêm de todo o mundo para testemunhar a *anomalia* italiana. O Palazzo dello Sport, o mais amplo espaço disponível em Bolonha, foi escolhido como local central da discussão.

Mas é precisamente em Bolonha que essa capacidade da Autonomia de manter juntos os diversos níveis da potência mostra os sinais de recuo, não obstante o otimismo ostentado por algumas áreas autônomas, que pensavam estar finalmente em condições de construir um "verdadeiro" partido da autonomia em escala nacional. Na memória dos que foram a Bolonha, não de forma organizada, mas como singularidades em movimento, e também daqueles que, como Marshall McLuhan, lá foram para compreender o que estava acontecendo na Itália, encontramos descrições entusiastas de uma Bolonha alegremente invadida por dezenas e dezenas de milhares de pessoas, que desfrutavam o simples fato de ali estar, todas juntas, no final de um ano vivido perigosamente. Ou seja, encontramos a descrição de uma experiência positiva que aparentemente não combina com o clima tenso dos dez mil "organizados" que discutiam de modo selvagem no hemiciclo do Palasport bolonhês. E, contudo, o problema real não foram as rixas entre os diferentes grupos e a contestação autônoma às posições de *Lotta Continua*: a verdadeira questão estava totalmente no interior da própria área autônoma, na qual, em virtude da fraqueza estratégica que nesse momento revelava, as funções de combate tinham empreendido um perigoso percurso de separação. Uma atrás da outra, explodiam as contradições entre as exigências das organizações e as dos movimentos de libertação, pouco inclinados a sacrificar as suas práticas e as suas prerrogativas a uma centralização do Movimento.

Para os muitos que escolheram ou foram constrangidos à clandestinidade, a prova mais dura foi ter de renunciar a essa dimensão comum que, até aquele momento, era o seu *ethos*, a sua casa, a sua própria vida:

> "Os meus novos companheiros só podia descobri-los assim, pouco a pouco, nas reuniões dos núcleos operacionais, das estruturas da Organização, entre um encontro e outro. E a descoberta era mais secreta, sofrida e cansativa, não havia a luz e os tempos longos das lutas, das manifestações, das sedes, dos locais abertos onde a luz se concentrava como por encanto, desta ou daquela parte da cidade, a iluminar o meu instinto e a minha necessidade tribal."[50]

50 Teresa Zoni ZANETTI, *Clandestina* (Roma, DeriveApprodi, 2000).

Foi como se estivesse sendo revelada a mais crítica das cisões para o Movimento, entre uma componente política cada vez mais fragmentada, e que arriscava tornar-se autorreferencial, e um estrato enorme de pessoas que viviam simplesmente *no* Movimento, mas que, todavia, não poderiam continuar a fazê-lo sem os "outros", os quais lhes garantiam a firmeza e a combatividade. O setembro bolonhês traz consigo a amarga sensação de que essa dimensão coletiva, comum, que tinha sido a narrativa específica do Movimento de 77, estava chegando ao fim. Os grupos, em breve, dariam vida ao partido *Democrazia Proletária*, com certa patrulha parlamentar, e os "desejantes" se foram, cuidando de sua vida, dispersando-se por mil microiniciativas mais ou menos interessantes. A ruptura no interior da Autonomia é mais complexa. Há aquela mais cordata – que reúne por algum tempo os padovanos dos Coletivos do Vêneto, os romanos do Volsci e o que sobra dos milaneses ligados a *Rosso* –, que cultivou o sonho de fazer um partido, mas desde o início surgem, com toda a evidência, não apenas as antigas diferenças, mas também as tensões pela hegemonia de uma fração sobre as outras; de todo modo, será uma ilusão de poucos meses e que nunca irá para além das boas intenções. Na verdade, os romanos e os venezianos inventarão duas siglas e dois projetos diferentes, o MAO (*Movimento dell'Autonomia Operaia* [Movimento da Autonomia Operária]) para os primeiros, e o MCO (*Movimento Comunista Organizatto* [Movimento Comunista Organizado]) para os segundos, cada um com o seu jornal – *I Volsci* em Roma e *Autonomia* em Pádua – e que deviam nas suas intenções "agir como partido" dentro do Movimento. Em Milão, alguns dos sobreviventes de *Rosso* dão vida à revista *Magazzino*, cuja intenção era sobretudo retomar a pesquisa e, a partir daí, tentar reconstruir uma hipótese organizativa: saíram apenas dois números, após os quais todos os redatores foram presos no âmbito das operações contrainsurrecionais de 7 de abril. Os *Comitati Comunisti Rivoluzionari*, que nunca quiseram se propor como "micropartido", decidem conscientemente a sua dissolução, após uma intensa atividade em 1977-78. Oreste Scalzone, Paolo Virno, Lucio Castellano, Franco Piperno e alguns militantes autônomos provenientes da área pós-*Potere Operaio*, criaram a última revista importante da Autonomia, *Metropoli – Per l'autonomia possibile* na qual a ênfase estava sobre o adjetivo "possível". *Metropoli* continuou a sair até ao início dos anos oitenta, não obstante metade da redação estar presa ou no exílio e, mesmo se consciente das diferenças existentes, juntou todas as almas da Autonomia ao procurar compreender essa tremenda passagem – eram os anos de Thatcher e de Reagan – ao novo modo de produção que se nomeará pós-fordismo, além de aprofundar, obviamente, todas as temáticas judiciais ligadas aos processos da Autonomia e à fenomenologia da luta armada.

Ao longo dos poucos meses que consumarão o fim de 1977, dá-se o que muitos tinham temido, ou seja, a transformação de inúmeros coletivos autônomos em "gangues" que combatiam substancialmente para sobreviver: vendiam a pele por um preço alto. Uma explosão de siglas combatentes invadia a metrópole italiana e, se experimentarmos olhar para a cronologia do fim de 1977 e, depois, de 1978-79, deparamo-nos com uma eloquente inversão de fatores: quanto menos manifestações de massas e iniciativas do Movimento, mais ações são realizadas por essa molecularização da intervenção armada. Como já dito, evidentemente isso se devia não só a fatores subjetivos, mas também à ofensiva repressiva que se instalou e que, depois do sequestro do presidente da *Democrazia Cristiana*, Aldo Moro, pelas *Brigate Rosse*, tornou-se uma verdadeira guerra de aniquilação dos movimentos. O problema desta difusão do "fogo", porém, estava na falta de uma estratégia suficiente, que fosse além da vontade de responder, golpe a golpe, ao ataque estatal. Neste cenário de fragmentação e de confusão foi um dado adquirido que as principais organizações combatentes clandestinas absorveriam, pouco a pouco, todas as microformações armadas autônomas, mesmo que não fosse pelos meios e pela experiência que tinham. Mas a "recomposição militar" procurada pelas *Brigate Rosse* estava, desde o início, viciada por uma exterioridade ao Movimento não tanto física, mas sim de ideias, de afetos e de estratégias, e as partes da Autonomia que começaram a competir com elas nesse terreno conseguiram apenas entrar numa espiral niilista ou, na melhor das hipóteses, produzir um bom "espectáculo" qualquer. Pela importância que teve, em diversos níveis da história italiana, é ainda útil que nos detenhamos por algumas linhas no "assunto Moro" e, em geral, no debate entre *Brigate Rosse* e movimentos autônomos.

Como já se disse algumas vezes, a questão da luta armada não era uma discussão estranha ao debate interno do Movimento e também constituía, para a Autonomia, uma parte significativa das suas práticas. A constituição de grupos armados clandestinos *no* Movimento, como é o caso de *Prima Linea* e de tantos outros, por mais limitada que pudesse ser, respondia efetivamente a um desejo difuso de organizar-se no terreno de combate, diferenciando-se, todavia, das modalidades de autorrepresentação e de linha política seguidas pelas *Brigate Rosse*. É preciso dizer que elas estavam presentes nas fábricas de modo estável e estavam muito enraizadas na classe operária italiana; isso representava, de algum modo, a rigidez inquebrantável da classe perante a reestruturação capitalista, de modo que as simpatias que as *Brigate Rosse* acumulavam entre os operários não se deviam apenas ao fato de serem encaradas como "justiceiras": as brigadas eram ideologicamente reconhecíveis como pertencentes à antiga tradição comunista do século XX, os seus pontos de referência teóricos não eram diferentes dos de muitos antigos militantes do PCI que se reconheciam no mito da "resistência traída", ou seja, de uma revolução operária que deveria ter completado a libertação do fascismo. O modelo comum, não obstante tudo, permanecia sendo o socialismo soviético. As *Brigate Rosse*, com efeito, partilham com o PCI a cegueira perante a gigantesca transformação social que havia ocorrido nesses anos. Assim, o problema das *Brigate Rosse*, diante da concretização apenas incipiente do compromisso histórico entre o PCI e a DC em 1978, era o de tentar impedi-lo a todo o custo e o de buscar romper os laços entre as bases e as cúpulas do Partido Comunista, propondo-se definitivamente como nova direção do Movimento Operário, recomeçando do ponto no qual, segundo as *Brigate Rosse*, a história tinha sido interrompida. Este objetivo, em contrapartida, já tinha sido colocado, preto no branco, na sua *Risoluzione Strategica* [Resolução Estratégica] de 1975:

> "Não faz sentido declarar a necessidade de combater o regime e propôr na prática um 'compromisso histórico' com a DC. A *Democrazia Cristiana* deve ser vencida, liquidada e dispersada. A derrota do regime deve levar consigo também este partido imundo e o conjunto dos seus dirigentes. *Como aconteceu em 1945 com o regime fascista e o partido de Mussolini*" (itálico meu).

Enquanto se celebrava em Turim o processo contra o grupo histórico das *Brigate Rosse*, a ideia deles era organizar uma série de contraprocessos simétricos: a revolução contra o Estado. É necessário dizer que essa visão da luta revolucionária, na qual se perfilavam tribunais do povo, júris proletários e carrascos comunistas, estava tão distante quanto possível do imaginário e da ética do Movimento – uma diferença sempre reivindicada pelos brigadistas "históricos" e que somente muitos anos depois foi, pelo menos para alguns, objeto de uma reflexão crítica. Foi significativa a resposta de Mario Moretti, dirigente das *Brigate Rosse*, durante o sequestro de Moro, a uma pergunta sobre a sua relação com o Movimento de 77:

> "Que não foi coisa nossa é evidente, que não estivemos ali não é verdade. Mas uma coisa é estar presente, outra é estar na direção. Não temos a direção. Ninguém consegue dirigir o movimento da autonomia, que é um arquipélago variado. Ele não exprime a contradição operária, a dos anos anteriores; é totalmente diferente [...]. Para mim, mas não só para mim, aquele movimento permanecerá um objeto desconhecido até o fim".[51]

Será necessário esperar pelo ensaio de Renato Curcio e Alberto Franceschini de 1982, "Gocce di sole nella città degli spettri" [Pingos de sol na cidade dos espectros],[52] para ler num texto proveniente das fileiras brigadistas algo que tivesse a ver com as temáticas do Movimento de 77 e que constitui, de fato, uma autocrítica posterior. Também

51 Depoimento de Mario MORETTI a Carlo MOSCA e Rossana ROSSANDA, *Brigate Rosse – Una storia italiana* (Milão, Anabasi, 1994).

52 Renato Curcio e Alberto Franceschini, "Gocce di sole nella città degli spettri", no suplemento ao n. 20-22 de *Corrispondenza Internazionale* (Roma, 1982).

é verdade, contudo, que imediatamente antes e depois da "campanha de Primavera" – assim foi chamada pelos brigadistas a fase na qual deveria se dar o sequestro de Moro –, as *Brigate Rosse* conseguiram recrutar diversos militantes provenientes da área ex-*Potere Operaio* que gravitavam em torno da Autonomia. Eram os que desde o fim de *Potere Operaio* estavam convencidos da necessidade de um partido armado e também os que, ainda mais jovens, vinham dos *servizi d'ordine* dos grupos e das estruturas armadas da Autonomia. Eram, em suma, os que acreditavam que havia terminado o tempo do Movimento e começado o da luta clandestina. Na prática, os objetivos das *Brigate Rosse*, também durante o ano de 77, estiveram sempre exclusivamente ligados ao mundo das fábricas – ainda imaginadas como a fortaleza do operário-massa – e ao aparato de Estado entendido no sentido tradicional. Nas ações armadas dos grupos autônomos, ao contrário, é evidente que os objetivos são mais correspondentes àquelas que eram as temáticas do Movimento, como, por exemplo, exatamente em 1977, a *gambizzazione* do psiquiatra torturador Giorgio Coda, o chamado "eletricista de Collegno" devido ao uso maciço de eletrochoques que aplicava aos internados nesse manicômio, ou como as dezenas de incursões nas pequenas fábricas onde havia trabalho clandestino, ou ainda as ações ligadas às lutas sobre os transportes públicos. Também o "estilo" das ações era diferente do brigadista, sobretudo porque eram realizadas por pessoas que continuaram, durante bastante tempo, fazendo agitação política nos coletivos, nos locais de trabalho e de estudo. A "linha política" dessas formações autônomas armadas, mesmo se vanguardista, no fim das contas, era ditada pelo Movimento; a das *Brigate Rosse* derivava dos seus raciocínios internos, dos documentos "estratégicos" que deveriam orientar a ação militante nas várias fases do conflito e que deveriam representar a "consciência armada" da classe operária, da qual se consideravam os "delegados". Não é de surpreender, por isso, que os militantes brigadistas em muitas fábricas estivessem talvez inscritos nos sindicatos tradicionais e não devem ter sido poucas as ocasiões em que se encontravam do lado oposto aos operários autônomos durante uma luta. Por isso, era óbvio que, perante o salto qualitativo representado pelo sequestro de Moro, as *Brigate Rosse* procurassem desencadear um confronto militar com o Estado, envolvendo todo o resto do Movimento em algo para o qual não só não estava preparado, mas que lhe era também estranho estrategicamente. Foi em torno dessa escolha que se consumou uma verdadeira ruptura política entre a Autonomia e as *Brigate Rosse*, ruptura que não pôde senão aprofundar-se quando estas decidiram "justiçar" Moro, não obstante a opinião contrária do Movimento e apesar de diversos militantes autônomos terem se empenhado diretamente em evitá--lo. Não era um desacordo baseado em "questões humanitárias": a questão era totalmente estratégica e residia inteiramente na possibilidade de evitar que um movimento revolucionário, que na Itália até então tinha permanecido na ofensiva, tivesse agora de se deter e fundamentalmente deixar de viver. Se a posição assumida no *slogan "Nem com o Estado nem com as Brigate Rosse"* encontrou grande eco no Movimento, na Autonomia as posições variavam, desde os que queriam obrigar as *Brigate Rosse* a um confronto com o Movimento, até outras mais explícitas, como a de *Rosso* que escrevia "contra o Estado, de modo diferente das *Brigate Rosse*". Em contrapartida, também *Prima Linea*, como outras organizações armadas, criticou duramente o dirigismo stalinista das *Brigate Rosse*, compreendendo bem que também eles seriam arrastados para um terreno que não tinham escolhido. A execução de Moro e a consequente escalada vertical do confronto foi, no fundo, algo bastante útil para o Estado, que não via outro modo de derrotar o movimento revolucionário italiano senão obrigá--lo a reduzir-se à luta militar e então, obviamente, eliminá-lo: a Operação Moro desarticulou, ao mesmo tempo, tanto o Estado quanto as camadas organizadas do proletariado revolucionário. Por um lado, põe fim à Primeira República, mas, por outro, todos os níveis organizativos do movimento foram desestabilizados e esmagados pelo ataque concêntrico da repressão e da militarização da luta política realizada pelas *Brigate Rosse*. Quem quer que não demonstrasse fidelidade ao Estado era, a partir desse momento, suspeito de ser um "apoiador" dos brigadistas e, especialmente, se houvesse tido qualquer tipo de relação com militantes clandestinos, estava sujeito à prisão preventiva. As ruas esvaziavam, as prisões enchiam. Assim, no correr de apenas um ano, a insurreição é substituída por uma espécie de guerra de gangues. Portanto, não é surpreendente que tenham sido exatamente as *Brigate Rosse* a registrar um aumento dos pedidos de inscrição nos meses posteriores ao sequestro de Moro. Perante um nível de repressão altíssimo, que tornava extremamente difícil qualquer ação política alternativa, muitos militantes escolheram entrar nas formações armadas para não terem de se render. Também por este motivo, não se pode separar a história global dos movimentos dos anos setenta da história da luta armada, em todas as suas componentes.

Neste ponto, fica bem clara uma lição: *a potência de um movimento revolucionário resulta de manter bem conectados entre si os diferentes níveis – materiais, espirituais e guerreiros – que o definem como uma forma de vida: cada vez que se cede à hipertrofia e/ou à separação de um em relação aos outros, a derrota é certa.* Porque da mesma forma que pode haver uma derrota militar, também há outros gêneros de derrota, como os que resultam da conversão numa seita de teóricos impotentes ou aquela que advém de uma gestão profissional do protesto. E é possível dizer que vivemos na Itália, depois dos anos setenta, em tempos diferentes, cada uma destas derrotas.

No espaço de poucos meses, entre 1979 e 1980, a área autônoma foi massivamente atingida no seu conjunto pela repressão, dispersando-se.

A avaliação dessa passagem histórica que um grupo de autônomos fará depois, na prisão, por meio do documento *"Do you remember revolution?"*, é lúcida e dramática:

> "A autonomia organizada encontrou-se presa numa tesoura, entre o 'gueto' e o confronto imediato com o Estado. A sua 'esquizofrenia' e, depois, a sua derrota, tiveram origem na tentativa de fechar esta tesoura, mantendo aberta uma articulação entre riqueza e articulação social do movimento, por um lado, e necessidade do confronto antiestatal, por outro. Esta tentativa se mostra, em poucos meses, totalmente impossível e falha em ambas as frentes".[53]

De qualquer modo, é significativo que o Estado se tenha preocupado *primeiro* em destruir a Autonomia, entre 1979 e 1980, e apenas *depois* tenha se dedicado à batalha totalmente militar contra as *Brigate Rosse*. O verdadeiro "inimigo constitucional" foi sempre lucidamente identificado, pelo Estado e pelo capital, na subversão generalizada que via na Autonomia a sua mais temível forma de organização. Foram interrogados e encarcerados milhares de militantes, centenas foram forçados ao exílio, não poucos foram assassinados. Mas, sobretudo, a contrainsurreição obrigou dezenas de milhares de companheiros e companheiras a uma espécie de clandestinidade na sociedade, que

---

53 O documento apareceu no jornal *Il Manifesto* (Roma, 22 de fevereiro de 1983).

frequentemente foi atravessada pela heroína, pela loucura, pela morte e pela traição. Um exílio no mundo, um atravessar do deserto, uma diáspora que se torna uma experiência de massas.

Hoje, muitos jovens companheiros têm dificuldade em acreditar que aquela *área*, aquele Movimento, tenha "desaparecido" durante os anos oitenta. É necessário entender o que significa desaparecer: se nos referimos às estruturas organizadas, à capacidade de exprimir uma potência efetiva de transformação coletiva do e no cotidiano, então sim, desapareceram. Se, ao contrário, o entendemos como potência subterrânea que sobrevive imperceptivelmente naqueles novos estratos proletários expressos pelo Movimento de 77, como capacidade de reconstruir na descontinuidade uma narrativa comum, como "negativo dialeticamente insuperável", então as coisas são diferentes, porque essa potência está bem plantada no mundo em que vivemos: hoje, dentro da "crise" que domina a primeira década do novo milênio. Porque as revoluções, especialmente as que falharam, não são apagadas nunca. Nenhuma continuidade histórica é possível, entenda-se. O que é possível, escrevia Walter Benjamin, é fabricar a chave que abre aquela determinada sala do passado e a entrada nessa sala constitui o *agora* destrutivo da ação política contemporânea. Ação que coincide com o habitar a distância entre o que foi possível e aquilo que vem.

Não se trata, por isso, de assinalar os méritos e as responsabilidades subjetivas ou objetivas, nem de estabelecer qual foi a "verdadeira história":

trata-se do gesto de assumir uma vivência revolucionária como algo que *nos é comum e contemporâneo*. É precisamente hoje, quando se fala tanto de lutas pelos "bens comuns", que se torna necessário reinvidicar essa história, *não por causa de seu passado, mas tendo em conta o seu por-vir,* e da sua reapropriação como desejo vivo *daquilo que nos é comum*: dentro da e contra a própria história. É esse "recordar como tarefa" que a tradição dos oprimidos nos entrega initerruptamente, esse exercício ético no qual a possibilidade de transmissão de uma experiência proletária é dada pela sua rememoração no presente e pela reativação das verdades contidas nesse determinado fragmento temporal. *Autonomia*, assim, para nós, não é mais do que uma dessas palavras incandescentes que vêm ao nosso encontro a partir da intempestiva constelação da nossa sempre imperfeita atualidade.

Se for verdadeiro que todos os movimentos nasceram para morrer, é ainda mais verdade que existe um *resíduo* dessas lutas, desses movimentos, dessas vidas, que é indestrutível e se torna infindável. Para reapropriar-se desse *resíduo*, é necessário, antes de tudo, ser capaz de operar uma descontinuidade no presente, ou seja, criticar teórica e materialmente a sua própria época. Uma vez que se tenha chegado a esta altura, que é sempre vertiginosa, todo esse *resíduo* volta a se tornar não apenas legível, mas pronto para o uso.

n-1edicoes.org

O livro como imagem do mundo é de toda maneira uma ideia insípida. Na verdade não basta dizer Viva o múltiplo, grito de resto difícil de emitir. Nenhuma habilidade tipográfica, lexical ou mesmo sintática será suficiente para fazê-lo ouvir. É preciso fazer o múltiplo, não acrescentando sempre uma dimensão superior, mas, ao contrário, da maneira mais simples, com força de sobriedade, no nível das dimensões de que se dispõe, sempre n-1 (é somente assim que o uno faz parte do múltiplo, estando sempre subtraído dele). Subtrair o único da multiplicidade a ser constituída; escrever a n-1.

Gilles Deleuze e Félix Guattari

impresso no papel **polén soft 80gr**
com as fontes **bell mt** e **alternate gothic 2 bt**
pela **daikoku editora gráfica**
em dezembro de 2019

Dados Internacionais de Catalogação na Publicação
(CIP) de acordo com ISBD

T 186p   Tarì, Marcello

Um piano nas barricadas: por uma
história da Autonomia, Itália 1970 /
Marcello Tarì ; tradução de Edições
Antipáticas. - São Paulo : GLAC edições
; n-1 edições, 2019.
384 p. ; 19cm x 12cm.

Tradução de: Autonomie! Itália, les
annés 1970
Inclui índice.
ISBN: 978-65-80421-04-6

1. História. 2. Itália. 3. 1970. I. Edições
Antipáticas. II. Título.

	CDD 937
2019-2068	CDU 94(37)

Elaborado por Vagner Rodolfo da Silva - CRB-8/9410

Índice para catálogo sistemático:
1. História : Itália 937
2. História : Itália 94(37)